UNIVERSITÉ DE FRANCE.

ACADÉMIE DE STRASBOURG.

DE

L'AUTORITÉ DE LA CHOSE JUGÉE

EN GÉNÉRAL EN DROIT ROMAIN.

DE

L'AUTORITÉ DE LA CHOSE JUGÉE

EN MATIÈRE PÉNALE EN DROIT FRANÇAIS.

ACTE PUBLIC POUR LE DOCTORAT

PRÉSENTÉ

A LA FACULTÉ DE DROIT DE STRASBOURG

ET SOUTENU PUBLIQUEMENT

LE JEUDI 10 MARS 1870, A MIDI

PAR

ERNEST HIRTZ.

AVOCAT.

COLMAR,

IMPRIMERIE DE CH.-M. HOFFMANN,

IMPRIMEUR DE LA [illegible]

1870.

UNIVERSITÉ DE FRANCE.

ACADÉMIE DE STRASBOURG.

DE

L'AUTORITÉ DE LA CHOSE JUGÉE

EN GÉNÉRAL EN DROIT ROMAIN.

DE

L'AUTORITÉ DE LA CHOSE JUGÉE

EN MATIÈRE PÉNALE EN DROIT FRANÇAIS.

ACTE PUBLIC POUR LE DOCTORAT

PRÉSENTÉ

A LA FACULTÉ DE DROIT DE STRASBOURG

ET SOUTENU PUBLIQUEMENT

Le Jeudi 10 Mars 1870, à midi.

PAR

ERNEST HIRTZ,

AVOCAT.

COLMAR,
IMPRIMERIE DE CH.-M. HOFFMANN,
IMPRIMEUR DE LA PRÉFECTURE.

1870.

A MON PÈRE.

A MA MÈRE.

A MA SŒUR.

A MA FAMILLE.

E. HIRTZ.

A MONSIEUR IGNACE CHAUFFOUR,

AVOCAT A LA COUR IMPÉRIALE DE COLMAR.

Hommage de respect et de reconnaissance.

E. HIRTZ.

FACULTÉ DE DROIT DE STRASBOURG.

MM. Aubry O ✻. . . . . . Doyen, professeur de Code Napoléon.
Heimburger . . . . . professeur de Droit romain.
Rau ✻. . . . . professeur de Code Napoléon.
Lamache ✻ . . . . . professeur de Droit administratif.
Destrais. . . . . . . professeur de Procédure civile et de Législation criminelle.
Mugnier. . . . . . . professeur de Code Napoléon.
Lederlin . . . . . . professeur de Droit romain.
N. . . . . professeur de Droit commercial.

MM. Lecourtois.
Lanusse.
} agrégés.

M. Bécourt, officier de l'Université, secrétaire, agent comptable.

COMMISSION D'EXAMEN.

MM. Lederlin, président de l'acte public.
Aubry,
Heimburger,
Rau,
Lanusse,
} examinateurs.

La Faculté n'entend ni approuver ni désapprouver les opinions particulières au candidat.

DE
L'AUTORITÉ DE LA CHOSE JUGÉE
EN GÉNÉRAL EN DROIT ROMAIN.

DE
L'AUTORITÉ DE LA CHOSE JUGÉE
EN MATIÈRE PÉNALE EN DROIT FRANÇAIS.

INTRODUCTION GÉNÉRALE.

Ce travail sera divisé en deux Parties, savoir :

1° De l'autorité de la chose jugée en général en Droit Romain et, comme transition au Droit Français, application spéciale au Droit criminel des règles énoncées dans la Première Partie.

2° En Droit Français, de la chose jugée en matière pénale, dans l'ancien Droit, le Droit intermédiaire et le Droit nouveau

Nous indiquerons en tête de chacune de ces deux Parties les divisions que nous nous proposons d'adopter pour chacune d'elles. Ici, nous devons nous contenter de donner des idées générales sur les motifs qui ont fait adopter l'institution dont nous allons nous occuper.

Les législateurs de toutes les nations ont toujours été conduits, pour mettre un frein à la manie des procédures qui animait les plaideurs, à ériger en présomption légale invincible et absolue de vérité la chose irrévocablement jugée. Ils ont dû même attribuer cet effet aux décisions judiciaires, lors même qu'elles étaient erronées, aussi beaucoup de commentateurs ont dit : « *Res judicata facit ex curvo rectum, ex albo nigrum.* » La chose jugée, ou plutôt la force qui y est attachée, rend droit la chose qui est courbe, noir ce qui est blanc. La raison qui fait attribuer cet effet étendu à la chose jugée, c'est que le juge, tout en pouvant se tromper, a pu néanmoins statuer avec sagesse, si l'on écarte le plus possible les causes d'erreurs. *In pejus reformet*, dit-on quelquefois.

DROIT ROMAIN.

PREMIÈRE PARTIE.

DROIT ROMAIN

DE L'AUTORITÉ DE LA CHOSE JUGÉE EN GÉNÉRAL.

Division du sujet.

Nous diviserons cette Première Partie en quatre Chapitres : le premier contiendra la définition de la chose jugée et une introduction historique ; le second, les conditions constitutives de la chose jugée ; le troisième, les effets de la chose jugée ; et enfin le quatrième renfermera les spécialités concernant le Droit criminel.

CHAPITRE PREMIER.

Définition. Introduction historique.

Un principe constant chez toutes les nations civilisées et chez les Romains en particulier, c'est qu'il faut s'incliner devant la chose jugée ; car, à quoi serviraient es juges, si leurs décisions ne devaient pas empêcher le renouvellement des débats sur une même question, et devaient entraîner de nouvelles difficultés au lieu de les aplanir. S'il en était ainsi, on verrait sans cesse les querelles renaître, et, par suite, le but du législateur serait manqué ; c'est ce que dit Paul dans la L. 6. D. De except. rei judicatæ (XLIV, 2) : *Singulis controvertiis singulæ actiones unumque judicati finem sufficere probabili ratione placuit, ne aliter modus litium multiplicatus summam atque inexplicabilem faciat difficultatem, maxime si diversa pronuntiarentur.* On ne pouvait donc rouvrir le débat sous prétexte qu'on n'était pas content d'un jugement devenu irrévocable.

Pour mieux faire saisir l'institution que nous allons étudier, et avant de voir comment les Romains sont parvenus à établir leur système en ce qui la concerne, nous devons définir ce qu'on entend par *chose jugée* et par *autorité de la chose jugée*. A cet effet, reportons-nous à la L. 1. D. *De re judicata* (XLII, 1), empruntée au jurisconsulte Modestin : « *Res judicata dicitur : quæ finem controvertiarum pronuntiatione judicis accipit, quod vel condemnatione vel absolutione contingit.* » Dans ce texte l'expression *res judicata* est prise dans le sens le plus large du mot, et désigne la terminaison d'un procès par un jugement. Le jurisconsulte dit en effet que « la chose jugée est le point sur lequel une contestation se trouve terminée par une sentence judiciaire, ce qui a lieu soit dans le cas de condamnation, soit dans celui d'absolution. » Dans ce sens, *chose jugée* désigne à la fois le jugement lui-même et le contenu de la sentence, ce qui a été jugé. Const. 2. C. *Quib. res. jud non nocet* (VII, 56).

Dans le sens étroit, on emploie les termes *chose jugée* pour désigner l'effet particulier produit par cette institution juridique sur une contestation déjà tranchée ; cette seconde signification ne date, comme nous le verrons plus loin, que du Droit prétorien.

Les mots *autorité de la chose jugée* ont également deux acceptions : *Lato sensu*, cette expression désigne l'ensemble des effets qui découlent de la *res judicata* ; c'est dans ce sens qu'elle est employée dans les Const. 2, 4, 6, C. *De Sent* (VII, 45) et dans la Const. 4, C. Comminat (VII, 57).

La seconde signification de ces termes n'a trait qu'à la force juridique de notre institution, force consacrée par la maxime *res judicata pro veritate accipitur* que nous examinerons dans la Troisième partie de l'Introduction historique. Sous cet aspect, le seul auquel nous nous attacherons dans ce travail, l'autorité de la chose jugée consiste dans une présomption légale de vérité attribuée au fond du jugement et empêchant, par suite, le renouvellement des débats. Cette maxime est le seul principe essentiel dans notre matière, le seul équitable, et, si on a trop souvent malheureusement vu survenir bien des contraditions, il faut l'attribuer à ce qu'on a méconnu ce principe si salutaire, et, faut-il l'avouer, comme toutes les choses simples, cette règle fondamentale a eu bien de la peine à se faire jour. La conséquence de ce principe étant, qu'un litige sur la même question ne doit pas surgir de nouveau quant au même objet entre les mêmes parties et pour la même cause, nous sommes amenés à définir ainsi l'autorité de la chose jugée : « L'influence que la chose jugée exerce sur un procès actuel, mais qui a reçu une solution antérieure et définitive. »

Pour pouvoir bien suivre les développements qu'à reçus succesivement chez les Romains l'autorité de la chose jugée et apprécier comment ce peuple avait résolu le problème qui consiste à empêcher le retour de contestations déja résolues, il faut se rappeler que leur procédure a passé par trois phases successives : 1° le système des actions de la loi ; 2° la procédure formulaire ; 3° le Droit nouveau ou procédure extraordinaire érigée définitivement en loi par Justinien. Nous examinerons l'autorité de la chose jugée sous chacune de ces périodes qui formeront autant de paragraphes.

§ 1er. *Actions de la loi.*

Sous ce système de procédure, tout droit déduit dans une instance était par là même consommé; nous lisons en effet dans Gaïus, comm. VI § 108: *Alia causa fuit olim legis actionum ; nam, de qua re semel actum erat, de ea postea ipso jure agi non poterat ;* et dans Térence (Phormio acte 2, scène 3): «*actum ne agas*», enfin dans Quintilien, Inst. or. VII, 6, Declam. 226 : «*Bis de eadem re ne sit actio*». C'était un moyen énergique de prévenir le retour des procès. «Perilleux pour les parties, il était en harmonie, dit avec beaucoup de raison Monsieur Puyboyer (*De l'autorité de la chose jugée,* Paris 1860) avec cette procédure rigoureuse, où celui qui succombait perdait le *sacramentum* pour s'être servi du mot *vites* au lieu de *arbores*, mots sacramentels, comme nous l'apprend Gaïus, comm. IV § 11 : *Unde quum quis de vitibus succisis ita egisset, ut in actione vites nominaret, responsum est rem perdidisse, quia debuisset arbores nominare, eo quod Lex XII Tabularum, ex qua de vitibus succisis actio competeret, generaliter de arboribus succisis loqueretur.* »

Ce que nous venons de dire est au surplus confirmé par le § 10 J. *De except.* (IV, 13) ainsi conçu : *Neque post tempus olim agere poterant, cum temere rem in judicium deducebant et consumebant, qua ratione rem amittebant.*» Ce moment, où s'éteignait le droit primitif et où naissait pour le défendeur l'obligation de subir le jugement, était constaté solennellement de la façon suivante, dont les termes nous ont été conservés par Festus : « *Contestari est cum uterque reus dicit : Testes estote.*» On prenait donc à témoins les personnes présentes. Et c'est de cet usage qu'est venu le terme de *Litis contestatio.*

§ 2. *Procédure formulaire.*

A la procédure des actions de la loi, aussi appelées *judicia legitima*, succéda, comme on sait, la procédure formulaire, créée par le *Prætor Peregrinus*, adoptée plus tard par le *Prætor Urbanus* et consacrée dans le Droit civil par la Lex Æbutia, qui a changé officiellement la procédure dont nous avons parlé dans le paragraphe premier et introduit la procédure prétorienne ou formulaire, qui tire son nom de l'instruction écrite donnée par le préteur au juge auquel elle doit être remise par les parties. Cette instruction, comme on le sait, porte le nom de formule, *formula*. Elle contient d'abord le nom du juge ou des juges; c'est, selon les cas, un *judex* ou des *recuperatores;* cette formule est divisée ensuite le plus souvent en trois parties : la *demonstratio*, qui contient les points de fait, 2° *l'intentio*, qui contient les points de Droit, 3° la *condemnatio*, qui donne pouvoir aux juges de condamner ou d'absoudre le défendeur, selon que les faits sont ou non prouvés. Dans les actions *communi dividundo, familiæ erciscundæ, finium regundorum* elle contient une quatrième partie portant le nom *d'adjudicatio*, ou pouvoir pour le juge d'adjuger la propriété à l'une des parties, à charge par elle d'indemniser les autres, lorsque ledit objet est matériellement impartageable. Le juge ne pouvait sortir de la formule, ce qui est essentiel à retenir pour pouvoir comprendre et résoudre les questions que nous nous proposons d'examiner; en effet, c'est la formule qui pourra nous renseigner sur la portée de la chose jugée et de son autorité; aussi, pour plus de clarté, devons nous donner ici quelques détails se rapportant à la division des actions. Et d'abord, sous ce système de procédure, le mot *actio* signifie le droit de poursuivre *in judicio*, c'est-à-dire devant un *judex* nommé par les parties, ou, à leur défaut, par le préteur, ce qui nous est dû. *Nihil aliud est actio*, dit la L. 51. D. De O. et A. (XLIV, 7) *quam jus, quod sibi debeatur, judicio persequendi*; ce qui revient à dire, en d'autre termes, que le mot action, désigne la formule qui confère et réglemente ce droit, puisque le préteur, en désignant un *judex*, vous permet d'ouvrir l'instance devant ce *judex*, instance appelée *judicium*.

Ceci établi, nous allons examiner la division des actions sous le rapport des pouvoirs conférés au *judex* par la formule. A ce point de vue, on divisait les actions en actions éteignant l'action *ipso jure*, et en actions ne l'éteignant que *ope exceptionis*. Dans celles de la première catégorie, le préteur n'avait pas besoin de délivrer l'exception dans la formule, dans celle de la dernière espèce, au contraire, il fallait faire insérer dans la formule *l'exceptio rei judicatæ* ou celle *rei in judicium deductæ*. Quelles sont maintenant les actions rentrant dans la première et celles qu'il faut comprendre dans la seconde catégorie. Pour le savoir, nous devons recourir aux Institutes de Gaïus, comm. III, § 180 et 181, et comm. IV, § 106, 107 et 108; d'après ces textes, les actions qui, par leur exercice, éteignent *ipso jure* le droit d'action sont les *judicia legitima*, mais seulement en ce qui concerne les actions personnelles, c'est à dire celles dans lesquelles *l'intentio* de la formule est conçue *in personam*; il fallait de plus que cette même *intentio* fut conçue *in jus*. Dans la 2e série rentraient les *judicia legitima in rem concepta*, les *judicia legitima in factum concepta* et les *judicia quæ imperio continentur*, sans aucune distinction ; c'est ce qui ressort surtout du commentaire IV, § 107 du Gaïus : *at vero si legitimo judicio in personam actum sit ea formula quæ juris civilis habet intentionem, postea de eadem re agi non potest et ob id exceptio supervacua est, si vero vel in rem vel in factum actum fuerit, ipso jure nihilominus postea agi potest et ob id exceptio necessaria est rei judicatæ vel in judicium deductæ.* Le § 106 concerne les *judicia quæ imperio continentur.* « *Et si quidem imperio continenti judicio actum fuerit, sive in rem sive in personam, sive ea formula quæ in factum concepta est, sive ea quæ in jus habet intentionem, postea nihilominus ipso jure de eadem re agi potest et ideo necessaria est exceptio rei judicatæ vel in judicium deductæ.*

Avant d'examiner le but qu'avait le préteur en faisant cette distinction il nous semble nécessaire de faire connaître ce qu'on entendait par *judicia legitima* et par *judicia imperio continentia*, ou, comme on les appelle encore, *judicia quæ imperio continentur ;* sur ce point, c'est également Gaïus qui nous renseignera. D'après ce que dit ce jurisconsulte, au § 104 du comm. 4 de ses institutes, on entend par *judicia legitima* les actions dont la connaissance, à Rome et jusqu'à la première pierre milliaire hors de cette ville, et lorsque toutes les parties étaient des citoyens Romains, était dévolue à un juge unique. *Legitima sunt judicia quæ in urbe Roma, vel intra primum urbis Romæ milliarium, inter omnes cives Romanos, sub uno judice accipiuntur.* Au contraire les *judicia quæ imperio continentur* sont les actions de la compétence des recu-

peratores et celles qui pouvaient être portées devant un juge unique si le *judex* ou l'une des partie était un *peregrinus* ou bien résidait en dehors de la première pierre milliaire à partir de la ville de Rome. *Imperio vero continentur recuperatoria, et quæ sub uno judice accipiuntur, interveniente peregrini persona judicis aut litigatoris. In eadem causa sunt quæcumque extra primum urbis Romæ milliarium tam inter cives Romanos quam inter peregrinos accipiuntur.* On les appelle *judicia quæ Imperio continentur* parce-que leur force obligatoire ne dure que le temps ou subsiste l'*Imperium* de celui qui les a rendus.

Quel est le motif de cette distinction? Nous croyons avec la majorité des auteurs que dans les actions de la première espèce, c'est-à-dire dans les *judicia legitima*, l'obligation dans laquelle le droit d'action prenait sa source était détruite par une novation judiciaire, c'est pourquoi l'on exige que l'*intentio* soit *in personam*, la novation ne pouvant exister sans une obligation préexistante et, comme les actions dont l'*intentio* est conçue *in rem* ne sont pas fondées sur un lien obligatoire, il est clair qu'une novation était impossible et que, par suite, l'exercice au droit d'action ne pouvait éteindre *ipso jure* ce droit lui même, on comprendra aussi pourquoi il fallait que l'*intentio* fut *in jus* et non pas *in factum* et pourquoi enfin les *judicia quæ imperio continentur* ne pouvaient produire l'extinction *ipso jure*. « En effet, comme le dit M. Ortolan, Explication historique des Instituts II p. 587, § 2016, si l'action est conçue *in factum*, l'*intentio* n'énonce aucune question de droit; elle est fondée uniquement sur l'existence d'un fait, se confond, par suite, avec la *demonstration*, or un fait n'est pas susceptible d'être nové, l'obligation qu'a engendrée la *litis contestatio* ne peut pas faire que le fait existe ou n'existe pas. Enfin si elle n'est qu'un *judicium Imperio continens*, ne tirant qu'une autorité temporaire du pouvoir du magistrat avec lequel elle expirera, elle est impuissante pour détruire directement un droit permanent ; remarquez en effet quelle injustice il y aurait eu si une action aussi précaire que le *judicium imperio continens*, à laquelle la mort, ou la retraite, ou la sortie de charge du magistrat peut mettre fin avant la sentence, avait eu pour effet de détruire complétement le droit primitif sur lequel elle est fondée. » Ce que nous venons de dire est confirmé par Gaïus, Comm. III § 180 et 181. § 180 : *Tollitur adhuc obligatio litis contestatione, si modo legitimo judicio fuerit actum. Nam tunc obligatio quidem principalis dissol vitur, incipit autem teneri reus litis contestatione : Sed si condemnatus sit, sublata litis contestatione, incipit ex causa judicati teneri. Et hoc* (est) *quod apud veteres scriptum est : ante litem contestatam dare debitorem oportere ; post litem contestatam, condemnari oportere, post condemnationem judicatum facere oportere.* § 181 : *Unde fit, ut si legitimo judicio debitum petiero, postea de eo ipso jure agere non possim, quia inutiliter intendo dare mihi oportere, quia litis contestatione dari oportere desiit : aliter atque si imperio continenti judicio egerim, tunc enim nihilomnius obligatio durat, et ideo ipso jure postea agere possum, sed debeo, per exceptionem re judicatæ vel in judicium deductæ summoreri.* »

Ainsi donc il résulte de l'examen auquel nous venons de nous livrer que, à part la différence résultant de cette distinction, la règle de la procédure des actions de la loi fut conservée dans le système formulaire. Comme on le voit par le passage de Gaïus que nous venons de citer, s'il s'agissait d'un *judicium imperio continens* le demandeur pouvait, d'après le droit strict, agir de nouveau après la *litis contestatio*. Seulement s'il le faisait il devait être repoussé soit par l'*exceptio rei in judicium deductæ*, s'il n'était pas encore intervenu de sentence, soit par l'*exceptio rei judicatæ* dans l'hypothèse inverse. L'une ou l'autre de ces exceptions étaient insérée dans la formule à la demande du défendeur; il en était de même dans le cas des *judicia legitima* conçus *in rem vel in factum*. L'une et l'autre de ces exceptions ainsi que la défense d'exercer deux fois la même action en cas de consommation du droit d'action mettaient bien le défendeur à l'abri d'une nouvel poursuite, mais elles ne rendaient pas la sentence irrévocable quant au fond et ne lui attribuaient par conséquent pas l'autorité de la chose jugée quant au dit fond. Autrement dit, si, par exemple, le demandeur originaire en revendication avait réussi dans son action et récupéré la possession de sa chose, rien n'empêchait le défendeur originaire de se constituer demandeur et de remettre en question le droit de propriété «Car, comme le dit M. de Savigny, System des heutigen rœmischen Rechts VI, page 268, celui-ci (le défendeur) n'ayant exercé auparavant aucune action n'avait pas consommé son droit d'action, on ne pouvait donc lui opposer les exceptions dont il a été question plus haut, il y avait donc place pour un nouveau jugement qui pouvait anéantir l'effet du premier. » Ces moyens, employés par le Droit Romain pour empêcher la multiplicité des actions entre les mêmes parties et pour le même objet, se tournaient tant contre le défendeur que contre le demandeur. Contre le premier pour le cas où le demandeur qui avait succombé dans sa demande cherchait à y réussir, non pas en renouvelant la même action, mais en se servant d'une autre ayant le même objet en vue. « Il arrivait même, dit M. de Savigny, loc. Cit., que dans certaines questions juridiques très-compliquées on abusât de l'exception pour faire perdre tout le profit du jugement à la partie qui avait réussi dans sa demande et qu'on allât ainsi contre le but essentiel de cette exception. » La consommation de l'action ainsi que les deux exceptions précitées le tournaient également, avons-nous dit, contre le demandeur; en effet prenons pour exemple de nouveau; une action en revendication, le revendiquant qui a réussi dans sa demande rentre en possession de sa chose, mais il se trouve que, par suite d'une action semblable portée devant la justice par le défendeur originaire, le demandeur primitif se trouve évincé et l'ancien possesseur remis en possession. Comme le premier demandeur a déjà exercé son action il a consommé son droit action et si à la suite de la deuxième demande il intentait une nouvelle revendication on lui opposerait l'exception *rei judicatæ*. L. 9. § 1. D. de except. rei judicatæ (XL IV, 2). Par suite, le défendeur originaire restera définitivement en possession de la chose. C'était, comme on le voit, aller directement contre le but de l'exception d'un autre côté, cette institution était en ce qui concerne ses résultats entourée d'une foule de subtilités aussi contraires à son but que peu équitables en ce qui concerne leur application; c'est ainsi que le défendeur pouvait opposer l'exception *rei judicatæ* lorsqu'il avait été renvoyé des fins de la demande, non parceque le droit du demandeur n'existait, pas, mais parcequ'il y avait une exception dilatoire en faveur du défendeur lequel l'avait fait valoir avec succès; il en était ainsi bien que cette exception délatoire ne reposât très-souvent que sur un intérêt beaucoup plus secondaire que le droit du demandeur, droit qui pouvait donc s'éteindre par suite d'un cas fortuit, Gaïus Comm. IV § 123.

L'exception *rei in judicium deductæ* laissait tout autant à désirer. En effet lorsque la prescription, par exemple, s'accomplissait en cours d'instance et avant le jugement, sans aucune négligence imputable au demandeur, le défendeur pouvait opposer l'exception *rei in judicium deductæ* et empêcher ainsi pour toujours la poursuite d'un droit qui était bel et bien la propriété du demandeur.

Ces inconvénients amenèrent à reconnaître les vrais besoins de la pratique; il importait en effet surtout et uniquement d'assurer pour l'avenir l'effet que toute décision judiciaire doit produire d'une façon indubitable, il fallait, autrement dit, que le contenu de la sentence fut irrévocable. Les jurisconsultes et le préteur cherchèrent donc à mettre l'ancienne exception *rei judicatæ* en harmonie avec ce but; pour qu'elle pût être opposée dans une instance, il ne suffisait plus qu'il existât un jugement précédent il fallut que l'objet de la nouvelle action, le rapport juridique, fut le même que celui de l'action sur laquelle était intervenu le premier jugement. Maintenant, en d'autres termes, l'exception ne repose plus sur le seul fait de l'existence du jugement, il faut en outre en examiner le contenu. Cette force obligatoire dût être assurée au contenu du premier jugement pour le mettre à l'abri de toute contestation ultérieure. Pour sauvegarder les droits du demandeur contre le défendeur qui, en changeant de rôle, voudrait remettre en question le fond du procès terminé par un jugement favorable au demandeur, ou qui voudrait lui opposer l'exception, on accorde au demandeur, dans le premier cas, l'exception elle même, et dans le second cas la réplique *Rei judicatæ*. De cette façon on assure aux deux parties le bénéfice des dispositions du jugement. D'après ces explications, voici comment on peut, d'après M. de Savigny, op. cit. § 281, p. 270 et suivantes, formuler en peu de mots le nouveau principe qui sert de base à l'autorité de la chose jugée : « 1° Aucun nouveau jugement ne doit être en contradiction avec le contenu d'un précédent jugement » ; « au premier abord, fait remarquer cet éminent jurisconsulte, cette proposition semble, comme celle de l'ancien Droit, être simplement négative ou prohibitive, mais, comme aucun juge ne peut se refuser à terminer une contestation par la prononciation d'un jugement, cette formule se résout, dit-il, dans la suivante. » « 2° Lorsque, dans le cours d'une instance, il survient une question, sur laquelle, dans un procès précédent, il a été prononcé un jugement, le nouveau juge est tenu de tenir pour vrai le contenu dudit jugement et de le faire servir de base à sa propre sentence. »

Dans cette dernière formule le principe fondamental de la chose jugée a une forme tout à fait positive et est l'expression textuelle de la fiction de vérité, qui est la véritable base de l'autorité de la chose jugée, fiction qui seule conduit à des résultats pratiques et équitables. Keller est le premier qui ait exprimé, d'une façon nette et précise, la différence entre l'ancienne et la nouvelle exception *rei judicatæ* en créant dans ce but les expressions suivantes qui sont universellement reçues aujourd'hui : Il désigne la première, l'exception fondée sur le principe de la consommation de l'action, par le terme *fonction négative* de l'exception. *Rei judicatæ* (*Exceptio rei judicatæ in ihrer negativen Function*), la deuxième, c'est à dire la nouvelle, celle qui est fondée sur la présomption légale de vérité, par les mots *fonction positive* de *l'exceptio rei judicatæ* (*Exceptio rei judicatæ in ihrer positiven Function*). Cette importante modification n'a pas été introduite par une disposition législative générale, comme une loi proprement dite ou un édit général du préteur, qui aurait abrogé ou modifié l'ancien état de chose et introduit le nouveau. Vouloir le prétendre, ce serait manifestement méconnaître l'attachement du peuple romain pour ses anciennes institutions, attachement qui était tel que, lorsqu'ils voulaient modifier quoique ce soit aux institutions traditionnelles, obligeait les jurisconsultes et le préteur à employer des moyens détournés, comme celui des fictions, pour arriver au but qu'ils voulaient atteindre, sauf plus tard à généraliser les modifications ainsi introduites. Ici on procéda de même, ce fut l'ancienne *exceptio rei judicatæ* que l'on accomoda aux nouveaux besoins. La différence des deux fonctions de l'exception n'est au surplus visible que lorsqu'il s'agit de résoudre la question de savoir dans quel cas et sous quelles conditions cette exception est donnée; la solution de ces questions était pour chaque espèce abandonnée au pouvoir discrétionnaire du préteur qui, après l'examen des faits de la cause, accomodait l'exception aux vrais besoins de la pratique, par suite une loi générale était inutile.

Ainsi donc dans la nouvelle institution on doit tenir pour certaine cette règle d'Ulpien rapportée par la L. 207 D, de R. J. (L. 17): « *Res judicata pro veritate accipitur.* Cette règle est en effet le principe fondamental de la matière que nous traitons et, comme nous l'avons vu dans notre introduction générale, elle est aujourd'hui de droit universel. Mais il est très-difficile de dire à quelle époque elle s'introduisit dans le Droit Romain et dans la procédure formulaire. A ne consulter que les institutes de Gaïus, où il n'est question que de système de la consommation de l'action, par suite, de la fonction négative de notre exception, système exposé avec un soin très minutieux tandis que sa fonction positive est complétement passée sous silence, on serait tenté de croire que la fonction positive n'existait pas encore du temps de ce jurisconsulte. Mais, si l'on se reporte à la L. 15 D. de Except. rei jud. (XLIV, 2), on est forcé de renoncer à cette idée, car la fonction positive de l'exception ressort d'une façon tout à fait certaine de ce texte où Gaïus, après avoir supposé une action en pétition d'héridité sur laquelle est intervenu un jugement, se demande si le défendeur peut, après la sentence, intenter à son tour cette même action contre le demandeur originaire et voici comment il décide la question : *Quod si post rem judicatam a me petere cœ-*

peris, interest utrum meam esse hereditatem pronuntiatum sit, an contra ; si meam esse, nocebit tibi rei judicatæ exceptio quia, eo ipso quod meam esse pronuntiatum est, ex diverso pronuntiatum videtur tuam non esse, si vero meam non esse, nihil de tuo jure judicatum intelligitur quia potest nec mea hereditas esse nec tua. » Du moment en effet que depuis Gaïus, il faut, pour voir s'il y a chose jugée, examiner si le jugement a attribué ou non l'hérédité au demandeur originaire, c'est à dire le contenu du jugement, c'est qu'il écrivit à l'époque du système de la fiction de vérité car c'est seulement sous ce système qu'il faut examiner le fond. Il y a plus, il ressort de la L. 40, § 2 D. de proc. (III, 3) empruntée à Ulpien que la fonction positive de l'exception était connue de Julien, jurisconsulte antérieur à Gaïus : « *Si verus procurator extitisset, vel ipse præsens causam suam egisset, et victus esset, si a me vindicaret exceptione rei judicatæ summoveretur? Et ita Julianus libro quinquagesimo Digestorum scribit; nam quum judicatur rem meam esse, simul judicatur illius nom esse.* » Suivant M. de Savigny (Op. Cit. VI p. 273) cette contradiction entre les institutes de Gaïus et les textes que nous venons de citer viendrait de ce qu'à côté de l'ancienne consommation de l'action, aurait existé simultanément la fiction de vérité attachée au jugement, par conséquent le fonction positive de l'exception, laquelle n'aurait été appliquée qu'isolément et comme décision d'espèce longtemps avant Gaïus, mais qu'à l'époque de ce dernier jurisconsulte elle ne s'était pas encore tellement développée et introduite comme principe fondamental dans la théorie du Droit qu'il ait jugé utile de la rapporter dans ses institutes, comme une institution juridique coexistant avec le principe de la consommation de l'action. Quoi qu'il en puisse être de ce point de doctrine, plusieurs textes du Digeste, affirment comme un grand principe l'autorité de la chose jugée et la fiction de vérité attachée au jugement. Nous avons déjà cité la L. 207, D. de R, I, (L. 17), ajoutons y la L. 65, § 2 D. ad. Sc. Treb. (XXXVI, 1); L. 25, D, des statu hom (I, 5); L. 12, § 3 D. de bon lib. (XXXVIII, 2); L. 3 pr. et L. 1, § 16 de agn. (XXV, 3).

Après ce que nous venons de dire, on devrait croire que la fiction de vérité a complétement supplanté la règle de la consommation de l'action qui ne pouvait plus produire que des effets contraires à la justice, si elle ne concourait pas avec l'autorité de la chose jugée elle-même. Mais il n'en a pas été ainsi; cela tient, comme nous l'avons dit (page 24), à ce que les Romains avaient toutes les peines du monde à abandonner leurs anciens principes, les exceptions elles-mêmes n'ont pas d'autre origine. Les deux institutions se confondaient ; pour éviter les contraditions, on chercha par différents moyens doux et détournés à remédier aux conséquences dures et iniques de la consommation de l'action. Principalement pour le cas dont nous avons parlé plus haut, où les deux fonctions de l'exception étaient en contradiction l'une avec l'autre et dans lequel le système de la consommation de l'action arrivait par voie de conséquence à anéantir le bénéfice du premier jugement, le remède consista à donner au demandeur la *replicatio rei judicatæ* pour combattre l'exception de même nom. Ce dernier point est surtout remarquable, comme une preuve incontestable que les anciens jurisconsultes avaient connaissance des deux fonctions de l'exception, et qu'ils ne manquaient aucune occasion pour donner au nouveau système, celui de la fiction de vérité, la préférence sur l'ancien, celui de la consommation de l'action, chaque fois qu'il y avait contradiction entre les deux, et reconnurent ainsi que le nouveau était le meilleur et le plus satisfaisant; plus târd l'ancien disparut complétement, seulement on ne sait pas d'une façon certaine si ce système fut jamais expressément abrogé par le législateur; il paraît plus probable, comme le dit d'une façon très-poétique M. de Savigny, Op., cit. VI, p. 277 et 278, qu'il dépérit complétement comme le feuillage sec tombe lorsque le nouveau éclos est arrivé à son complet développement. Nous croyons avec le même auteur que le passage de l'ancien *Ordo judiciorum*, ou procédure formulaire, au nouvel *Ordo*, ou procédure extraordinaire, s'il n'a pas été d'une façon directe et nécessaire la cause de l'abandon du système de la consommation de l'action, a du moins contribué sans aucun doute à favoriser et à hâter la désuétude de ce système, car l'extinction d'une action sur le motif de sa précédente consommation implique que les deux actions sont identiques; or, l'identité des deux actions était dans la plupart des cas, et en même temps de la façon la plus facile et la plus sûre, reconnue à l'aide de la formule des actions, formules qui disparurent complétement par le fait même de l'introduction de la procédure extraordinaire substituée à l'ancien *Ordo judiciorum*. Il en est tout autrement de la fiction de vérité attribuée aux jugements, fiction sur laquelle repose l'exception de chose jugée, depuis les modifications qu'elle a subies, car son emploi ne suppose que la connaissance du dispositif du jugement, ou mieux encore de son contenu, et peut, par suite, concourir avec toutes les formes de procédure. Mais, d'un autre côté, on comprendra certainement que cette consommation de l'action qui, dans l'ancien Droit, avait lieu pour certaines actions, non au moyen de l'*exceptio rei judicatæ*, mais *ipso jure*, était complétement impossible après la disparution de la procédure formulaire, et devait immédiatement, et d'une façon complète s'évanouir avec cette dernière ; car, dans cette sorte d'action, il n'y avait qu'un *judex* nommé par le préteur et un *intentio juris civilis*, c'est-à-dire une formule ; or, les formules sont incompatibles avec la procédure extraordinaire, ainsi que la division des instances en *judicium* et procédure *in jure*.

§ 3. *Droit nouveau. — Procédure extraordinaire.*

Dans le Droit de Justinien, on ne parle ni de la *consommation* de l'action ni de l'*exceptio rei in judicium deductæ* qui en est un complément, par suite, ces deux institutions sont virtuellement abrogées. Cet empereur se contente d'invalider textuellement différentes conséquences de l'ancien principe, les dernières qui existassent encore de son temps, c'est qu'il fait principalement par la const. 28 C. de fid. (VIII. 42) sur laquelle nous aurons occasion de revenir plus loin. Les autres dispositions modifient les règles concernant la *plus petitio* en ce sens qu'il n'est plus besoin d'*intentio certa*, puisque l'*intentio* n'existe plus, et que la *consommation* de l'action n'existant plus, il eut été injuste que la *plus petitio* pût consommer l'action.

L'exception de chose jugée, envisagée dans sa fonction positive, comme protectrice du contenu du jugement, est tellement bien traitée et d'une façon si complète dans les écrits des anciens jurisconsultes que cet exposé est suffisant pour que l'on puisse en faire les applications, comme cela ressortira de l'ensemble de ce travail. Néanmoins dans ces écrits, en ce qui concerne la nouvelle exception, il se trouve quelque fois des remarques ne pouvant se rapporter qu'au principe de la consommation de l'action et à l'*exceptio rei in judicium deductæ* ou à l'ancienne *exceptio rei judicatæ*. Il est même certains de ces passages qui sont tellement singuliers et incohérents qu'ils étaient pour nous des énigmes jusqu'à ce que l'ancienne institution nous eut été révélée par les institutes de Gaïus. Au nombre de ces passages nous en citerons un où il est question d'une *replicatio rei judicatæ*, qui doit enlever toute force à une exception de même nom ; il ne peut évidemment être question ici que de la fonction négative de l'exception de chose jugée ; il eut été à désirer que les rédacteurs du Digeste n'y eussent pas insérés ces textes, par là ils auraient fait disparaître les difficultés que ces textes avaient pour but de résoudre.

Pour terminer ce chapitre, nous ferons remarquer que, malgré l'avis contraire de certains jurisconsultes, les textes du Digeste contiennent les vrais principes de la matière, que les lumières apportées par la pratique à une époque relativement récente n'ont pas été les premières à faire disparaître les entraves de l'ancien Droit Romain. On fera difficilement comprendre en effet les deux points suivants : 1° Que les empereurs postérieurs à Justinien, qui comptaient des gens très-entendus au nombre de leurs conseillers, ne se soient pas aperçus qu'avec la cessation de la procédure formulaire son déplorable cortége, comme dit M. de Savigny, avait cessé d'avoir sa raison d'être. 2° Il n'est pas plus facile de saisir que les jurisconsultes, aux leçons et à la pratique desquels on serait redevable de la disparution des entraves de l'ancien Droit Romain, n'eussent pas fait la même remarque que les conseillers impériaux. Il faut de plus observer que ces jurisconsultes, loin de vouloir mettre leur enseignement en contradiction avec le Droit Romain, cherchaient tous à l'appuyer sur ce Droit.

CHAPITRE II.

Des conditions requises pour qu'il y ait chose jugée.

Ce chapitre sera divisé en deux sections. Dans la première nous examinerons les conditions extrinsèques requiser pour qu'il y ait chose jugée, c'est-à-dire quelles conditions doit réunir en lui même un jugement pour pouvoir acquérir cette autorité. Dans la deuxième, nous traiterons les conditions intrinsèques nécessaires pour produire cette autorité, à ne considérer que le fond et non la forme de la sentence.

SECTION PREMIÈRE.

DES CONDITIONS EXTRINSÈQUES EXIGÉES POUR QU'IL Y AIT CHOSE JUGÉE.

D'abord il va de soi que, pour pouvoir produire l'autorité de la chose jugée, il faut qu'il y ait un jugement puisque c'est dans un pareil acte que cette autorité puise sa force juridique. Cherchons maintenant les conditions de formes que doit réunir une décision judiciaire pour avoir cette autorité, autrement dit, quels sont les jugements qui la produisent. Sous la procédure formulaire, il fallait d'abord que le jugement eut été rendu par un *judex*, placé sous l'autorité d'un magistrat supérieure. Ce *judex* était une personne privée que le magistrat nommait sur la présentation des parties ou, à leur défaut, choisissait d'office sur une liste dressée à cet effet. Il pouvait y avoir un juge unique ou plusieurs, dans ce dernier cas on les appelait, *judicis collegium*. Sous cette procédure, le mot jugement ne comprenait pas seulement la sentence proprement dite, c'est-à-dire la *condemnatio*, mais encore, en ce qui concerne les actions arbitraires, une troisième partie la *pronuntiatio* par laquelle le judex déclarait le bien fondé de la demande avant de donner le *jussus* de restitution; cette *pronuntiatio* était dans ces actions l'élément essentiel pour qu'il y eut chose jugée. L'hypothèse de la nomination d'un *judex* était la plus ordinaire, sans être toute fois la seule dans laquelle il pouvait y avoir chose jugée; le préteur pouvait aussi en effet, sans nommer un *judex*, terminer la procédure *in jure*, prononcer le jugement lui-même qui n'en acquerait pas moins l'autorité de la chose jugée. C'était alors la *Cognitio extraordinaria*. On a prétendu que la procédure *in judicio* fut introduite dans le but de partager la puissance judiciaire afin d'empêcher le préteur de rendre des jugements iniques, par suite de l'influence que pourrait exercer sur lui l'une des parties, mais on peut répondre que, contre ce danger, la partie adverse était mise à l'abri par d'autres mesures employées par l'autorité supérieure et il vaut mieux expliquer l'introduction de cette procédure par la considération que sans elle le *prætor Urbanus* et le *prætor Peregrinus* n'eussent pas pu à eux seuls suffire à leur tâche, à l'expédition des affaires. Cette procédure *in judicio* n'était d'ailleurs nécessaire que s'il s'agissait d'établir des faits douteux ; si les faits n'étaient pas contestés le préteur rendait plus prompte et aussi sûre justice que s'il eut été obligé de rédiger une formule et de renvoyer les parties devant un *judex*. C'était donc une opinion généralement reçue chez les Romains, que, dans les affaires civiles comme dans les affaires criminelles, un *judicium*, ou la procédure *in judicio*, n'était nécessaire que pour la solution des procès dans lesquels les faits de la cause étaient contestés. Ce point est établi par un grand nombre de textes ; nous citerons d'abord la L. 81, D. *De judiciis* (V, 1) «*qui neque juridictioni præest, neque ab eo, qui jus dandorum judicum habet, datus est, judex esse non potest.*» Ainsi donc le magistrat supérieur ainsi que le juge désigné par le premier ont le droit de rendre un jugement. Ajoutez encore Paul Sent. Recept. V, 5, A § 1 «*Res judicatæ videntur ab his qui imperium potestatemque habent vel qui ex auctoritate eorum inter partes dantur.* On pourrait objecter tout au plus contre notre système que les expressions *exceptio rei judicatæ* ne pourraient s'appliquer au cas où le préteur cumule les attributions de juge et de magistrat lorsque les faits ne sont pas contestés ; on pourrait dire, que, dans ce cas, le préteur ne rend pas un *judicium* mais un *decretum*, mais on peut répondre qu'il a fallu cependant trouver un moyen d'assurer la force juridique de ce décret et que, faute de mieux, on a employé les mêmes termes que pour la procédure devant le *judex;* c'est ce que confirme de plus la const. 1 C. Si sæpius (II, 44). En ce cas là en effet on se trouve en présence d'un *extraordinarium judicium.* Or, à l'époque de la procédure formulaire, si on avait à faire avec un semblable *judicium,* par exemple s'il s'agissait d'un fidéicommis, c'était le magistrat qui devait statuer lui même, il est évident que son jugement acquérait l'autorité de la chose jugée; bien plus il résulte de la L. 65. § 2, D, ad. Sc. Trebellianum (XXXV, 1) qu'on désignait la force juridique de ce jugement par les termes *res judicata.*

La procédure extraordinaire ayant remplacé, sous Justinien, le système des formules, ce qui n'était que l'exception précédemment, devient maintenant la règle générale et unique. Dans ce Droit, tout jugement rendu par un magistrat peut, s'il réunit en outre les conditions dont nous parlerons plus loin, produire l'autorité de la chose jugée.

Il n'y a que les jugements de la juridiction contentieuse et non ceux de la juridiction gracieuse qui puissent produire cette autorité, c'est ce qui résulte d'abord de la L. 1, D. de re judicata (XLII, 1). (*Res judicata dicitur* QUÆ FINEM CONTROVERSIARUM *pronuntiatione judicis accipit, quod vel* CONDEMNATIONE *vel* ABSOLUTIONE *contingit*). Il faut remarquer que dans ce texte le mot *pronuntiatio* n'a pas le même sens que sous la procédure formulaire, il désigne ici le fait même du juge qui rend la sentence. Il résulte du titre tout entier du code intitulé Comminationes, epistolam, programmata, subscriptiones auctoritatem rei judicatæ non habere (VII, 57) que des actes tels qu'une lettre, une *subscriptio* ou un programme n'ont pas le caractère d'un jugement contentieux et appartiennent plutôt à la juridiction gracieuse et par suite n'ont pas l'autorité de la chose jugée.

Il résulte de la L. 1. D. de re judicata (XLII, 1) qu'il n'y a que les jugements définitifs qui produisent, en règle générale, la chose jugée ; ce texte dit en effet *res judicata dicitur quæ finem controvertiarum pronuntiatione judicis accipit*, c'est-à-dire ce qui termine d'une façon irrévocable un procès ou certains points de celui-ci ; mais cette autorité ne s'attache pas aux jugements qui ordonnent une mesure préparatoire ni en général aux jugements interlocutoires, c'est-à-dire à ceux ordonnant une mesure d'instruction qui préjuge le fond, si elle établit la réalité des prétentions de l'une ou l'autre des parties ; toutefois l'interlocutoire s'impose au juge lui-même et par suite engendre l'autorité de la chose jugée : 1° Si dans une action arbitraire le juge ordonne une restitution d'effets, si le défendeur ne l'exécute pas, il sera condamné ; 2° Si le juge ordonne un serment et qu'il ait été prêté.

Une sentence rendue par un mineur, pourvu qu'il soit âgé d'au moins 18 ans, ou que les parties aient consenti à se faire juger par lui, produit néanmoins l'autorité de la chose jugée, aux termes de la L. 57, D. de re judicata (XLII, 1), car, dit Ulpien dans ce texte, si un mineur exerce la magistrature, il faut nécessairement dire que ses sentences sont valables et que le prince qui lui a conféré la magistrature a par là même décrété qu'il pouvait faire tous les actes qui s'y rapportent.

Pour pouvoir acquérir l'autorité de la chose jugée,

il faut que la sentence soit *justa*, c'est-à-dire qu'elle réunisse toutes les conditions requises pour sa validité. Il faut pour cela qu'elle ne laisse aucun doute sur la condamnation ou l'absolution, qu'elle soit conforme à la loi, pure et simple, prononcée à haute voix et publiquement, qu'elle ait été rendue après l'audition des parties ou elles dûment appelées, un jour non férié, à moins que les parties ne consentent à ce qu'elle soit rendue un jour férié ; il faut qu'elle soit rendue enfin par une personne investie du pouvoir judiciaire.

Les jugements de première instance contre lesquels il n'y a pas appel et ceux confirmés sur appel ont force de chose jugée. De même, le jugement du juge d'appel qui infirme celui de première instance a cette autorité. S'il en était autrement on réduirait l'autorité de la chose jugée à un simple principe privé de toute application pratique ; on créerait des inconséquences, on produirait du scandale, parce que, s'il en était ainsi, il serait permis au juge inférieur de ne tenir aucun compte de la sentence du juge supérieur et par suite le but de l'institution serait méconnu.

Nous voyons par plusieurs décisions des empereurs, notamment par celles de Sévère et de Théodose que, sous la procédure formulaire, la sentence rendue par un juge incompétent était non-avenue et par suite n'engendrait pas l'exception de chose jugée, Const. 2 et 4 C. Si a non comp. jud. (VII, 48) Const. 4 C, De Sent. (VII, 45). En est-il de même sous la procédure extraordinaire ? La raison de douter se tire de ce que, dans tous ces textes, il n'est question que de juges donnés et que dans la nouvelle procédure il n'y a plus de division entre la procédure *in jure* et celle *in judicio*; de plus les empereurs qui ont rendu ces constitutions sont antérieurs à la procédure extraordinaire; ces raisons ne sont que spécieuses; nous ne sommes pas en effet réduits aux constitutions impériales précitées pour appuyer la règle que le jugement rendu par un juge incompétent ne produit pas l'autorité de la chose jugée dans le système de la procédure extraordinaire. Nous citerons d'abord, la L. 57 D. de re judicata (XLII, 1) empruntée à Ulpien, les L. L. 23, § 1; 19 D. de appellat (XLIX, 1) empruntées, la première à Papinien, la deuxième à Modestin, deux jurisconsultes postérieurs à Dioclétien, l'introducteur primitif de la procédure extraordinaire, enfin la Const. 5, C quando prov. non necesse (VII, 64). Ces textes disent tous que les jugements rendus en violation de la loi sont non-avenus, *nullum*, et, par suite, que pour les faire tomber il n'est pas nécessaire d'en appeler puisqu'ils n'existent pas; or la violation des règles de la compétence est une violation formelle de la loi, *si expressim sententia contra juris rigorem data fuerit, ideo sine appellatione causa denuò induci potest*. En effet le Droit Romain posait en principe cet adage, *(Quod nullum est, nullum producit effectum*. Or la chose jugée est un *effectus* de la *sententia justa*. La nullité n'avait pas besoin d'être prononcée. Les jugements rendus contre les contumax, et par ce terme il faut comprendre également les personnes desquelles on dit en Droit Français qu'elles font défaut, n'acquièrent pas non plus l'autorité de la chose jugée, à moins que la sentence n'eut été précédée des formalités requises à cet effet, savoir trois édits ordinaires ou un seul édit péremptoire. On entend par violation ouverte de la loi une méprise telle qu'elle fait nécessairement supposer que le juge ne connaissait même pas théoriquement la loi violée. S'agissait-il, au contraire, d'une fausse application de la loi, la sentence acquérait néanmoins l'autorité de la chose jugée.

Voyons maintenant, pour terminer sur ce sujet, les autres causes de nullité des sentences. Etaient nuls les jugements rendus contre un incapable ou un fou, contre une personne morte avant le jugement, ceux rendus par un juge qui s'était laissé corrompre, ceux impossibles à exécuter. Dans tous ces cas les jugements étaient destitués de l'autorité de la chose jugée, car ils étaient considérés comme inexistants. Cette théorie, quoique basée sur la distinction parfaitement rationnelle entre les jugements *non jure facti*, ou *iniqui*, et les jugements valables, était contraire au but pratique qui a fait introduire l'autorité de la chose jugée, parce qu'elle laissait trop longtemps incertains les rapports juridiques, objets du litige; aussi, comme nous le verrons plus loin dans notre étude sur le Droit criminel, toutes les législations modernes, et la nôtre en particulier, sont revenues aux vrais principes, en décidant que même les jugements contraires à la loi, ou rendus par des juges incompétents, acquièrent l'autorité de la chose jugée lorsqu'on n'a pas employé les voies de recours pour les faire réformer, pourvu, bien entendu, qu'il s'agisse d'un véritable jugement, et on a consacré la maxime coutumière française : *voies de nullité n'ont lieu*, qui veut dire que les nullités ne peuvent faire tomber un acte quelconque, et en particulier un jugement, qu'à condition d'avoir été prononcées par le juge; cette maxime peut seule assurer l'efficacité de la chose jugée et la stabilité des droits acquis.

Revenons au Droit Romain. Pour qu'un jugement puisse acquérir l'autorité de la chose jugée, il faut qu'il soit irrévocable, c'est-à-dire qu'il ne puisse être réformé ni par la voie de l'appel, ni par celle du recours au prince ; autrement dit, si on laisse écouler les délais d'appel et de recours au prince en ce qui concerne les jugements de première instance, et celui du recours au prince seulement en ce qui concerne les jugements d'appel, sans exercer aucun de ces recours, on ne pourrait plus intenter une nouvelle action sans risquer de se voir repousser par l'exception *rei judicatæ*.

Nous arrivons maintenant à une question très-controversée, celle de savoir si la chose jugée ne résulte que du dispositif, c'est-à-dire de la partie du jugement qui condamne ou absout le défendeur, ou bien si elle résulte encore des motifs, c'est-à-dire de la partie où sont exposées les raisons qui ont déterminé le juge à condamner ou à absoudre, et dans certains cas à adjuger un bien à telle personne de préférence à telle autre. Cette question est complexe et comprend en effet les deux suivantes : 1° Dans le cas de demandes différentes formées par un seul et même acte par suite d'une simple juxtaposition, n'ayant aucun lien nécessaire, c'est-à-dire n'étant pas connexes, si un jugement, après avoir donné dans les motifs les raisons qui légitiment telle ou telle solution, reste muet dans son dispositif en ce qui concerne l'une des demandes, pourra-t-on, par cela seul, qu'en se reportant aux motifs, on serait à même d'en déduire l'opinion du juge sur la question non résolue, suppléer aux lacunes du dispositif et autoriser soit l'exécution de cette disposition implicite, soit l'exception de chose jugée contre cette demande reproduite. La deuxième question est celle-ci : L'autorité de la chose jugée doit-elle être bornée au fait seul de la condamnation ou de l'absolution, ou bien, au contraire, s'étend-elle à tout ce qui, dans la pensée du juge, est relié par voie du principe à conséquence? Dans ce dernier cas, l'étendue à attribuer à la chose jugée doit-elle être différente suivant que la pensée du juge est exprimée dans le dispositif ou dans les motifs du jugement?

Suivant M. de Savigny, *System des Heutigen Rœmischen Rechts* VI, page 350 et suiv., il faut, pour résoudre la question de savoir si les motifs ont l'autorité de la chose jugée, distinguer deux espèces de motifs, les motifs *objectifs*, qui sont les éléments constitutifs du rapport juridique, objet du litige, et qu'il nomme pour cela *éléments (elementen)*, et les motifs *subjectifs* au moyen desquels le juge acquiert une connaissance personnelle et certaine des motifs objectifs. Ces derniers, comme on le voit, seraient la partie appelée *exposé des faits de la cause* et l'appréciation des faits au point de vue juridique, ces motifs pourraient, par exemple, être conçus ainsi : « attendu que ces faits constituent un contrat de vente » ; les motifs subjectifs seraient la cause qui a fait admettre au juge les faits comme certains. Ces derniers motifs ne seraient pas susceptibles de produire l'autorité de la chose jugée, tandis que les motifs subjectifs devraient la produire. Selon cet auteur, si on refusait toute force juridique aux motifs, on ne pourrait savoir ce qui a été jugé, surtout dans le cas d'absolution ; prenons, dit-il, pour exemple une action en revendication, le juge se contente dans le dispositif d'absoudre le défendeur; si les motifs ne produisaient pas l'autorité de la chose jugée, on ne saura pas si l'absolution est fondée sur le ce que le défendeur n'avait pas la possession des objets revendiqués, ou sur ce qu'il avait un droit réel de gage. De même, en cas d'action personnelle, si le défenseur est absout par le rejet de la compensation, il sera incertain si le rejet se fonde sur le ce que la dette n'est pas liquide ou sur ce qu'elle n'existait pas; cet auteur ajoute que très-souvent, notamment pour l'action quasi-servienne, il faut une étude approfondie du jugement pour reconnaître la chose jugée. Passant de la théorie à l'application, M. de Savigny dit que l'autorité de la chose jugée ne doit pas être restreinte au seul fait de la condamnation ou de l'absolution, mais être étendue à tout ce qui dans la pensée du juge est relié à sa décision par voie du principe à conséquence, et que, lors même qu'un pareil fait se trouverait dans les motifs, on doit lui attribuer la même force que si c'était dans le dispositif. Ce jurisconsulte va même plus loin, et dit qu'il faut rechercher les motifs objectifs, même dans les circonstances de la cause. Quant à la première question que nous avons posée, celle de savoir si au cas où un même acte contient plusieurs demandes simplement juxtaposées, on peut suppléer aux lacunes du dispositif en empruntant aux motifs les raisons qui légitiment telle ou telle solution, et ordonner l'exécution d'une pareille disposition sur laquelle le dispositif est muet, ou bien en tirer l'exception de chose jugée, M. de Savigny admet l'affirmative.

Le système qui consacrerait l'affirmative et attribuerait l'autorité de la chose jugée d'une façon complète aux motifs nous paraît trop absolue ; en ce qui touche la première question en particulier, celle de savoir si, dans le cas de demandes différentes non connexes mais simplement juxtaposées et sur lesquelles il a été rendu un jugement, dont les motifs donnent les raisons militant en faveur de telle ou telle solution et dont le dispositif reste muet sur un des chefs de demande, il est permis, en s'appuyant sur les motifs relatifs à la question non résolue, de suppléer aux lacunes du dispositif, nous croyons que la question doit être résolue négativement ; on ne devra donc autoriser ni l'exécution de cette disposition renfermée dans les motifs, ni permettre de l'invoquer comme renfermant l'exception de chose jugée si la demande est renouvelée plus tard. Quant à la deuxième question nous admettons, avec M. de Savigny, que l'autorité de la chose jugée ne doit pas être restreinte au seul fait, objet de la condamnation ou de l'absolution, mais qu'elle doit être étendue aux conséquences qui découlent virtuellement du fait principal dont l'existence a été reconnue par le juge et vice versa, L. 15. D. De except. Rei judicatæ (XLIV, 2). C'est ainsi que le jugement qui a déclaré valables des poursuittes faites en exécution d'un titre a l'autorité de la chose jugée quant à la validité de ce titre. Au contraire, le jugement qui renvoie le défendeur de la demande, par le seul motif que le demandeur n'a pas justifié de son droit de propriété, n'a pas l'autorité de la chose jugée sur le point de savoir si le défendeur est propriétaire, en conséquence si l'ancien demandeur devient plus tard possesseur de la chose et que l'ancien défendeur forme contre lui une action en revendication, l'ancien demandeur ne pourra se prévaloir du jugement rendu dans la première instance. Il en serait autrement si, sur une exception proposée par le défendeur, celle de prescription, par exemple, ce dernier avait été formellement reconnu propriétaire de l'objet litigieux, c'est ce que disent formellement, quant à l'hérédité ou à un objet héréditaire, les L. L. 15 et 30 *D. De except. rei judicatæ* (XLIV, 2). Ce que nous venons de dire conduit nécessairement à rectifier ainsi la deuxième partie de la deuxième question : Ce qui dans un jugement est décidé implicitement par voie de principe à conséquence, a-t-il la même force que ce qui est décidé par voie de disposition expresse? Poser ainsi la question, c'est la résoudre affirmativement.

Si M. de Savigny admet, quant à la première question, une décision différente de la nôtre, et énonce une proposition peu juridique, c'est que cet auteur éminent confond deux choses parfaitement distinctes et très-importantes, l'interprétation d'un jugement avec l'autorité de la chose jugée. En effet, en cas d'obscurité du dispositif, il est parfaitement permis, selon nous, et même on doit prendre en considération les motifs. Ce qui prouve que c'est là la cause de l'erreur du jurisconsulte de Berlin, c'est que son argument à peu près unique, quoique reproduit sous différentes formes, c'est que si l'on n'attribuait pas force de chose jugée aux motifs, dans bien des cas on ne saurait ce qui a été jugé, pourquoi on a été repoussé; or toutes ces questions rentrent dans l'interprétation, ce qui est tout autre chose que l'autorité de la chose jugée. Ce qui confirme cette induction.

c'est que M. de Savigny dit qu'il faut rechercher les motifs objectifs 1° dans le jugement proprement dit ; 2° à son défaut, dans la partie du jugement appelée motifs ; 3° à défaut des deux premières sources, dans les différents éléments du procès, et en premier lieu, sous la procédure extraordinaire, dans l'assignation, enfin 4° dans certaines considérations générales pouvant produire deux effets opposés, les unes en complétant la pensée du juge, et, par suite, constituant des annexes tacites du jugement, comme celles tirées du rapport du tout avec la partie ; d'autres considérations auxquelles il faudrait recourir enlèveraient tout ou partie de leur force juridique à des décisions qui, d'après leur forme et la pensée du juge, devraient avoir l'autorité de la chose jugée, telle serait l'erreur de calcul qui empêche le produit d'acquérir cette autorité, tout en laissant subsister les éléments du calcul. Rechercher dans ces quatre éléments que nous venons de citer, et surtout dans le dernier, que l'on peut traduire par les mots de principes généraux, et recourir à l'un à défaut de l'autre pour savoir ce qui a été jugé, c'est supposer une sentence obscure, et n'est-ce pas, par suite, interpréter ? Bien plus, M. de Savigny, en parlant de dispositions implicites et en se servant de l'expression *éléments* pour désigner certains motifs, en disant de plus que ceux des motifs qu'il qualifie de *subjectifs* et qui sont les raisons qui ont fait admettre au juge la conviction personnelle de l'existence ou de l'absence de l'un des éléments constitutifs du rapport juridique, objet du litige, enfin, en ajoutant que lesdits *éléments* ou motifs *objectifs* sont censés faire partie intégrante du dispositif du jugement, M. de Savigny, disons-nous, ne renverse-t-il pas lui-même sa doctrine et ne revient-il pas, en dernière analyse, à l'opinion de ceux qui admettent avec nous que ce n'est que dans le *dispositif* et non dans les *motifs* que réside la chose jugée, et qu'on ne peut suppléer aux lacunes du dispositif sous prétexte que dans les motifs le juge, en indiquant les raisons qui militent en faveur d'une solution déterminée, se serait implicitement prononcé sur la question non résolue dans le dispositif, quoique faisant partie de l'assignation, lorsqu'il s'agit, bien entendu, de plusieurs demandes qui y sont simplement juxtaposées.

Les L. 15, D. De except. rei judicatæ (XLIV, 2). L. 17, 18 princ. 9, D. eod. L. 7, § 1, D. de comp. (XVI, 1). L. 8, § 2, D. neg. gest. (VII, 5), qu'on cite très-souvent pour dire que les motifs ont force de chose jugée, peuvent aussi être invoqués comme favorables à notre système. La L. 15, D. De except. rei judicatæ (XLIV, 2) dit en effet, *si meam esse hereditatem pronuntiatum est, nocebit tibi rei judicatæ exceptio, quia eo ipso, quod meam esse pronuntiatum est, ex diverso, pronuntiatum videtur tuam non esse*. Si l'hérédité a été déclarée m'appartenir, l'exception de chose jugée pourra vous être opposée, car, *par cela même* que l'hérédité a été déclarée m'appartenir, *c'est comme si* le juge avait, en sens inverse, ajouté que l'hérédité ne vous appartient pas. » Donc il s'agit ici d'une disposition se rattachant par voie de principe à conséquence au jugement lui-même ; c'est ce qui ressort au surplus de la fin de cette loi où il est dit que, si le juge, au lieu de dire que l'hérédité m'appartenait, avait dit qu'elle ne m'appartenait pas, *meam non esse*, on ne peut vous opposer l'exception de chose jugée, puisqu'il se peut que l'hérédité n'appartienne à aucun de nous, *nec meam nec tuam esse*.

Voici maintenant la loi 17 D, au même titre : « *Si rem meam a te petiero, tu autem ideo fueris absolutus, quod probaveris sine dolo malo desiisse possidere, deinde postea cœperis possidere et ego a te petam, non nocebit mihi exceptio rei judicatæ ;* comme on le voit, ce texte suppose que le défendeur a été renvoyé de la demande parcequ'il n'avait pas la possession de la chose et que cette absence de possession n'était pas viciée par le dol. Le texte a plutôt trait à une question que nous examinerons plus loin, celle de l'identité d'objet, comme le dit la L. 18 du même titre, en supposant également que, postérieurement au premier jugement, l'adversaire a acquis la possession d'un objet revendiqué et Ulpien refuse également l'exception de chose jugée en se fondant sur ce que l'objet n'est pas le même dans les deux demandes, *quia alia res est*. Les deux textes sont tous deux muets sur la question de savoir si le mot *ideo* de la L. 17 et le *quia* de la L. 18 se trouvent dans les motifs ou dans le dispositif.

La L. 9 pr. au même titre est encore plus formelle : il y est question, comme dans la L. 15, d'une pétition d'hérédité intenté contre un individu qui n'est pas en possession d'un objet héréditaire quelconque, ce dernier est renvoyé de la demande ; plus tard, le défendeur ayant acquis la possession, le demandeur intente de nouveau son action, on refuse l'exception de chose jugée au défendeur en ces termes : *sive fuit judicatum hereditatem meam non esse, sive adversarius, quia nihil possidebat, absolutus est, non nocere exceptio-*

nem. » Dire *sive fuit judicatum hereditatem meam non esse*, c'est bien dire que c'est au *judicatum* proprement dit, c'est-à-dire au dispositif qu'il faut attribuer l'autorité de la chose.

Voici maintenant la L. 7 § 1 D. De comp. (XVI, 2) : d'après cette loi on ne peut opposer l'exception de chose jugée à celui qui, après avoir invoqué vainement une créance en compensation d'une dette, poursuit plus tard, par voie d'action principale, son ancien créancier débiteur de la créance opposée en compensation ; on ne peut, disons-nous, lui opposer l'exception de chose jugée que si la compensation a été repoussée par le premier juge, parceque la créance n'existait pas. *Si rationem compensationis judex non habuerit, salva manet petitio, nec enim rei judicatæ exceptio objici potest. Aliud dicam si reprobavit pensationem, quasi non existente debito, tunc enim rei judicatæ mihi nocebit exceptio.* Ici également on recherche ce qui a été jugé, on interprète pour savoir s'il y a identité d'objet ou de cause, pour attribuer ensuite au dispositif l'autorité de la chose jugée. Dans ce texte il est également dit que le juge a dit dans le dispositif qu'il n'était rien dû, quant à la L. 8, § 2, neg. gest. (VII, 5) elle est identique à la loi que nous venons de citer en dernier lieu. Enfin et surtout la L. 5 § 8, 9 et 18 D De agn. (XXV, 3), la L. 10, D De his qui sui vel al. jur. (I, 6) le § 8 de la première de ces lois est ainsi conçue *si vel parens neget filium idcirco alere se non debere contendat, vel filius neget parentem, summatim, judices oportet super ea re cognoscere; si constiterit filium vel parentem esse ali jubebunt; cæterum, si non constiterit nec decernunt alimenta.* Voici maintenant le § 9 que nous transcrivons immédiatement parcequ'il donne la raison de cette décision : *Meminisse autem oportet, si* PRONUNTIAVERINT ALI OPORTERE, TAMEN EAM REM PRÆJUDICIUM NON FACERE VERITATI; NEC ENIM HOC PRONUNTIAVERUNT FILIUM ESSE, SED ALI DEBERE. »

A la rigueur nous n'aurions pas besoin d'aller plus loin, car dans ces deux paragraphes il s'agit d'une dénégation de paternité et de filiation faite par un père à son prétendu fils et par un fils à son prétendu père pour se soustraire à une obligation de dette alimentaire à servir par l'un à l'autre, autrement dit, la question d'état n'est soulevée ici que d'une façon incidente. D'après le paragraphe 8 les juges doivent examiner sommairement la question de paternité et de filiation pour la décision de la contestation relative à la pension alimentaire, le § 9 alors ajoute que si les juges ont reconnu qu'il était dû une pension alimentaire, cette décision ne constitue pas un *præjudicium veritati*, c'est-à-dire une décision anticipée quant à la vérité du rapport de paternité ou de filiation, ou en d'autres termes, n'engendre pas quant à la question d'état la présomption légale de vérité ou exception de chose jugée, parceque, dit ce texte « il n'a pas été jugé que le demandeur était le fils ou le père du défendeur, mais seulement qu'au défendeur imcombait l'exécution de la dette alimentaire ». Cette loi ne se fut pas exprimée ainsi si l'autorité de la chose jugée s'attachait aux motifs; en effet la paternité et la filiation dans l'espèce se trouvent établies dans les motifs puisque, c'est sur elle que s'est fondé le juge pour faire droit à la demande.

Le § 18 de la même loi fait application des mêmes

principes à la question d'affranchissement. D'après ce paragraphe, si, s'agissant d'une pension alimentaire réclamée par leurs patrons, les prétendus affranchis auxquels la pension est réclamée niaient l'existence de cette qualité, le juge saisi de la demande principale devra, comme dans l'exemple précédent, vérifier sommairement l'existence ou l'absence de l'état attribué par le demandeur aux défendeurs. Si la qualité d'affranchi est constante, le juge accordera la pension alimentaire au demandeur, au cas contraire, il devra la lui refuser, sans que la décision sur la question d'affranchissement puisse fournir une fin de non-recevoir contre la demande en déclaration de non-existence de l'état d'affranchi qu'intenterait l'un de ces affranchis. « *Nec tamen alimentum decretum tollet liberti facultatem quominus præjudicio certare possit, si libertum se neget.* »

La L. 10, D de his qui sui vel al. jur. sunt. (I, 6) confirme la loi que nous venons d'analyser; voici son texte: «*si judex nutriri vel ali oportere pronuntiaverit, dicendum est de veritate quærendum filius sit an non; neque enim alimentorum causa veritati facit præjudicium.*» «Si le juge ordonne de nourrir le demandeur ou de lui fournir une pension alimentaire, il est de son devoir de rechercher si le défendeur est réellement le fils du demandeur, car la demande d'aliment ne préjuge pas la réalité du rapport de paternité et de filiation, autrement dit, la décision de la question alimentaire ne constitue pas un *præjudicium* quant à la vérité du dit rapport. Comme on le voit, les termes *præjudicium veritati* sont également employés ici comme synonymes de présomption légale de vérité, c'est-à-dire d'autorité de la chose jugée. La question de paternité et de filiation pouvant de nouveau être remise en question, *de veritate quærendum filius sit an non*, lors même que le juge a examiné la question d'état quant à la dette alimentaire, il en résulte également que l'autorité de la chose jugée ne résulte pas des motifs, car, comme plus haut, c'est sur le fondement de cet état que le juge a accordé la pension, par suite c'était un des motifs du jugement.

La const. 1 C. de ordine jud. (III, 8) est souvent citée également à l'appui de notre opinion, et c'est surtout la partie finale de ce texte que l'on invoque. Après avoir dit que, si dans un débat sur une action en pétition d'hérédité, il s'élève incidemment une question d'état, le juge doit connaître de cette question préjudicielle, la constitution précitée continue ainsi: «*Pertinet enim ad officium judicis, qui de hæreditate cognovit, universam incidentem quæstionem, quæ in judicium devocatur, examinare, quoniam non de ea, sed de hæreditate pronuntiat.*» Mais ce texte se rapporte plutôt à l'application de la maxime, que «le juge de l'action est aussi le juge de l'exception, *pertinet ad officium judicis qui de hereditate cognovit universam incidentem quæstionem quæ in judicium devocatur examinare.*» La décision du *judex* sur la question d'état proposée incidemment aurait pour l'avenir l'autorité de la chose jugée tout comme si on avait agi par voie d'action principale, si la question d'état avait été formellement proposée comme question préjudicielle, soit à la demande, soit à la défense.

Les textes que nous venons d'analyser et surtout la L. 5, § 8, 9 et 18, D. de agn. (XXV, 3), nous conduisent à établir comme principe général qu'à l'exception des décisions intervenues sur des demandes incidentes proposées d'une manière formelle, le dispositif d'un jugement n'a l'autorité de la chose jugée que relativement aux points qui s'y trouvent décidés, mais non en ce qui concerne ce qui n'y figure que comme une simple énonciation. C'est ainsi que nous avons vu tout-à-l'heure, en examinant le texte précité, que le jugement qui accorde des aliments au demandeur à titre de fils, de père ou de patron du défendeur, n'a pas l'autorité de la chose jugée quant à la question de paternité, de filitation ou d'état d'affranchi, lorsque, au lieu de poser cette question comme préjudicielle, le défendeur s'est borné à nier l'état qu'on lui attribuait. De même le jugement qui, sur la demande d'un créancier, condamne le débiteur aux intérêts d'un capital dont le montant est énoncé dans la sentence, n'a pas l'autorité de la chose jugée quant à la quotité du capital. Enfin, pour terminer avec les conditions extrinsèques de notre exception, nous devons dire que quelqu'étendus que soient les termes du dispositif d'un jugement, l'autorité de la chose jugée doit, en général, être bornée aux questions ayant fait l'objet des conclusions ou du libellé de l'acte de l'*executor* depuis Justinien ; sous la procédure formulaire, il fallait restreindre cette autorité, si l'action était conçue *in factum*, à la *demonstratio* et à l'*intentio*, mais surtout à cette dernière, si la formule était conçue *in jus*.

SECTION II.

DES CONDITIONS INTRINSÈQUES POUR CONSTITUER LA CHOSE JUGÉE.

Le Législateur, en instituant l'autorité de la chose jugée, devait aussi la restreindre en tenant compte à la fois des principes de justice qu'une bonne législation ne doit jamais perdre de vue, et des nécessités sociales que doit satisfaire cette institution. Comme nous l'avons vu dans notre introduction et dans notre chapitre Ier, en analysant la manière par laquelle les Romains avaient passé du système de la consommation de l'action à celui de la fiction de vérité que nous sommes en train d'étudier dans ses détails, le travail, le soin du législateur consiste à éviter l'incertitude qui planerait d'une manière indéfinie et désastreuse sur les rapports de droits litigieux, ainsi que la multiplicité des procès qui renaîtraient sans cesse, si on pouvait perpétuellement remettre en question des choses déjà décidées dans une précédente instance. On comprendra facilement par ce tableau succinct que l'on dépasserait, et que, par suite, on méconnaîtrait le but du législateur en voulant appliquer l'autorité de la chose jugée hors du cas où une seconde demande tendrait à remettre en question ce qui a déjà été jugé. Il faut donc qu'il y ait identité des deux procès successifs.

Quand peut-on savoir si deux procès sont identiques? Pour cela examinons de quoi se compose un procès. Un procès comprend trois éléments constitutifs, et que, pour cela, nous nommerons intrinsèques : 1° Les personnes ou parties, c'est *l'élément subjectif;*

2° un objet ou *élément passif*, ou même encore *objectif*, c'est la chose sur laquelle porte la contestation; 3° enfin, *l'élément causal*, ou simplement cause, c'est la question de droit à résoudre pour terminer la contestation. En ce qui concerne cette dernière, nous nous bornons, pour le moment, à cette définition, nous réservant de la corriger lorsque nous examinerons séparément le troisième élément. Si l'un de ces éléments subit une modification, ce ne sera plus le même procès, par suite, l'autorité de la chose jugée n'existera plus; mais si l'on change d'autres éléments moins essentiels, tels que les circonstances de temps et de lieu, le rôle respectif des parties, il y aura toujours identité, par suite chose jugée.

Ainsi donc trois conditions sont nécessaires intrinsèquement pour qu'il y ait chose jugée : 1° *Identité juridique des parties*; 2° *identité d'objet*; 3° *identité de cause*. Il en est du moins ainsi en Droit civil, nous verrons plus loin dans notre transition au Droit Français, si les mêmes conditions sont requises en matière criminelle. Tous les auteurs néanmoins ne sont pas d'accord, en Droit civil, sur le point de savoir combien de conditions intrinsèques sont nécessaires pour constituer la chose jugée. Les uns en exigent cinq, en se fondant sur les L. L. 12, 13 et 14 D. de except. rei judicatæ (XLIV, 2) empruntées à Paul et Ulpien; voici quelles seraient d'après ces textes ces conditions : 1° *idem corpus*, 2° *eadem quantitas*, 3° *idem jus*, 4° *eadem causa petendi*, 5° *eadem conditio personarum*. Ces auteurs invoquent également la dernière partie de la L. 14 précitée où il est dit: »*quæ nisi omnia concurrunt alia res est*.» D'autres, comme nous, en exigent trois, ce sont celles que nous avons énumérées tout à l'heure; d'autres enfin, comme M. Mainz, Éléments de Droit Romain, T. I. S. 155 pag. 356 et 359 et M. Eugène Lacombe, De l'autorité de la chose jugée en Droit Romain et en Droit Français, n'admettent que deux conditions intrinsèques, *l'identité objectif*, (eadem quæstio) et *l'identité subjectif* ou identité de personne. Ils écartent *l'eadem causa petendi*, comme trop vague parce qu'il y a des cas où le fait appelé *cause* est un *objet*, pour la cause qui le précède, car disent-ils, une cause peut procéder de causes plus éloignées et constituer une longue échelle. Les termes de cause et d'objet n'ayant pas une signification invariable et absolue, ces deux séries pouvant n'en former qu'une et, étant donnée cette variabilité, pour savoir ce qui est cause et ce qui est objet, il faut comparer l'un des termes à la demande elle-même. Pour mieux se faire comprendre, M. Lacombe prend l'exemple suivant. Il s'agit d'une maison; cette maison peut, dit-il, être l'objet d'une instance en revendication; la cause de cette revendication sera mon droit de propriété; la cause de mon droit de propriété pourra être un rapport de succession entre l'ancien propriétaire et moi; la cause de ce droit de succession pourra être un rapport de filiation existant entre nous. Donc il y a trois causes successives et superposées de mon droit, mais, suivant les cas, chacune d'elle peut aussi bien être objet que cause. Par exemple, dans l'instance préjudicielle en réclamation [illegible], le rapport de filiation sera l'objet de l'instance; dans la pétition d'hérédité, le rapport de succession constituera l'objet; enfin dans l'action en revendication ce sera le droit de propriété sur la maison litigieuse. Ces auteurs invoquent en dernier lieu un argument de texte, la L. 3, D de except. rei judicatæ (XLIV, 2); Ulpien dit que, d'après Julien, on peut opposer l'*exceptio rei judicatæ, quoties eadem quæstio inter easdem personas revocatur*.

L'argument tiré du vague des expressions *cause* et *objet* et de la difficulté de les distinguer l'une de l'autre, parce que dans telle instance ce qui a été cause dans une précédente instance est maintenant objet, et réciproquement; cet argument, disons-nous, est d'abord trop absolu et constitue ensuite un sophisme. L'argument est trop absolu, parce que, si, dans certains cas, il est difficile de distinguer la cause de l'objet, il en est d'autres où la distinction ne présente aucune difficulté. Il y a sophisme à vouloir induire de la difficulté d'une distinction à son inexactitude, car une pareille conclusion n'est pas contenue dans les prémisses. C'est tellement vrai, que M. Lacombe, dans l'exemple qu'il cite, est obligé de rechercher ce qui est *cause* et ce qui est *objet*. De plus, cet auteur commet une inexactitude dans la désignation de la cause dans notre matière. Ainsi, dans l'action en revendication, comme nous le verrons en examinant plus en détail ce qui est la cause, cette dernière n'est pas le droit de propriété, comme le soutient M. Lacombe, mais le titre d'acquisition dudit droit de propriété, c'est-à-dire une vente, un droit de succession; en matière de pétition d'hérédité, ce ne sera pas précisément la filiation qui sera la cause, mais bien plutôt la qualité d'héritier testamentaire ou *ab intestat*, c'est-à-dire le testament ou la Loi; par suite, on ne peut pas confondre ici la cause et l'objet; le droit de propriété, le droit de succession en lui-même sera seulement l'objet de la demande; en effet, dans notre matière, comme nous le verrons plus loin, on appelle *cause* le fait juridique qui forme le fondement direct ou immédiat *(Proxima)* du Droit ou du bénéfice légal que l'une ou l'autre des parties fait valoir à l'appui de son action ou de son exception.

A l'argument tiré de la L. 3, D. de except. rei judicatæ (XLIV, 2) nous répondrons par la L. 27, D., du même titre, où le jurisconsulte Nératius s'exprime ainsi : « QUUM DE HOC QUÆRITUR AN EADEM RES EST, *hæc spectanda sunt :* PERSONA, ID IPSUM DE QUO AGITUR, CAUSA PROXIMA ACTIONIS. » Si l'argument tiré de la L. 3, D. h. t. était exact, il faudrait également en dire autant de l'opinion suivant laquelle une seule condition suffirait au lieu de deux, trois ou cinq, opinion qui s'appuie sur les mots *an eadem res est;* on repousse ce dernier système par cette considération qu'il n'existe pas dans la langue latine de terme ayant autant d'acceptions que le mot *res,* lequel peut se prendre soit *sensu stricto,* soit *sensu lato,* soit *sensu latissimo.* Dans la L. 27, le mot *res* est pris *sensu latissimo,* et désigne le procès lui-même; on emploie également dans un sens plus ou moins large le mot *quæstio;* dans le sens le plus large, ce dernier terme s'emploie pour signifier procès ; dans un sens un peu moins large, *quæstio* désigne à la fois l'objet et la cause, c'est-à-dire la question légitime; enfin, *sensu stricto,* le mot *quæstio* est synonyme de cause.

Nous rejetons également l'opinion qui admet cinq conditions. En effet, comme nous le prouverons, en traitant plus loin de l'identité d'objet, les mots *corpus, quantitas, jus* se rapportent uniquement à l'objet du litige : *idem corpus* désigne l'identité de l'objet corporel ; *eadem quantitas* désigne la quantité d'objets de la même espèce ; enfin *idem jus* est pris pour l'identité d'objets incorporels ; ces trois soi-disant conditions intrinsèques se résument donc dans l'*eadem res* de Nératius, dans la L. 27, comme cela résulte au surplus de la fin de la L. 14 h. t. : *quæ nisi omnia concurrunt, alia res est;* par suite, il ne reste plus que l'*eadem causa petendi* ou identité de cause et *eadem conditio personarum* ou identité de personnes. Nous sommes ainsi ramenés aux trois conditions que nous avons dit devoir être exigées pour qu'un jugement puisse produire l'autorité de la chose jugée : 1° Identité de personnes, 2° identité d'objets, 3° identité de cause. Chacune de ces trois conditions formera l'objet d'un paragraphe spécial.

§ 1. *De l'identité juridique des parties.*

Un jugement ne peut avoir l'autorité de la chose jugée qu'à l'égard des parties qui sont juridiquement les mêmes que celles entre lesquelles il a été rendu. LL. 3, 14, pr. ; 27. D de except. rei judicatæ (XLIV, 2). La chose jugée ne peut en général être invoquée par les tiers, ni leur être opposée. *Res inter alios judicata neque emolumentum afferre his qui judicio non interfuerunt, neque præjudicium solent irrogare,* dit la const. 2. C. *quib. res jud. non nocet* (VII. 56). *Sæpe constitutum est res inter alios judicata aliis non præjudicare,* lisons-nous dans la L. 63, D *de re judicata* (XLII, 1). *Quum res inter alios judicatæ nullum aliis præjudicium faciant,* porte la L. 1, D, except. rei judicatæ (XLIV, 2). Comme on le voit, on applique aux jugements la maxime reçue en matière de conventions: *inter alios acta tertio nec nocere nec prodesse debet*. En effet, l'obligation naissant de l'autorité de la chose jugée étant une obligation *quasi ex contractu*, ce qui est vrai pour l'obligation naissant *ex contractu* doit l'être pour celle naissant *quasi ex contractu; eadem enim debet esse ratio judiciorum quibus videmur quasi contrahere ac conventionum*. Ainsi un jugement rendu avec un ou plusieurs cohéritiers ou copropriétaires au sujet d'un droit divisible ne peut ni profiter ni nuire aux cohéritiers ou copropriétaires qui n'ont pas figuré dans l'instance. En effet les premiers n'ont pas qualité pour représenter les derniers; c'est ce que décide formellement quant aux cohéritiers la const. 2, C, *quib. res jud. non nocet* (VII, 56). Ainsi encore un jugement rendu avec l'un des créanciers ou l'un des débiteurs, une obligation conjointe et divisible n'a pas l'autorité de la chose jugée pour ou contre les autres.

Pour que l'on puisse dire que les parties sont juridiquement les mêmes il faut, d'une part, ou bien qu'elles aient figuré personnellement dans la première instance, ou que, du moins, elles aient été représentées par celles qui y ont figuré, L. 4, D. de except. rei jud. (XLIV. 2) et que, d'autre part, elles procèdent en la même qualité. Les héritiers, les successeurs universels sont censés avoir été représentés dans les jugements rendus au profit de leur auteur ou contre lui. L'héritier et le successeur universel continuent, en effet, la personne du défunt. Pour les héritiers *sui et necessarii* la solution est incontestable, car ils sont tenus des obligations du défunt *sive velint, sive nolint* et lors même que la succession serait onéreuse, à moins qu'ils n'usent du *beneficium abstinendi*. La solution est tout aussi sûre pour les héritiers nécessaires comme les esclaves institués héritiers ; il en est de même quant aux héritiers externes qui ont accepté la succession purement et simplement ; mais la question semble plus délicate lorsque des héritiers de cette catégorie n'acceptent la succession que sous bénéfice d'inventaire. En ce cas là, on se demande si, à raison de la séparation des patrimoines, qui est le résultat de l'acceptation bénéficiaire, les héritiers bénéficiaires ne doivent pas, en ce qui concerne l'autorité de la chose jugée, être considérés comme de véritables tiers et si, par suite, les jugements rendus avec le *de cujus* ne devraient ni leur profiter ni leur nuire. A notre avis, il faut, même dans ce cas, admettre l'autorité de la chose jugée, car, si on n'a accepté une succession que sous bénéfice d'inventaire, il n'en est pas moins vrai qu'on est héritier et qu'on vient à la succession du défunt, il en résulte nécessairement qu'on continue la personne de ce dernier et que, par suite, d'un côté, on peut profiter des jugements rendus en faveur de son auteur et que, de l'autre, on peut vous opposer les jugements rendus contre lui. Le bénéfice d'inventaire aura seulement pour effet que l'héritier ne sera tenu des jugements rendus contre son auteur que dans les limites de l'émolument de la succession, de cette façon le principe de la séparation des patrimoines sera parfaitement sauvegardé. Au surplus, la raison qui fait admettre l'autorité de la chose jugée tant pour que contre les héritiers, c'est la maxime. *Nemo plus juris in alium transferre potest quam ipse habet.*

Les successeurs à titre particulier sont de même censés avoir été représentés par leur auteur, lorsque leurs titres d'acquisition sont postérieurs à l'introduction des instances liées avec leur auteur, pourvu qu'ils aient succédé. L. 9. § 2; L. 10, 11, 28, 29 § 1 D. de except. rei jud. (XLIV, 2). Ainsi le jugement qui, sur la *rei vindicatio* formée contre le vendeur d'un immeuble, a déclaré le demandeur propriétaire de cet immeuble, peut être opposé à l'acquéreur dont l'acte de vente est postérieur à l'instance engagée contre le vendeur. Il en serait de même si, au lieu d'un vendeur, nous supposions un donateur et à la place de l'acquéreur un donataire. L. 11, § 3 D, eod. Autre exemple. J'ai intenté contre le voisin l'action *aquae pluviae arcendae*. L'un de nous vend ensuite son fond et l'acheteur intente à son tour l'action précitée ou on l'intente contre lui; dans l'un et l'autre cas, le jugement rendu avec son auteur liera l'acheteur, seulement, dans le premier cas, il subira le jugement défavorable et, dans le second, il profitera du jugement favorable. L. 11, § 9 eod. Troisième exemple. Postérieurement à une action en revendication d'un objet mobilier intentée par Titius contre Gaïus, Titius donne en gage à Seïus, l'objet revendiqué; ce nantissement conclu, Seïus intente contre Gaïus l'action *pignoraticia*. Ce dernier sera en droit de repousser par l'exception de chose jugée la dite action, puisque le droit de gage de Seïus n'ayant pris naissance que postérieurement à l'introduction de la demande de de Titius, Seïus a été représenté par ce dernier, son auteur, dans l'instance engagée avec Gaïus. Que si, au contraire, le droit de gage de Seïus était antérieur à la demande de Titius, l'action *pignoraticia* devra être accueillie, Seïus n'ayant pu être représenté par Titius, puisque ce dernier, dans ce cas, n'avait pas qualité pour agir, Seïus étant un tiers L. 11. § 10 eod.

Si un acquéreur savait que, depuis son acquisition, un procès était pendant entre son vendeur et un tiers et que, malgré cela, il n'ait pas fait connaître son titre à ce tiers, ou qu'il ne soit pas intervenu au procès, ce silence, cette inaction doit-elle être considérée comme équivalente à la représentation de l'acquéreur par le vendeur? Il semblerait, au premier abord, en lisant la L. 63 D. de re judicata (XLII, 1), que l'on doit répondre affirmativement, mais un examen plus attentif de ce texte conduit à dire que le mot *patiatur* se rapporte à une convention entre l'acquéreur et le vendeur, en suite de laquelle l'acquéreur aurait confié, en apparence, la défense de ses droits au vendeur, tandis qu'en réalité il aurait dirigé le procès; mais, à part ce cas exceptionnel, on doit décider que l'inertie ou le silence de l'acquéreur n'implique pas mandat tacite donné au vendeur et que, par suite, en règle générale, les jugements rendus en faveur du vendeur et contre lui n'auraient pas l'autorité de la chose jugée à l'égard de l'acquéreur.

Les créanciers simplement chirographaires d'un débiteur sont censés avoir été représentés par ce dernier dans tous les procès engagés entre celui-ci et des tiers, pourvu qu'ils aient porté sur des objets ou des droits concernant son patrimoine. Tels seraient les jugements qui reconnaîtraient au profit de tiers des droits de propriété, de servitudes personnelles ou réelles, d'emphytheose, de superficie, de bail sur des biens possédés par le débiteur; ceux qui prononceraient contre lui des condamnations, ou reconnaîtraient à son profit des droits semblables; mais il faudrait refuser l'autorité de la chose jugée vis-à-vis des autres créanciers chirographaires à un jugement qui aurait accordé à l'un des dits créanciers une hypothèque privilégiée sur les biens de leur débiteur commun, car, lorsqu'il s'agit du concours des créanciers entre eux, chacun fait valoir des droits qui lui sont propres et, par suite, ils ne se représentent pas mutuellement.

A la différence des créanciers chirographaires, ceux qui ont à faire valoir des droits d'hypothèque simple ou privilégiée ne sont pas censés être représentés par le débiteur dans les instances relatives aux immeubles hypothéqués, lorsqu'elles sont postérieures à l'origine de leurs droits; il en est de même en ce qui concerne le créancier gagiste. Il en résulte que les jugements qui, en l'absence des créanciers hypothécaires, auraient attribué à des tiers la propriété d'un ou plusieurs des immeubles hypothéqués ou reconnu au profit de ces tiers un droit de servitude n'auraient pas à l'égard de ces créanciers l'autorité de la chose jugée, pas plus que le jugement qui, en l'absence du créancier gagiste, aurait reconnu en faveur d'une tierce personne la propriété d'un meuble donné en gage n'aurait à l'égard du créancier gagiste cette autorité. L. 11 § 10, D *de except. rei jud.* (XLIV. 2) La raison en est, comme nous l'avons dit plus haut, qu'ici les créanciers exercent un droit qui leur est propre, soit qu'ils le tiennent du débiteur lui-même, soit d'un jugement, soit enfin de la Loi et que, par suite, ce sont des tiers.

On a voulu soutenir que les jugements rendus, en

l'absence des créanciers hypothécaires, au sujet de droits immobiliers relatifs aux immeubles hypothéqués, liaient les créanciers hypothécaires et que, d'un autre côté, les jugements rendus avec le débiteur seul relativement aux objets engagés liaient toujours les créanciers gagistes. On se fonde d'abord, en ce qui concerne les créanciers hypothécaires sur ce que l'hypothèque, tout en étant un droit réel, n'opère cependant aucun démembrement de la propriété et que, le débiteur conservant tous les droits inhérents à cette propriété, a seul qualité pour agir et, par suite, pour les faire valoir en justice, soit en demandant, soit en défendant; on se fonde, en second lieu, sur ce que l'existence du droit hypothécaire se trouvant subordonné à l'existence du droit de propriété, s'il est déclaré avec le débiteur que ce dernier droit n'existe pas, il est implicitement décidé, par là même, que l'hypothèque n'existe pas non plus; 3° on dit que, si on admettait une autre opinion il faudrait, pour qu'une question de propriété pût être jugée avec sécurité contre une personne obérée, mettre en cause tous les créanciers qui auraient acquis des hypothèques sur l'immeuble litigieux. Ce système ne saurait être admis; d'abord il n'est venu à l'idée de personne de le soutenir en ce qui concerne les copropriétaires, les acquéreurs, les usufruitiers, c'est à dire en ce qui concerne des personnes ayant des positions analogues à celles des créanciers hypothécaires et par suite, ce système pourrait, de prime abord, être rejeté comme conduisant à des inconséquences : néanmoins nous allons tâcher de voir si les divers arguments qu'on nous propose sont fondés :

1° En ce qui touche la question de démembrement

de propriété, il n'en est pas moins vrai, comme le reconnaissent nos adversaires eux-mêmes, que c'est un droit réel. Or un droit semblable est, de sa nature, compris dans le patrimoine des créanciers, loin de faire partie de celui du propriétaire. C'est en opposition avec la propriété de ce dernier, que ce droit est constitué. Ce droit engendre une action appartenant au créancier, en son propre nom, et pour l'exercice de laquelle le débiteur n'a jamais qualité et sur laquelle *à fortiori* il ne peut compromettre. Nous admettons également que l'existence de l'hypothèque est, en ce qui concerne sa validité, subordonnée à l'existence de la propriété de l'immeuble qu'elle affecte. Mais on tourne dans un cercle vicieux en voulant conclure de ce principe vrai que le jugement qui, hors de la présence des créanciers hypothécaires, déclare l'inexistence du droit de propriété, déclare implicitement contre lesdits créanciers l'inexistence de l'hypothèque, puisque, comme nous l'avons dit plus haut, l'autorité de la chose jugée est limitée et que la question est précisément de savoir si le jugement est opposable aux créanciers hypothécaires. 3° Nous admettons volontiers que notre système pourra engendrer, dans la pratique, des difficultés, mais ce n'est pas une raison pour en exagérer la gravité. Bien plus, le système que nous réfutons en ce moment conduit à des résultats bien plus dangereux. En effet, on voit bien souvent que, sans mauvaise foi et par indifférence, un débiteur criblé de dettes, néglige ses droits au point de laisser intervenir un édit péremptoire ou trois édits ordinaires et se laisser ainsi condamner par contumace sur des actions en revendications formées contre lui ; et il serait souverainement injuste que les créanciers hypothécaires fussent les victimes de la négligence de leur débiteur. La sûreté des hypothèques, laissant déjà fortement à désirer en Droit Romain, serait complètement ébranlé et le crédit public fortement compromis.

Le deuxième et le troisième argument invoqués par l'opinion adverse en ce qui concerne les hypothèques, sont également mis en avant par elle en ce qui touche les créanciers gagistes. Les mêmes raisons qui nous les font repousser en ce qui concerne la constitution hypothécaire nous conduisent à la même solution pour ce qui est du gage. Il y a en effet analogie complète Notre système est corroboré par la L. 29 § 1, D. *De except. rei jud.* (XLIV, 2) : « *Si debitor de dominio rei quam pignori dedit, non admonito creditore, causam egerit et contrariam sententiam acceperit, creditor in locum victi successisse non videbitur, quum pignoris conventio præcesserit.* » Cette loi dit que si le débiteur, sans avertir le créancier gagiste, a intenté la *rei vindicatio* de l'objet donné en gage, ce qui s'applique par analogie au créancier hypothécaire, et succombe, le créancier gagiste ne sera pas censé avoir succédé au débiteur vaincu, par suite, avoir été représenté par lui, pourvu, ajoute ce texte, que la convention de gage soit antérieure à l'instance. Ceci est également confirmé par la L. 11 § 10 du même titre, dont nous avons analysé plus haut les dispositions, et à laquelle, par suite, nous renvoyons les lecteurs ; la Const. 5 C. *de pign. et hypothecis* (VIII, 13) dit même que la sentence rendue contre le débiteur ne pourra pas nuire au créancier gagiste, même si son titre est postérieur à l'instance, s'il résulte de la cause que le débiteur a colludé avec l'adversaire, autrement dit, s'il y a eu fraude avec complicité de ce dernier. Dans cette constitution le mot *pignus* est pris *sensu lato* et concerne, par suite, les créanciers hypothécaires. Il n'y a qu'un seul cas où le créancier gagiste et les créanciers hypothécaires seraient représentés dans une instance postérieure à la naissance de leurs droits, c'est si le créancier, averti ar le débiteur de l'existence d'un procès sur la propriété de l'objet engagé ou hypothéqué, n'était pas intervenu. L. 20 § 1 D. *De except. rei jud.* (XLIV. 2). La L. 63 D. *De re judicata* (XLII. 1) semble aller plus loin et dire que, si le créancier a eu indirectement connaissance du procès et n'est pas intervenu, il y aura mandat tacite du créancier au débiteur par suite de cette seule connaissance du procès ; nous croyons, au contraire, que l'expression *passus est* se rapporte à un accord intervenu entre le débiteur et le créancier, accord en vertu duquel le débiteur a seul agi. Nous croyons que de la combinaison de ces deux lois il résulte que la L. 20 D. *De except. rei judicatæ* (XLIV, 2) repète en d'autres termes ce que dit la L. 63 D. *De re judicata* (XLII, 1) à savoir que le mandat tacite ne peut résulter que de l'avertissement fait par le débiteur.

Nous venons de voir que les successeurs particuliers et les créanciers chirographaires sont, dans les circonstances que nous avons déterminées, représentés par leur auteur, mais la réciproque n'est pas vraie : l'auteur n'est jamais représenté par le successeur. C'est ce que dit formellement la L. 9. § 2 D. *De except. rei jud.* (XLIV. 2) : « *Julianus scribit exceptionem rei judicatæ a persona auctoris ad emptorem transire solere, retro autem ab emptore ad auctorem reverti non debere.* C'est ainsi, dit ce texte, que le jugement intervenu au profit d'un acquéreur n'a pas l'autorité de la chose jugée à l'égard du vendeur. » C'est ainsi encore que le jugement intervenu au profit d'un cohéritier contre un acquéreur tenant son droit d'un autre cohéritier n'a pas l'autorité de la chose jugée à l'égard du cohéritier auteur. L. 0, § 2 D. *De except. rei judicatæ* (XLIV, 2.); de même encore le jugement rendu contre le cohéritier de l'auteur au profit de l'acheteur ne pourra profiter à l'auteur. L. 10, D. *eod.* C'est en effet un tiers.

Le mandant est-il représenté par le mandataire? Pour résoudre cette question il faut l'envisager à trois époques différentes : 1° sous le système des actions de la loi; 2° sous celui de la procédure formulaire; 3° enfin sous la procédure extraordinaire.

Sous le système des *legis actiones* et dans l'origine nul ne pouvait agir par représentant. *Nemo alieno nomine, lege agere potest*, dit la L. 123, *proœ.* D. de R. J. (L. 17). Chacun en effet devait, pour son compte et en personne, accomplir le rite et prononcer les paroles sacramentelles. Peu à peu on introduisit quelques exceptions à la règle. La première concernait le peuple, on peut agir au nom du peuple, *pro populo*, soit dans les litiges où ce dernier a besoin d'agir ou de défendre pour des intérêts qui lui appartiennent et dans lesquels il est complètement indispensable qu'il puisse être représenté, soit dans les actions populaires, qui compètent à tout le monde. La deuxième exception concernait le cas où la liberté d'un citoyen est en jeu; tout le monde était alors admis à agir pour réclamer la liberté de ce citoyen. C'est ce que l'on appelait *agere libertatis causa*. Ces deux exceptions nous sont connues par Gaïus, comm. IV § 82 et par le pr. J. *de iis per quos agere possumus* (IV, 10); le même passage mentionne deux autres exceptions à cette règle, la première concerne le cas où il s'agit d'intenter une action *pro tutela*; en ce cas on pouvait également se faire représenter, la raison est la même à peu près que pour les actions populaires, *Reipublicæ interest res pupili salvas fore*. La deuxième exception a été introduite par la Lex Hostilia. Elle permettait d'intenter l'action *furti* au nom de ceux qui étaient prisonniers chez l'ennemi ou absents *reipublicæ causa*, ou de ceux qui se trouvent sous la tutelle de personnes étant dans de semblables conditions. Cicéron, in Cæcil. c. 4, 16 et 20, Lex Servilia, c. 4 et 15, nous fait connaître encore une autre exception qui permettait à un *cives Romanus* d'intenter l'action *repetundarum* au nom d'un *peregrinus*. Enfin, comme le fait remarquer fort bien M. Ortolan, *Explication historique des instituts* III n° 1840, note 4, le *vindex*, qui prenait la cause d'une personne actionnée et s'obligeait à payer pour elle, était admis à intervenir pour autrui dans l'action de la loi. En résumé, il y avait donc six exceptions à la règle que, dans les actions de la loi, il était défendu d'agir pour autrui, ces six exceptions étaient : 1° *pro populo*, 2° *pro libertate*, 3° *pro tutela*, 4° *furti*, 5° *repetundarum*, 6° si on agissait comme *vindex*; hors de ces exceptions la règle générale reprenait son empire.

Nous arrivons maintenant à la procédure formulaire. Dans l'origine de ce système, frappé des inconvénients du principe admis sous les *Legis actiones*, on donna le moyen de constituer dans les actions, soit comme demandeur, soit comme défendeur, un véritable représentant, remplissant le rôle de constituant, agissant ou défendant au nom du constituant, comme si le procès était soutenu personnellement par le constituant. Ce représentant devait être constitué devant le magistrat, en présence de l'adversaire, au moyen de paroles solennelles qui nous ont été conservées par Gaïus, mais qu'il est inutile de rapporter ici. Ce rereprésentant portait le nom de *Cognitor*. Il résulte de ce que nous venons de dire de la mission de ce dernier que ce qui était jugé pour ou contre lui avait l'autorité de la chose jugée pour ou contre le constituant. Il en résulte, d'un autre côté, qu'à l'égard du *Cognitor*, le jugement restait toujours sans effet. Si le *Cognitor* était absent au moment de sa constitution, il ne devenait *Cognitor* que du moment où, après avoir eu connaissance de sa mission, il en acceptait les fonctions. G. comm. IV, § 83. Plus tard on appliqua aux actions judiciaires les principes du mandat. Il fut admis qu'un mandataire, *procurator*, pourrait agir soit pour le demandeur, soit pour le défendeur. Cette nouvelle institution fut admise parallèlement à celle du *cognitor* qui fut maintenue. Le mandat *ad litem* fut assujetti aux mêmes règles que le mandat ordinaire. Autrement dit, le *procurator* agissait bien pour le compte du mandant, mais il ne le représentait pas; il agissait en son propre nom et non en celui du mandant, à ses propres risques et périls, supportant seul les résultats du procès et de la sentence, laquelle restait, en principe, étrangère au mandant ; en deux mots, le *procurator* était *dominus litis*. Aussi l'adversaire avait-il le droit de réclamer de lui la caution *ratam rem dominum habiturum*, que l'on ne pouvait exiger du *cognitor*. De plus, on constituait un *procurator* sans aucune solennité de paroles et hors la présence du magistrat. Il résulte des détails dans lesquels nous sommes entrés que, lorsqu'on agissait au moyen d'un *procurator*, *procuratorio nomine*, l'autorité de la chose jugée n'avait lieu qu'au profit ou au détriment de ce *procurator*, que lui seul était, par suite, lié, que lui seul avait l'*actio judicati* et l'*exceptio rei judicatæ* et que c'était contre lui seul, et non contre le mandant, que l'adversaire avait cette action et cette exception. Au surplus, que l'on plaidât au moyen d'un *procurator* ou d'un *cognitor*, la formule était ainsi modifiée : l'*intentio* était toujours aux noms des véritables parties, parce que c'était à elles seules que l'action, quelle qu'elle fût, était attachée. La *condemnatio*, au contraire, était toujours au nom du représentant, puisque c'était toujours envers lui, s'il était demandeur, que le défendeur devait être condamné, et que, d'un autre côté, c'était toujours lui qui devait être condamné, s'il était défendeur. Gaius exprime ce résultat de la façon suivante, Comm. IV, § 86 et 87 : « *Qui autem alieno nomine agit*, INTENTIONEM QUIDEM EX PERSONA DOMINI SUMIT ; CONDEMNATIONEM AUTEM IN SUAM PERSONAM CONVERTIT. » De ce que le *procurator* était soumis aux règles ordinaires du mandat, de ce que de plus il avait seul l'*actio judicati* et l'*exceptio rei judicatæ*, et était tenu de fournir la caution *de rato*, il résultait que le mandant pouvait repousser le jugement comme *res inter alios acta*. Seulement, en ce cas, le *procu-*

rator avait l'*actio mandati contraria* pour obtenir du mandant la réparation des pertes résultant du désaveu, pertes éprouvées par lui mandataire, à raison des engagements qu'il avait contractés avec la partie adverse.

Sous la même procédure, les tuteurs et curateurs, lorsqu'ils estaient eux-mêmes en justice pour leurs pupilles, au lieu de se borner à faire intervenir ces derniers en leur donnant l'*auctoritas*, étaient assimilés complétement aux *procuratores*. En conséquence, ils devaient fournir la caution *de rato* et avaient, en cas de désaveu de la part des pupilles, l'*actio tutelæ contraria*. Le *negotiorum gestor* était dans la même position et avait, en cas de désaveu, l'*actio negotiorum gestorum contraria*.

Nous arrivons enfin à la procédure extraordinaire. Sous ce système, il ne reste plus de traces de la distinction entre les *procuratores* et les *cognitores*, distinction qui, du reste, était allée peu à peu en s'affaiblissant par suite de la tendance qu'on eut de plus en plus de donner action au mandant et contre lui. Ce résultat était en partie atteint par suite de l'attribution des actions utiles au mandant et contre lui, création dont l'honneur revient aux préteurs. Sous la procédure que nous examinons en ce moment, il y a assimilation complète des *procuratores* avec les *cognitores*. Le mandant ne peut intenter le même procès contre les tiers adversaires de son représentant, car on lui opposerait l'*exceptio rei judicatæ*. La L. 4, D. *de except. rei judicatæ* (XLIV, 2) consacre ce principe de la façon suivante : *rei judicatæ exceptio tacite continere videtur omnes personas quæ rem in ju-*

dicium deducere solent. La L. 11, § 7, *eod.* est encore plus explicite : « *Hoc jure utimur, ut ex parte actoris in exceptione rei judicatæ hæ personæ continerentur, quæ rem in judicium deducunt; inter hos procurator, cui mandatum est, tutor, curator furiosi vel pupilli, actor municipum; ex persona rei etiam defensor numerabitur, quia adversus defensorem qui agit, litem in judicium deducit*. » Nous attirerons principalement l'attention sur la dernière partie de ce texte où l'on parle d'un *defensor*. Ceci est une innovation de la procédure extraordinaire. On admet un tiers à ester en justice, sans mandat, au lieu et place du défendeur, ce tiers prend le nom de *defensor*; nous ne pouvons mieux qualifier ses attributions que de le considérer comme un *negotiorum gestor ad litem*. Il est tenu de fournir caution, et ses actes ne lient pas le maître de l'affaire, sauf, s'il y a lieu, l'exercice de l'action *negotiorum gestorum contraria;* la même solution s'applique au *negotiorum gestor* proprement dit ; sous ce rapport, la procédure extraordinaire maintient la décision du système des formules ; il y a plus, le maître de l'affaire peut, après avoir refusé la ratification, donner mandat exprès à l'ancien *negotiorum gestor* de renouveler l'action qu'il avait intentée en sa première qualité, sans que l'adversaire puisse opposer l'*exceptio rei judicatæ*. En effet, l'ancien *negotiorum gestor* n'agit pas en la même qualité, par suite, il n'y a pas identité juridique des parties ; car, dans le premier procès, il y avait un *negotiorum gestor*, dans le second, un mandataire exprès, de plus, dans la première instance, le maître n'a pas été représenté, puisqu'il n'a pas ratifié les actes du *negotiorum gestor*, tandis que, dans la seconde, il est mandant et par suite représenté.

En ce qui touche les tuteurs ou curateurs d'un fou ou d'un pupille, les défenseurs d'une cité, ils représentent les fous, les pupilles, les cités, lesquels sont liés par les jugements rendus en faveur ou au détriment de leurs représentants légaux.

Le père de famille est représenté par le fils de famille et, par suite, les jugements rendus en faveur de ce dernier ou contre lui ont l'autorité de la chose jugée à l'égard du premier. C'est ainsi que le jugement qui repousse la *rei vindicatio* d'un esclave intentée contre le fils de famille a l'autorité de la chose jugée à l'égard du père qui peut en conséquence opposer l'*exceptio rei judicatæ* au tiers qui, ayant succombé dans sa demande contre le fils, la renouvelle contre le père. En effet, quoique le fils puisse avoir un pécule formant un bien à lui propre, il n'en forme pas moins une seule personne avec le *paterfamilias*. L. 11, § 8 D. *de except. rei jud.* (XLIV, 2).

Comme le mari est *dominus dotis*, comme de plus d'après les Const. 9 C. *de rei vindicatione* (III, 32) et 11 C. *de jure dotium* (V, 12), le mari a seul l'exercice des actions tant réelles que personnelles concernant les biens dotaux, aussi bien en demandant qu'en défendant, il en résulte que les jugements intervenus entre le mari et des tiers, en ce qui concerne les biens dotaux, ont l'autorité de la chose jugée à l'égard de la femme.

Les jugements rendus en faveur de l'héritier apparent ou contre lui ont l'autorité de la chose jugée à l'égard de l'héritier réel qui prend plus tard possession de l'hérédité.

Les jugements rendus avant l'ouverture d'une substitution vulgaire ou pupillaire pour ou contre le grevé ont l'autorité de la chose jugée pour ou contre l'appelé ou le substitué.

Les jugements rendus en faveur de l'héritier fiduciaire ou contre lui, avant l'ouverture de l'hérédité fidéicommissaire, ont l'autorité de la chose jugée pour ou contre l'héritier fidéicommissaire. En effet, d'après les paragraphes 7, 8 et 9 J. *de fideicom. hered.* (II, 23), les actions concernant les biens formant l'objet du fidéicommis universel passent à l'héritier fidéicommissaire. Seulement, pour savoir l'étendue de cette translation, il faut examiner si l'héritier fidéicommissaire reçoit toute l'hérédité, s'il la reçoit, déduction faite d'un objet équivalent à la *quarte*, au quart de l'hérédité ou enfin s'il la reçoit, déduction faite d'un quart par l'héritier fiduciaire. Dans les deux premiers cas, les actions tant pour que contre passent complètement à l'héritier fidéicommissaire, § 8 et 9 J *eod.* Ce dernier sera donc complétement représenté par l'héritier fiduciaire. Dans le troisième cas, les actions ne passent que pour les trois quarts à l'héritier fidéicommissaire, *ex dodrante* et, par suite, celui-ci n'est représenté par l'héritier fiduciaire qu'en ce qui concerne les actions tombées dans son lot et c'est par suite seulement quant à ces dernières qu'il peut y avoir chose jugée à son égard.

Nous venons de voir quelles personnes sont réputées, d'une manière absolue, avoir été représentées en justice par l'une des parties litigantes. A côté de ces personnes, il en existe d'autres qui sont censées représentées par l'une des parties en cause, lorsqu'il s'agit de jugements qui tendent à rendre leur position meilleure et qu'on doit assimiler à des tiers, en ce qui concerne les sentences dont l'effet serait de l'empirer. Au nombre de ces personnes nous citerons, en premier lieu, le fidéjusseur, en ce qui concerne les jugements rendus avec le débiteur principal; c'est ainsi que le fidéjusseur peut, tant en son propre nom, qu'en celui du débiteur principal, invoquer le jugement qui, sur la défense de ce dernier, a déclaré la dette inexistante, ou éteinte. D'un côté, en effet, le cautionnement, comme toute obligation accessoire, suppose l'existence d'une obligation principale et s'éteint avec cette dernière, en vertu de la maxime *accessorium sequitur principale*. D'un autre côté, le débiteur principal perdrait le bénéfice de son jugement si la caution, ne pouvant s'en prévaloir, devait être encore poursuivie, celle-ci pouvant exercer son recours contre le débiteur principal. Aussi la controverse ne porte pas sur ce point; mais on n'est pas d'accord sur celui de savoir si les jugements rendus contre le débiteur principal peuvent être opposés à la caution. Certains auteurs soutiennent que la caution est, d'une façon absolue, liée par les jugements rendus avec le débiteur principal. On dit que la caution ne peut invoquer le bénéfice du jugement favorable qu'en agissant au nom du débiteur, que, par suite, elle ne forme qu'une seule et même personne avec ce dernier et que, par application de la maxime *quem sequuntur commoda eum et incommoda sequi debent*, du moment qu'elle invoque les jugements favorables elle doit subir ceux qui ne le sont pas; on invoque de plus la L. 5 *prœ.* D. *De appell.* (XLIX, 1). Ce système nous paraît devoir être rejeté : d'abord la supposition que, pour invoquer les jugements favorables au débiteur principal, la caution ne peut agir qu'au nom de ce dernier est complètement erroné ; en effet le cautionnement impliquant, avant tout, une obligation principale valable, il en résulte que les causes d'extinction et de nullité de l'obligation principale sont aussi des causes d'extinction et de nullité du cautionnement, obligation accessoire, par suite, la caution peut proposer ces moyens en son propre nom, et non pas seulement du chef du débiteur principal, elle les emploie surtout, et avant tout, pour contester l'existence ou la validité de son engagement personnel. Elle n'est donc pas quant à ces moyens représentée par le débiteur principal. Admettre le système que nous combattons conduirait, pour être logique, comme le font remarquer MM. Aubry et Rau, *Droit civil Français*, § 769, *note* 39, à décider que les aveux et déclarations extra-judiciaires du débiteur principal lient également la caution. Énoncer une pareille conséquence, c'est montrer, par là même, l'inadmissibilité du système qui y conduit. La L. 5, *proœ*. D. *De appell.* (XLIX, 1) qu'invoquent les auteurs qui diffèrent d'opinion avec nous, loin de nous être contraire, nous est favorable. Cette loi permet en effet à la caution d'appeler du jugement rendu contre l'acheteur quand même le vendeur et ce dernier y auraient acquiescé. En effet, si le débiteur, ici l'acheteur, représentait la caution, l'acquiescement fait par l'acheteur lierait la caution, et, par suite, celle-ci devrait être déclarée non recevable dans son appel. Quant aux jugements rendus en faveur de la caution sur le motif que la dette n'existe pas ou est éteinte, il est évident que tout principe de représentation disparaît comme manquant de base et que, par suite, ils n'ont pas l'autorité de la chose jugée en faveur du débiteur principal. Quant aux jugements rendus contre la caution et admettant l'existence de la dette, ils sont *a fortiori* dépourvus de l'autorité de la chose jugée, le sort du principal ne pouvant être lié à celui de l'accessoire.

Les jugements favorables rendus au profit du nu-propriétaire, agissant en l'absence de l'usufruitier, ont à l'égard de ce dernier l'autorité de la chose jugée, autrement dit, il peut s'en prévaloir, mais il n'est pas lié par les jugements défavorables rendus contre le nu-propriétaire agissant dans de semblables conditions.

Que dirons-nous de jugements rendus avec l'un des créanciers ou des débiteurs corréaux (*correi stipulandi, correi promittendi*) vis-à-vis des autres créanciers ou débiteurs corréaux ? Avant Justinien et sous le système de la consommation de l'action, la question ne pouvait se présenter, puisque, jusqu'à cet empereur, la poursuite faite par un créancier détruisait l'obligation et le rapport de corréalité, avant même qu'un jugement fût intervenu. Par le fait même de la *litis contestatio* les cocréanciers perdaient tous leurs droits et les codébiteurs se trouvaient libérés par voie de novation. La substitution de la fiction de vérité au système de la consommation de l'action n'avait pas entraîné l'abolition des anciens effets de la *litis contestatio* quant à ce point spécial, effets qui subsistaient encore quand Justinien monta sur le trône. C'était le dernier vestige de la consommation de l'action. *Les correi promittendi* étaient protégés contre les *correi stipulandi* par la novation, par l'*exceptio rei in judicium deductæ* et enfin par l'*exceptio rei judicatæ*. C'est la Const. 28 C. *De fid.* (VIII, 41) qui a aboli définitivement cette dernière conséquence d'un système tombé depuis longtemps en désuétude et, par là même, fait naître la question que nous posions tout à l'heure, à savoir : si les jugements rendus avec l'un des *correi stipulandi* ou *promittendi* ont l'autorité de la chose jugée à l'égard des autres *correi stipulandi* ou *promittendi*. Cette question unique se fond dans les deux questions suivantes : 1° La constitution 28, C. *De fid.* (VIII, 41) concerne-t-elle aussi bien la corréalité active que la passive ? 2° Que faut-il décider, en ce qui concerne l'autorité de la chose jugée, selon que l'on admet que cette constitution concerne les deux espèces de corréalité ou l'une d'elles seulement ?

1° A quelle corréalité s'applique la constitution 28 ? est-ce à la passive, est-ce aussi à l'active ? Autrement dit, concerne-t-elle les *correi stipulandi* comme les *correi promittendi* ? D'après son texte, la constitution précitée ne s'applique qu'au *correi promittendi*.

Ceci établi, nous arrivons à la seconde question, la question essentielle, celle de savoir si le jugement rendu avec l'un des *correi stipulandi* ou l'un des *correi promittendi* acquiert l'autorité de la chose jugée vis-à-vis des autres *correi stipulandi* ou des autres *correi promittendi*. A notre avis, il faut distinguer entre les *correi promittendi* et les *correi stipulandi*. Il est d'abord à remarquer que, d'après la constitution 28, les poursuites faites contre l'un des débiteurs corréaux ne libèrent pas les autres. Faut-il conclure de cette constitution que le jugement intervenu sur ces poursuites n'a pas l'autorité de la chose jugée vis-à-vis des autres *correi promittendi* ? Sous le système de la consommation de l'action, on devait conclure de la libération par la poursuite *a fortiori* l'autorité de la chose jugée d'un jugement intervenu, si un pareil jugement eut été possible. Mais, sous le système de la fiction de vérité où la *litis contestatio*, c'est-à-dire les poursuites ne produisent plus novation complète, par suite, pas extinction de l'obligation primitive, par suite, ne libèrent même pas un débiteur ordinaire, peut-on raisonnablement soutenir que le jugement d'absolution intervenu sur les poursuites n'a pas l'autorité de la chose jugée, parce que les poursuites ne peuvent plus libérer les autres, c'est ce qu'il est à notre avis impossible d'admettre. D'après nous, la constitution 28 n'a eu en vue que la *litis contestatio* et généralise complétement la fiction de vérité, en changeant de fond en comble les effets de la novation judiciaire, en ne lui attribuant plus que l'effet d'engendrer l'obligation d'exécuter le jugement à intervenir, de remplacer une obligation peut-être temporaire en une obligation trentenaire, de fortifier, par conséquent, l'ancienne obligation. Cette constitution a donc pour but d'étendre aux obligations corréales ce qui était déjà admis pour les obligations ordinaires, à savoir, que la *litis contestatio*, par elle-même, ne libère pas les débiteurs, que, par suite, on ne peut plus opposer soit la novation, soit l'*exceptio rei in judicium deductæ*. Elle a en vue le cas où le débiteur choisi par le créancier est insolvable; en ce cas le créancier ne pouvait autrefois poursuivre les autres débiteurs, même pour partie; ce texte suppose de plus qu'aucun jugement n'est intervenu, puisque la constitution n'en parle pas. Dans notre hypothèse, au contraire, nous supposons qu'il est intervenu un jugement qui déclare, par exemple, la dette inexistante, et nous demandons si un pareil jugement peut être invoqué par les codébiteurs corréaux. Nous ne trouvons aucun texte qui, postérieurement à l'abolition de la consommation de l'action, en ce qui concerne les obligations corréales, se soit occupé de la question en ce qui concerne ces derniers. Il ne faut recourir au Digeste qu'avec la plus minutieuse attention, car, à l'époque de sa rédaction, le système de la consommation de l'action par les poursuites existait encore, car nous voyons beaucoup de passages où il est question de l'*exceptio rei in judicium deductæ* pour des *judicia quæ imperio continentur* relativement à la corréalité passive. Nous sommes donc réduits à des conjectures et, dans le doute, nous sommes ramenés, par suite du silence de Justinien combiné avec la considération qu'il a aboli formellement par la constitution 28 les derniers vestiges du système de la consommation de l'action libérant les débiteurs par suite de la poursuite, nous sommes, disons-nous, ramenés aux principes généraux reçus en matière de corréalité, d'après lesquels les *correi promittendi* sont libérés par le paiement ou tout autre mode qui en tient lieu. Or le jugement qui déclare que la dette n'existe pas, qu'elle est éteinte par prescription, par acceptilation, par paiement, par compensation peut bien être considéré comme équivalant au paiement, et, par suite, produire libération complète. Nous invoquons la L. 28. D. *de jurejurando* (XII, 1) qui dit que le serment prêté par l'un des acheteurs profite aux autres ; c'est aussi l'opinion de M. Demangeat, *Des obligations solidaires en Droit Romain*, p. 78 et 79. Cet auteur cite encore à l'appui de cette opinion la L. 42, § 3, *eod.* qui dit que le serment prêté par la caution profite au débiteur principal. Ce que nous venons de dire ne concerne que les jugements qui déclarent la dette éteinte par suite d'un mode d'extinction *in rem*, c'est-à-dire portant sur l'objet de l'obligation, *quia una res vertitur*, mais est complètement étranger aux jugements déclarant la dette éteinte par un mode d'extinction *in personam*, c'est-à-dire ne résidant que dans la personne de l'un des codébiteurs, puisque les liens peuvent être différents pour chacun d'eux. Ainsi nous refuserions l'autorité de la chose jugée vis-à-vis des autres débiteurs corréaux à un jugement absolvant l'un d'eux par suite de l'existence de la confusion ou d'un pacte *de non petendo in personam*.

Nous arrivons maintenant aux jugements de condamnation. De pareils jugements rendus contre l'un des codébiteurs corréaux auront-ils vis-à-vis des autres l'autorité de la chose jugée, lorsqu'ils rejettent une exception réelle, comme celle de paiement, ou déclarent simplement la dette existante. Nous croyons que, comme l'obligation corréale est multiple quant aux liens juridiques ou *subjectivement*, c'est-à-dire l'un des débiteurs pouvant s'engager purement et simplement, le second à terme, le troisième sous condition, tout en étant unique quant à son objet, c'est-à-dire *objectivement*, il en résulte que les décisions défavorables ne lient pas les autres *correi promittendi*. En effet, comme le font remarquer MM. Aubry et Rau *op. cit.* § 769 note 41, à propos du Droit français, et leur décision nous semble parfaitement applicable en Droit Romain, puisqu'on n'a pas besoin d'invoquer le principe d'association qui est autrement réglementé et que la législation Romaine est identique à la Française en ce qui concerne la nature de l'obligation corréale ; si donc l'obligation de chacun des débiteurs est, quant au lien juridique, distincte de celle des autres, les exceptions réelles, dirons-nous avec les auteurs précités, qui leur compètent contre la dette commune, doivent appartenir individuellement à chacun d'eux, comme autant de moyens de faire tomber son engagement personnel, d'où il faut conclure que l'un des codébiteurs ne peut proposer de pareilles exceptions qu'en ce qui le concerne personnellement et que, s'il succombe, la cause des autres n'en doit pas moins rester entière. Un créancier peut bien interrompre la prescription contre tous en agissant contre un seul des débiteurs, mais cela tient à ce que l'obligation corréale étant unique quant à son objet et que le créancier pouvant s'adresser pour le tout à chacun des codébiteurs corréaux, les actes qui tendent à maintenir ses droits tels quels, doivent avoir leur effet vis-à-vis de tous *les correi promittendi*, bien qu'ils n'aient eu lieu que contre l'un d'eux ; décider le contraire serait empêcher le créancier de jouir, d'une manière complète et absolue, du droit que lui accorde la loi de s'adresser à celui des débiteurs qu'il veut choisir. Mais il ne résulte pas de là que le créancier, en poursuivant un débiteur, ou en pactisant avec lui, puisse améliorer sa position vis-à-vis des autres et, en obtenant un jugement déclarant la dette existante ou rejetant une exception réelle, consolider sa créance; il ne le pourrait pas davantage que les autres codébiteurs pourraient être liés par une renonciation volontaire de l'un d'eux à une exception qui leur est commune. Or, il est certain que la renonciation à la prescription, à la novation, à une nullité, consentie par l'un des codébiteurs ne saurait priver les autres du bénéfice de cette exception.

Nous arrivons maintenant aux *correi stipulandi*. Quant à la corréalité active, celle dont nous allons nous occuper, tout le monde est d'accord pour dire que la constitution 28, C. *De fid.* (VIII, 41) ne saurait lui être appliquée, le texte de la constitution ne parlant que des *correi promittendi*. On admet généralement aussi que la question d'autorité de la chose jugée ne peut se présenter, le droit d'action de tous les *correi stipulandi* étant *ipso jure* déduit en justice par les poursuites exercées par l'un des cocréanciers. Pour nous, nous nous fondons sur un argument *a contrario* tiré de la constitution 28 précitée, sur la L. 16, D. *De duobus reis* (XLV, 2), la L. 5, D., *in fine*, *De fid.* (XLVI, 1), L. 31, § 1 *De nov.* (XLVI, 2), Const. 5, C. *De duobus reis* (VIII, 40). Le premier de ces textes du Digeste déclare que, par cela même que l'un des créanciers corréaux a agi en justice, le paiement que le débiteur ferait à un autre des *correi* serait nul, *nihil agit*. La L. 5, D. *De fid.* (XLVI, 1) dispose que, si l'un des *correi stipulandi* est héritier d'un autre *correi stipulandi*, il aura deux créances telles que, s'il agit en justice pour l'une, il consommera également son droit quant à l'autre, parce que la nature des deux obligations était que la déduction en justice de l'une consommerait l'autre, autrement dit, l'un des *correi stipulandi*, en intentant son action, éteint le droit des autres. D'après la L. 31, § 1. D. *De nov.* (XLVI, 2) il faut, en ce qui concerne les *correi stipulandi*, assimiler le jugement au paiement ainsi que la poursuite et dire que cette dernière faite par l'un consomme le droit des autres. Enfin la Const. 5, C. *De duobus reis* (VIII, 40) dit que la reconnaissance du débiteur, ou la sommation de payer faite par l'un des *correi stipulandi* interrompt la prescription au profit de tous les autres créanciers, mais, la loi ne parlant pas du jugement, il faut en conclure le maintien, en ce qui concerne la corréalité active, du principe de la consommation de l'action.

Nous arrivons maintenant à la deuxième espèce d'obligations solidaires, à savoir à l'obligation *in solidum*. Son caractère distinctif est, comme on le sait, que, dans ce genre d'obligations, il y a autant d'obligations que de sujets, sans que néanmoins le créancier puisse exiger plus d'une prestation. Ce qui la sépare de l'obligation corréale que nous venons d'examiner, c'est que, tandis que, dans cette dernière, les codébiteurs sont tenus *in totum et totaliter*, et que, de plus, *una res vertitur*, dans la première, au contraire, les débiteurs ne sont tenus que *in totum* et *plures res vertuntur*. Seulement, et c'est là le point de ressemblance des deux espèces d'obligations, les créanciers, d'un côté, ne peuvent exiger qu'une prestation dont le choix néanmoins appartient, en général, au débiteur; de l'autre, ces derniers ne peuvent accomplir partiellement la ou les prestations. Cette obligation *in solidum* se rencontre dans les cas suivants : 1° pour les délits en ce qui concerne les codélinquants, L. 9, D. *de condictione furtiva* (XIII, 1); 2° pour les cotuteurs chargés d'une même tutelle; 3° à l'égard de plusieurs magistrats actionnés au nom de l'État par des citoyens, L. 45, D. *de adm. et per tut.* (XXVI, 7);

4° lorsque plusieurs personnes ont conclu un contrat sans déclarer expressément qu'elles s'engageaient *correaliter*; la loi, en ce cas, décide qu'elles sont tenues *in solidum*. De ce nombre sont : 1° les codépositaires; 2° les cocommodataires; 3° les copreneurs; 4° les commandataires. Dans ces différents cas il n'y a que solidarité passive. Mais s'il existe des codéposants, plusieurs commodants, plusieurs vendeurs, plusieurs bailleurs ou plusieurs mandants, chacun d'eux ne pourra demander que le *prorata* de sa créance, à moins de fournir caution. L'obligation *in solidum* a encore lieu dans l'action *de effusis et dejectis* entre plusieurs locataires d'un appartement ou d'une maison, lorsque l'un d'eux a versé de l'eau ou jeté des ordures sur la voie publique, lorsqu'un passant en a éprouvé préjudice, lors même qu'une seule personne aurait commis le délit. Ceci admis, que déciderons-nous en ce qui concerne l'autorité de la chose jugée? Comme dans les obligations *in solidum* il y a autant d'obligations que de sujets, on admettait déjà dans l'Ancien Droit que la *litis contestatio* engagée par l'un des créanciers solidaires ou avec l'un des codébiteurs solidaires n'opérait pas novation de l'obligation des autres, que, par suite, l'action n'était consommée ni contre eux ni à leur profit. Ces principes doivent a *fortiori* être admis sous Justinien et sous le système de la fiction de vérité. Ce qui nous confirme encore dans la négation de l'autorité de la chose jugée en matière d'obligations *in solidum*, c'est que cette obligation, à la différence de l'obligation corréale, ne s'éteint que par les causes qui procurent satisfaction entière et réelle au créancier, comme le paiement et la compen sation, et que de plus l'interruption de prescription faite par l'un des créanciers solidaires ne profite pas aux autres, et que celle faite contre l'un des codébiteurs solidaires ne nuit pas aux autres.

Nous arrivons maintenant aux cointéressés dans une obligation indivisible. D'après nous, ce qui est jugé au profit de l'un des cocréanciers ou de l'un des codébiteurs d'une obligation indivisible, l'est vis-à-vis de tous, mais ce qui a été jugé contre l'un d'eux ne nuit pas aux autres. En ce qui concerne les jugements favorables, nous argumentons de ce que chacun des créanciers a le droit de poursuivre seul le ou les débiteurs, de ce que chacun des codébiteurs peut être poursuivi seul et est tenu de payer intégralement la prestation. En ce qui concerne les jugements défavorables, nous invoquons *a fortiori* ce que nous avons dit en ce qui concerne les codébiteurs corréaux; en effet, dans l'obligation indivisible, chaque débiteur, tout en pouvant être poursuivi pour le tout *in totum*, n'est cependant pas tenu *totaliter*, l'obligation ne portant que sur des parts distinctes. C'est donc un motif de plus de décider que ce qui est jugé contre l'un ne l'est que pour sa part et portion dans la dette commune, et ne peut être opposé aux autres. Les deux propositions précédentes souffrent exception 1° et en ce qui touche l'obligation indivisible *petitione* lorsque l'inexécution de l'obligation ne porte préjudice qu'à l'un des créanciers; en ce cas-là, celui-ci seul pouvant agir, les autres n'ayant aucun intérêt, celui-ci seul aussi pourra profiter du jugement. L. 2, § 6, D. *de* V. O. (XLV, 1) et arg. de ce texte; L. 3, L. 4, § 1, et L. 38, § 5, D. *eod.*; L. 18, D. *judicatum solvi*

(XLVI,7); 2° en ce qui concerne l'action en délivrance d'une chose vendue; comme tous les héritiers de l'acheteur doivent intenter ensemble cette action ou l'action *redhibitoria* la question ne pourra pas se présenter, il y aura chose jugée pour ou contre tous, parcequ'ils ont tous intenté l'action.

Nous déciderions également, en ce qui concerne les copropriétaires d'un immeuble indivis, que le jugement rendu avec l'un d'eux sur l'existence d'une servitude réclamée au profit ou à la charge de l'héritage profite aux autres, s'il est favorable, mais, au cas contraire, ne leur nuit pas. C'est, à vrai dire, la seule hypothèse que prévoient les lois romaines, mais on doit étendre leurs décisions sur cette question aux autres cas, en vertu des arguments dont nous venons de présenter le résumé. Revenons donc au cas de copropriété par indivis d'un immeuble; si le jugement est favorable, tout le monde est d'accord pour admettre l'*exceptio rei judicatæ* au profit de tous les copropriétaires. La L. 4, § 3. D., *si servitus vind.* (VIII, 5) dit en effet: « *Si fundus, cui iter debetur, plurium sit, unicuique in solidum competit actio; et ita Pomponius libro quadragesimo primo scribit; sed in æstimationem id, quod, interest, veniet, scilicet quod ejus interest, qui experiatur. Itaque de jure quidem ipso singuli experientur, et victoria et aliis proderit, æstimatio autem ad quod ejus interest, revocabitur, quamvis per unum servitus, acquiri non possit.* Mais on est loin d'être d'accord sur le point de savoir si le jugement défavorable qui rejette l'action confessoire formée par l'un des copropriétaires, ou admet une semblable action dirigée contre lui, ou accueille l'action négatoire, a l'autorité de la chose jugée vis-à-vis des autres copropriétaires. Ceux qui, contrairement à notre manière de voir, admettent l'affirmative, invoquent la L. 19, *Si serv. vind.* (VIII, 5) et l'opinion de Pothier, *Pandectæ* (XXVI) Voici la L. 19, D. *Si serv. vind.* (VIII, 5): *Si de communi servitute quis bene quidem deberi intendit, sed aliquo modo litem perdidit culpa sua, non est æquum, hoc cœteris damno esse, sed si per collusionem cessit litem adversario, cœteris dandam esse actionem de dolo, Celsus scripsit.* » Cette loi, comme on le voit, loin de nous être défavorable, est en contradiction manifeste avec le système que soutiennent les auteurs d'une opinion contraire à la nôtre. Cette loi dit en effet que, « si l'un des copropriétaires intente l'action confessoire de servitude et perd le procès d'une façon quelconque par sa faute, *il serait contraire à l'équité que cette perte pût causer préjudice aux autres* », ce qui arriverait si le jugement défavorable pouvait leur être opposé; la fin même de ce texte vient encore confirmer ce que nous avons dit. Pour mettre les autres copropriétaires complètement à l'abri d'un dommage, cette loi, en cas de désistement frauduleux du procès par le copropriétaire, désistement provenant d'une collusion de ce dernier avec l'adversaire, cette loi, disons-nous, accorde aux autres copropriétaires l'action *de dolo* contre l'adversaire commun et le copropriétaire qui s'est désisté. Voici maintenant le texte de Pothier : *Lis etiam quasi inter easdem personas revocari videtur, si cum uno ex pluribus, quibus aliquod jus individuum, puta servitus, debebatur, aut qui eam debebant, res sit judicata et cæteri litem instaurare ve-*

lint, sed succuritur ipsis per actionem de dolò, si collusum est, id est, ajoute-t-il en note, *juxta illam ex variis glossæ interpretationibus quæ magis placet, actionem pristinam adversus exceptionem rei judicatæ replicabitur de dolo.* » Cette opinion de Pothier ne peut servir la thèse adverse, puisqu'il dit qu'on accorde la réplique *de dolo,* contre l'exception de chose jugée que voudrait invoquer l'adversaire, aux copropriétaires, donc ceux-ci ne sont pas liés ; de plus, cet auteur donne immédiatement comme exemple la L. 19 précitée, dans laquelle Marcien accorde l'action *de dolo* et pas seulement la réplique de même nom.

Nous arrivons maintenant aux cofidéjusseurs ; il faut à leur égard distinguer s'ils invoquent ou non le bénéfice de division. S'ils l'invoquent, il est clair que ce qui aura été jugé avec l'un ne nuira ni ne profitera aux autres ; s'ils n'usent pas de ce bénéfice légal, les autres profiteront des jugements favorables, sans qu'on puisse leur opposer les défavorables. Arg. Const. 28, C. *de fidejus.* (VIII, 41).

La même distinction entre les jugements favorables et ceux qui ne le sont pas devra nous guider pour savoir ce qu'il faudra décider des jugements intervenus avec un esclave. Les premiers pourront être invoqués par son maître auquel on ne pourra opposer les seconds. En effet, nous procédons ici comme en matière de stipulations dans lesquelles l'esclave peut obliger les autres envers son maître, par suite remplir le rôle de stipulant, mais ne peut lier ce dernier envers les autres et par suite ne peut être promettant.

Cette distinction s'appliquait autrefois à la femme *in manu,* mais il est évident que depuis la suppression de la *manus* il ne peut plus être question de chose jugée, la femme mariée n'étant plus une *filiafamilias*.

Que déciderons-nous des jugements rendus avant l'événement de la condition, avec le propriétaire dont le droit était soumis à une condition résolutoire, ou qui l'avait aliéné sous une condition suspensive? Celui qui, par l'accomplissement de cette condition, redevient ou devient propriétaire peut invoquer de pareils jugements s'ils sont favorables, mais il est en droit de les repousser dans le cas contraire. En effet, celui dont le droit de propriété a été acquis sous condition résolutoire, ou aliéné sous condition suspensive, se trouvant soumis à une obligation de restitution ou de délivrance et étant, *pendente conditione*, tenu de veiller à la conservation de la chose, puisqu'il est tenu des détériorations arrivées par sa faute, quelle qu'elle soit, ainsi que des risques, si la chose est une *res certa*, L. 8, *proœ*. D. *de per. et com. rei venditæ* (XVIII, 6), a qualité pour défendre dans l'intérêt de celui à qui la restitution ou la délivrance devra être faite, mais non pour compromettre sur les droits de ce dernier.

Nous appliquerons la même distinction aux jugements rendus avec l'ancien propriétaire ou créancier par suite de procès engagés seulement depuis l'époque où il a disposé de ses droits. S'ils sont favorables, ses successeurs, même particuliers, peuvent les invoquer, mais on ne peut pas les leur opposer, s'ils leur sont contraires; la raison en est la même qu'en ce qui concerne la caution; si les successeurs particuliers ne pouvaient en effet invoquer les jugements favorables, lesdits jugements ne profiteraient même pas à celui qui les a obtenus, puisqu'il serait soumis à un recours en garantie de la part de ses successeurs. Une pareille conséquence suffit pour rendre inadmissible le système qui y conduit.

Jusqu'à présent nous ne nous sommes occupés que de décisions qui ne pouvaient profiter ou nuire qu'à des personnes déterminées. Nous allons voir maintenant des jugements avoir l'autorité de la chose jugée d'une façon absolue, c'est-à-dire vis-à-vis de personnes qui n'ont figuré dans une instance, ni par elles-mêmes, ni par un représentant. Il s'agit de cas où les jugements rendus avec une personne quelconque font *jus inter omnes*, comme le dit M. de Savigny, *System des heutigen rœmischen Rechts* VI, page 471. Au premier rang se trouvent les actions populaires, *populares*, ou criminelles. Le jugement sur une pareille action fait droit vis-à-vis de tout le monde, qu'il soit absolutoire ou prononce une condamnation. La raison en est que chacun peut intenter une pareille action. L. 31, D. *de jurejurando* (XII, 2), L. *pr.* D. *de popul. act.* (XLVII, 23). Nous nous bornerons ici à ces quelques mots, nous réservant de traiter la question plus en détails et de voir si cette règle est absolue, dans la partie de ce travail où nous examinerons l'autorité de la chose jugée en matière criminelle, en Droit Romain. La deuxième exception à la règle de l'identité des parties concerne les questions d'état. Les jugements rendus sur de pareilles questions font *jus inter omnes*, mais seulement dans deux cas : 1° Dans l'action *de partu agnoscendo*, c'est-à-dire dans l'action par laquelle on conteste la légitimité d'un enfant et la puissance paternelle qui en dépend, ce qui, comme on le voit, revient à peu près à notre action en désaveu. Le jugement rendu sur une pareille action formée par le père a l'autorité de la chose jugée vis-à-vis de tous les membres de la famille. Voici maintenant la deuxième question d'état dans laquelle il y avait également *jus inter omnes*. C'était lorsque le patron d'un esclave, ou quelqu'un qui prétendait l'être, déniait à un ingénu son ingénuité ; le jugement rendu en pareil cas fait, disons-nous, *jus inter omnes*, mais hors de ces deux cas, on rentrait dans la règle générale. Voyons maintenant les conditions requises pour que dans les deux cas cités il y ait *jus inter omnes*, il faut 1° un *justus contradictor;* 2° un jugement contradictoire et non un jugement par défaut, c'est-à-dire par contumace ; 3° absence de collusion entre les parties.

1° Un *justus contradictor*. Les *contradicteurs légitimes* doivent être considérés comme des représentants imposés par la loi à tous les intéressés et dans la personne desquelles ces derniers sont censés avoir figuré en justice et y avoir débattu *contradictoirement* avec l'adversaire, et c'est de là que leur vient leur nom, la question d'état litigieuse. *Les contradicteurs légitimes sont ceux qui ont le primitif et proche intérêt à combattre les prétentions de l'adversaire.* Aussi c'est à raison de cette circonstance que la loi leur attribue qualité pour représenter dans l'instance tous ceux qui ont un intérêt aussi, quoique plus secondaire, à y voir donner une solution favorable. En ce qui concerne l'action *de partu agnoscendo*, le légitime contradicteur est le père ; si l'enfant, dont l'état est contesté, naît après la mort de son père et du vivant d'un aïeul sous la puissance duquel il retomberait, s'il était légitime, ce sera cet aïeul qui sera le légitime contradicteur, car c'est avec lui que, d'après la loi, doit être jugée l'action préjudicielle dont s'agit. L. 3, § 2 D *de agnoscendis* (XXV, 3). S'il n'existe pas d'autres parents qu'un parent sous la puissance duquel l'enfant ne retombera en aucun cas, ce parent ne serait pas un contradicteur légitime, faute d'intérêt, même loi § 5. Quant aux héritiers pris individuellement ils ne sont pas les uns vis-à-vis des autres des contradicteurs légitimes, tous ayant le même intérêt à faire déclarer l'illégitimité de l'enfant, aussi les lois Romaines ne les mentionnent-elles pas. La mère, au contraire, est à considérer comme un *justus contradictor*. En ce qui concerne l'action relative à la déclaration de non ingénuité, le *justus contradictor* est celui qui prétend au patronage ou à la propriété, le père pour les enfants nés après le jugement. Cette théorie du légitime contradicteur était en ce qui concerne l'action *de partu agnoscendo* appuyée sur la L. 1, § 16 D L. 2, et 3, *de agnoscendis* (XXV, 3), L. 3, D. *de detegenda collusione* (XL, 16) et en ce qui concerne l'action en déclaration d'ingénuité sur la L. 3, D. *de detegenda collusione* (XL, 16), L. 27, § 2 *de liberali causa* (XL, |12), 5, D, *si ingenuus* (XL, 14) L. 63, D. *in fine*, *de re judicata* (XLII, 1,) Const. Ult. C. *de liberali causa* (XII, 16); Const. 1, C. *De ing. manum* (VII, 14). Cette opinion est également celle de M. de Savigny, *op cit.* § 301, page 474, de M. Mainz, *Eléments de Droit Romain* § 155, page 359, *in fine*.

2° *Il faut un jugement contradictoire.* Il résulte de la nécessité de la présence d'un légitime contradicteur, qu'il faut, en second lieu, que, pour avoir, d'une façon absolue, l'autorité de la chose jugée, le jugement ait été rendu contradictoirement et non par défaut c'est-à-dire par contumace. L. 27, § 1, D. *de liberali causa* (XL, 12). Nous ne citons pas la L. 24 D. *de dolo* (IV, 3) parcequ'elle ne nous parait pas concluante.

3° Enfin nous avons dit qu'il fallait qu'il n'y eut pas de collusion entre les parties. Cette dernière condition est exigée par beaucoup de textes, LL. 1. 2. 3. 4 et 5 D. *de detegenda collusione* (XL, 16), L. 24. D. *de dolo* (IV, 3). Les lois romaines avaient pris une masse de précautions pour éviter la collusion, principalement en ce qui concerne *la liberalis causa*. Elles accordaient l'action *de dolo* et. d'après d'autres même, une action populaire.

Une application de ces principes combinés avec ceux de l'indivisibilité amène à décider que, si. dans une contestation où ne figurait qu'un des copropriétaires d'un esclave, ce dernier a été déclaré libre, il le demeurera définitivement, par suite. le jugement rendu sur la *causa liberalis* aura l'autorité de la chose jugée à l'égard des autres copropriétaires. le copropriétaire qui a été partie au procès devant être considéré comme un légitime contradicteur; seulement l'esclave ainsi déclaré libre devra racheter les parts des autres dans la copropriété. L. 30, D. *de liberali causa* (XL, 12), L. 29 D. *de except. rei judicatæ* (XLIV, 2)

Une troisième exception à la règle qui, pour l'autorité de la chose jugée, exige en premier lieu l'identité des parties, exception au sujet de laquelle il faut également dire qu'il y a *jus inter omnes*, est la suivante qui concerne la matière des successions. Deux hypothèses peuvent se présenter et doivent être distinguées avec soin. La première concerne les actions en validité du testament, la deuxième, la *querela inofficiosi testamenti*. Pour ce qui est de la première, les jugements rendus entre l'héritier institué et l'héritier *ab* intestat qui admettent la validité ou la nullité d'un testament, ont, d'une façon absolue, l'autorité de la chose jugée vis-à-vis de tous ceux qui tiennent leurs droits de ce testament, c'est-à-dire vis-à-vis des légataires universels des légataires à titre universel et des légataires à titre particulier. Cette solution se fonde sur la maxime *ab institutione heredis pendent omnia quæ testamento continentur*, ou comme le disent Gaïus, comm. II, § 229, et Justinien § 34. J. *de legatis* (II, 20) *testamenta vim ex institutione heredis accipiunt, et ob id velut caput et fundamentum intelligitur totius testamenti heredis institutio.* Seulement depuis Justinien, les termes *caput et fundamentum* signifient que l'institution d'héritier est la partie essentielle du testament. Le principe de l'autorité absolue de la chose jugée en cette matière est consacrée par plusieurs textes L. 3 pr. D. *de pign*. (XX, 1). L. 3. § 6, L. 8, *si cui plus quam per Falcid*. (XXXV, 2), L. 8. § 16. *de inof. test*. (V, 2), Const. 13 C. *de pet. her.* (III, 31). Si donc le testament tombe en ce qui concerne l'héritier il cessera également d'avoir son effet pour ce qui est des légataires qui tiennent leurs droits du testament, droits qui ne sont qu'accessoires, tandis que l'institution d'héritier est le principal; leurs droits devront donc s'évanouir en vertu de la règle *Accessorium sequitur principale.* Mais il faut, pour qu'il y ait *jus inter omnes*, qu'il n'y ait pas eu collusion entre l'héritier institué et l'héritier *ab* intestat, en sorte que, si la collusion était prouvée, les légataires pourraient agir de nouveau. L. 50, § 1 D. *de leg.* (XXX); il faut de plus que le jugement ait été contradictoire. Pour éviter la mauvaise défense de leurs intérêts les personnes qui tiennent leurs droits du testament peuvent intervenir au procès. Mais il se présente ici une question : doit-on considérer comme tenant leurs droits du testament les créanciers de la succession? Comme le fait remarquer M. de Savigny, *op. cit.* § 301, « il y a cette différence entre les légataires et les créanciers, que, tandis que les droits des premiers sont subordonnés à la validité du testament, celui des derniers en est complètement indépendant. Mais il peut devenir dangereux pour eux, continue ce même auteur, d'être dans tout procès concernant l'hérédité obligés, d'une façon absolue, de s'adresser à la partie gagnante, celle-ci pouvant peut-être devenir insolvable; ils ont donc indubitablement le droit de s'adresser à la partie gagnante d'après les L. 50 D. *de leg.* (XXX), Const. 12, § 1, C. *de pet. hered.* (III, 31), mais il est difficile de soutenir qu'ils en aient l'obligation. On doit plutôt leur accorder également le droit d'intenter l'action résultant de leur contrat en agissant contre la partie qui a succombé dans l'action, s'ils peuvent prouver qu'elle est le véritable héritier. »

La deuxième hypothèse, celle dont nous devons nous occuper actuellement, c'est celle de la *querela inofficiosi testamenti*. Lorsqu'un testament est attaqué par cette action et que le juge fait droit à la demande, son jugement a l'autorité de la chose jugée, d'une façon absolue, en ce sens qu'il profite ou nuit à toutes les personnes ayant intérêt à voir tomber ou maintenir le testament attaqué. Les mêmes conditions sont requises que pour la précédente action, nous ne les répéterons donc pas; seulement, avant d'aller plus loin, nous devons faire deux observations. La première concerne un effet singulier qui se produit lorsque la *querela* est intentée, non par le plus proche héritier du sang, ce dernier se trouvant exhérédé pour une juste cause, ou ayant renoncé à user de ce bénéfice légal, mais par un héritier moins proche qui réussit à faire tomber le testament. En ce cas, cet héritier ne retirera aucun profit de son action, profit qui passera tout entier à l'héritier qui n'a pas intenté l'action, qui se trouve être le plus proche en degré. Dans l'espèce en effet, la succession *ab* intestat s'est ouverte par suite de l'absence légale de testament. *Intestatum patremfamilias facit*, dit la L. 6, § 1, D. *De inoffic. test.* (V. 2). Que si le testament n'est tombé qu'en partie, l'exhérédation subsistant, il en sera tout autrement et l'héritier exhérédé n'aura rien L. 25, § 1, L. 16, *proœ.*, D. *eod.* Cette décision de la loi romaine en ce qui concerne *la querela inofficiosi testamenti* nous semble bien mauvaise et nous trouvons qu'il eût mieux valu dire, conformément aux principes généraux de la matière, que la vérité prononcée par le juge ne concerne que celui qui a été partie au procès; cette solution peut peut-être amener des bizarreries, cela est vrai, car la règle *inter alios acta* en amène toujours, mais au moins on n'eut pas consacré des injustices flagrantes comme celle que nous venons de voir pour le cas où le testament est complètement invalidé. Le tribunal des *Centumvirs* peut en effet n'avoir admis la *querela* que par erreur; la sentence a pour l'héritier plus proche l'autorité de la chose jugée mais pas le droit, L. 19 *proœ.* D. *de inof. test.* (V, 2), et on fait profiter d'une telle décision l'héritier plus proche qui, par son silence, avoue peut-être qu'il a justement été exhérédé! Si l'on voulait être conséquent, on devrait le faire profiter du jugement lorsqu'ayant intenté l'action il a échoué!

La deuxième remarque que nous ayons à faire est fondée sur la faveur due à la liberté. En Droit strict, si on appliquait le principe relatif à la *querela*, le testament étant rescindé, la liberté accordée à un esclave par ce testament devrait s'évanouir avec ce dernier, par suite du jugement accueillant la demande de l'héritier le plus proche injustement exhérédé Mais le principe de la faveur due à la liberté fit admettre le tempérament suivant par les jurisconsultes. Si la *querela inofficiosi testamenti* n'est introduite qu'après cinq ans et par suite seulement *ex magna causa*, les affranchissements ne sont pas anéantis, mais chacun des affranchis doit payer vingt pièces d'or à celui qui a triomphé dans la *querela*. Paul semble même aller plus loin et maintenir moyennant la même somme les affranchissements, lors même que l'action serait intentée avant les cinq ans, si les libertés étaient laissées par fidéicommis. L. 50, § 1, D. *de legatis* (XXX), L. 14, D. *de appel.* (XLIX, 1), L. 17, § 1, D. *de inof. test.* (V, 2). Cela tient, sans doute, à ce que les fidéicommis pouvaient également être imposés à l'héritier *ab intestat*, tandis que les legs ne pouvaient l'être qu'à l'héritier testamentaire. Justinien apporte de grandes extensions à cette faveur en décidant que, si l'action en pétition d'hérédité n'était intentée qu'un an après la mort du testateur, les affranchissements seraient maintenus, si les libertés étaient accordées directement par testament et que, si elles étaient données par fidéicommis, les esclaves pouvaient se racheter, pourvu que le testament ne fût pas entaché de faux, sous la condition expresse que si, à titre d'intendant ou autrement, ils étaient chargés d'une comptabilité, ils restitueraient les objets héréditaires et rendraient compte, lors même qu'ils auraient obtenu la liberté. *Const.* 12, § 2, *C. de pet. her.* (III,31), enfin par la novelle 15, *in fine*, le même empereur décide que, dans le cas où ce serait par la *querela inofficiosi testamenti* que le testament tomberait, la sentence rendue n'aurait pour effet que d'annuler l'institution d'héritier, mais que les autres dispositions seraient maintenues.

Un certain nombre d'auteurs ajoutent à ces exceptions absolues à la règle *res inter alios judicata* les cas suivants : 1° celui, où une personne étant intéressée dans une contestation qu'elle savait être portée devant la justice n'est pas intervenue. Nous avons examiné le cas en parlant de la représentation ; nous avons dit que le simple silence et la connaissance indirecte du procès ne suffisaient pas pour qu'il y eu chose jugée, qu'il fallait qu'il y eût un accord tacite intervenu entre cette personne et l'une des parties, qu'alors seulement il y aurait mandat tacite et par suite représentation. Ce n'était donc pas une exception ; il en serait ainsi, lors même qu'on admettrait que le seul silence et la connaissance indirecte du procès devraient entraîner mandat tacite. Le deuxième cas est celui de l'indivisibilité d'un droit ; nous croyons avoir suffisamment démontré plus haut qu'en ce cas il n'y a pas autorité de la chose jugée d'une façon absolue, que les cointéressés peuvent bien se prévaloir des jugements favorables rendus au profit de l'un d'eux, mais qu'on ne peut leur opposer les sentences défavorables.

En dehors des exceptions que nous venons d'énumérer, on rentre dans la règle générale, à savoir que l'autorité de la chose jugée n'a lieu qu'entre les mêmes parties. C'est ainsi que le jugement qui condamne un héritier externe comme héritier pur et simple, en ce qui concerne un créancier, n'a pas l'autorité de la chose jugée au regard des autres créanciers. De même des jugements qui statuent sur des questions d'état autres que l'action *de partu agnoscendo* ou celle en déclaration d'ingénuité. L'effet de pareils jugements est restreint aux parties litigantes; ainsi on ne peut opposer à une tierce personne exerçant le *jus patronatus* le jugement qui déclare un esclave affranchi ou ingénu, L. 42, D. *de liberali causa* (XL, 12), L. 1 et L. 5, D. *si ing.* (XL. 14); en effet, l'action en déclaration d'ingénuité ne concerne qu'un véritable ingénu qu'on voudrait faire déclarer affranchi.

Pour qu'un jugement ait l'autorité de la chose jugée contre une personne ou en sa faveur, il ne suffit pas qu'elle y ait figuré en nom, ou qu'elle ait été représentée dans le litige, comme nous l'avons dit en tête de ce paragraphe, il faut de plus qu'elle soit actionnée ou agisse en la même qualité dans la nouvelle instance. Ainsi un jugement rendu avec une personne en qualité d'administrateur de la fortune d'autrui (tuteurs, curateurs, *defensores civitatum*, mandataires, *negotiorum gestores*) n'a pas l'autorité de la chose jugée contre elle ou en sa faveur, lorsque plus tard elle agit ou est attaquée en son propre nom, et réciproquement. De même un jugement rendu avec une personne en qualité d'héritier bénéficiaire ne lie pas cette personne agissant en qualité de créancier hypothécaire de cette personne.

§ 2. *De l'identité d'objet.*

Nous arrivons maintenant à la deuxième condition intrinsèque exigée pour qu'il y ait chose jugée, à savoir : l'identité d'objet. Un jugement ne peut être invoqué par l'une des parties, demandeur ou défendeur, dans une nouvelle instance, comme ayant l'autorité de la chose jugée que s'il porte sur la même *chose corporelle, sur une quantité d'objets de la même espèce, ou sur le même droit*, ou comme le disent Paul et Ulpien, L. 12 et 13 D. *De except. rei judicatæ* (XLIV, 2) : *idem corpus, quantitas eadem, idem jus.* Nous allons maintenant rechercher les conséquences de ce principe. Le jugement qui dénie à un individu un droit de propriété exclusive sur telle ou telle partie déterminée d'un immeuble n'a pas l'autorité de la chose jugée sur la demande par laquelle le même individu réclame un droit de propriété commune et indivise sur le même immeuble ; de même dans l'hypothèse contraire.

Le jugement qui rejette l'action confessoire relativement à une servitude réelle ou personnelle réclamée sur un fonds, par exemple, un droit d'usage ou d'usufruit, n'empêche pas le demandeur qui a succombé d'intenter la *rei vindicatio* du fonds lui-même, *L.* 17, D. *de exceptionibus* (XLIV, 1), et réciproquement celui qui a succombé dans la revendication peut user de l'action confessoire, en alléguant un droit de servitude réelle ou personnelle, sans avoir à craindre l'*exceptio rei judicatæ*, pourvu, bien entendu, que, s'il s'agit de l'usufruit, ce soit l'*ususfructus formalis*, ou proprement dit, c'est-à-dire la jouissance à titre d'usufruitier du fonds sur lequel portait la première demande ; nous admettons en effet avec Pothier, *Pandectæ lib.* XLIV, tit. 2, § 1, n° VI, que la L. 21, § 3, *de except. rei jud.* (XLIV, 2), n'entend parler que de l'*ususfructus causalis*, ou jouissance à titre de propriétaire, mais non de *l'ususfructus formalis*, ou jouissance à titre d'usufruitier. Nous nous fondons sur le texte même de cette loi. *Si fundum meum esse petiero, deinde postea usumfructum ejusdem fundi petam*, QUI EX ILLA CAUSA, EX QUA FUNDUS MEUS ERAT, MEUS SIT, *exceptio mihi obstabit, quia* QUI FUNDUM HABET USUMFRUCTUM SUUM *vindicare non potest*. Traduisons : « Si je prétends qu'un fonds est ma propriété et qu'ayant succombé dans ma demande je réclame l'usufruit de ce fonds *en vertu de la même cause que celle en vertu de laquelle le fonds devait m'appartenir*, je serais repoussé par l'exception. » Arrêtons-nous un moment. En vertu de quel droit ce fonds m'appartenait-il ? En vertu du droit de propriété, puisque c'est sur son fondement que s'appuie la *rei vindicatio ;* or, puisque j'ai réclamé l'usufruit en vertu du même droit, c'est donc l'usufruit à titre de propriétaire ou *ususfructus causalis* que j'ai réclamé, et l'on peut m'opposer évidemment l'exception de chose jugée. La fin du passage cité confirme cette opinion, puisqu'il y est dit : « La raison en est que l'on ne peut réclamer l'usufruit d'une choseq ui vous est propre, *suum,* » nouvelle preuve qu'il s'agit de l'usufruit *causalis.* Voici maintenant la fin du paragraphe 3 de cette loi qui, à notre avis, fournit un argument péremptoire: « *Si usumfructum, quum meus esset, vindicavi, deinde proprietatem nactus, iterum usufructu experiar, potest dici* ALIA RES ESSE, QUONIAM, POSTEAQUAM NACTUS SUM PROPRIETATEM FUNDI, DESINIT MEUS ESSE PRIOR USUSFRUCTUS, ET JURE PROPRIETATIS MEUS ESSE COEPIT. » Traduction : J'ai revendiqué sans succès un droit d'usufruit que je croyais m'appartenir, postérieurement à l'instance j'acquiers la propriété du fonds sur lequel je réclamais l'usufruit, je réclame alors de nouveau l'usufruit; on peut dire dans ce cas *qu'il n'y a pas identité d'objet, car, par cela même que j'ai acquis mon premier droit d'usufruit* (il y en a donc plus d'un), s'est éteint, et l'usufruit a commencé à m'appartenir à *titre de propriétaire,* donc il y a aussi un usufruit spécial à titre de propriétaire, différent du premier, celui à titre d'usufruitier. Il est difficile de rencontrer un texte plus formel. Les auteurs qui n'adoptent pas notre manière de voir prétendent que nous altérons le texte en y introduisant des mots inconnus des Romains et que, dans le même passage, nous donnons deux sens différents au terme *ususfructus.* Nous ferons observer que les mots *prior ususfructus* supposent nécessairement qu'il y a au moins deux usufruits, que les expressions *ususfructus jure proprietatis meus esse cœpit* combinées avec les termes *alia res est* conduisent au même résultat et prouvent de plus qu'à côté de la jouissance à titre d'usufruitier, il existe *l'ususfructus jure proprietatis*, jouissance à titre de propriétaire ; ces auteurs oublient également ce passage où il est dit *ex illa causa ex qua fundus meus erat*, autrement dit, qu'on invoque l'usufruit à titre de propriétaire après avoir vainement intenté la *rei vindicatio*. Des deux passages combinés résulte, par suite, également l'existence des deux usufruits. Si on adoptait le système de ces auteurs il en résulterait que la première partie de cette loi serait en opposition avec la seconde ; en effet, d'après leur manière de voir, on dirait dans la première partie que l'usufruit ne peut coexister avec la propriété et dans la seconde qu'il le peut ; tandis que telle que nous entendons cette loi, tout s'explique et concorde. En effet, nous disons d'abord que, si on réclame l'usufruit en se fondant sur la même cause qui servait de base à la *rei vindicatio*, c'est-à-dire en vertu du droit de propriété, autrement dit, si on réclamait la jouissance à titre de propriétaire, en vertu du principe qu'un pareil usufruit est un démembrement de la propriété et par application de la maxime *pars in toto est* que nous examinerons plus loin, il y aura *eadem res* et, par suite, chose jugée ; dans la deuxième partie, au contraire, nous supposons qu'on agit d'abord pour réclamer l'usufruit, *jure servitutis* ; cet usufruit s'éteindra, disons-nous, par consolidation, par suite de l'acquisition de la propriété, il y aura, en conséquence, *res alia*, si on réclame ensuite l'usufruit *jure proprietatis*. Nous expliquons donc les expressions *prior* et *jure proprietatis* que ne peuvent justifier ceux qui n'admettent qu'un seul usufruit. Sans doute la loi ne parle nulle part d'un *ususfructus formalis* et d'un *ususfructus causalis*, mais, notamment dans ce texte, il est question d'un *ususfructus jure proprietatis ;* quant à l'usufruit *jure servitutis*, ce texte se contente de l'expression *ususfructus*, ce qui revient parfaitement au même. On peut au surplus expliquer les mots *qui fundum habet ususfructum suum vindicare non potest*, par cette considération que c'est une application de la règle *propria res nemini servit*, que si on est propriétaire on ne peut réclamer une servitude sur sa propre chose, mais il vaut mieux s'en tenir à la première explication.

Le propriétaire d'un héritage, qui a revendiqué une servitude réelle sur un fonds, peut ultérieurement, lors même qu'il a été débouté de sa première demande, réclamer sur le même héritage une servitude d'une espèce différente, peu importe qu'elle soit plus restreinte ou plus étendue et que, même en ce dernier cas, elle comprenne, dans une certaine mesure, une faculté inhérente au droit, objet de la première demande. Ainsi on peut, après avoir demandé un passage à pied, *iter*, réclamer un passage pour les bêtes de somme, *actus*, ou en voiture, *via*. L. 11, § 6, D. *de except. rei jud.* (XLIV, 2). Ce sont en effet deux servitudes distinctes, *aliud jus*, quoique l'*actus* ou la *via* comprenne la faculté de faire conduire par un homme à pied les bêtes de somme ou la voiture, en vertu de la maxime *non debet cui plus licet, quod minus est, non licere*. L. 21, D. de R. J. (L, 17), *L.* 1, D. *de serv. præd. rust.* (VIII, 3). Cette faculté ne sera pas exercée comme servitude distincte, mais comme accessoire de la servitude *actus* ou *via*.

On peut, sans avoir à craindre l'*exceptio rei judicatæ*, réclamer ultérieurement le principal d'une créance dont on avait inutilement réclamés les intérêts, à moins que, sur l'action concernant les intérêts, et à la suite d'une exception proposée par le défendeur, le principal lui-même n'ait été déclaré inexistant L. 23, D. *de except. rei jud.* (XLIV, 2).

Le jugement, en vertu duquel le débiteur et la caution sont condamnés à payer une dette, n'empêche pas cette dernière d'opposer aux poursuites du créancier les bénéfices de discussion, de division, *cedendarum actionum* qu'elle tient de la loi. Ces exceptions supposent une obligation principale valable, ce qui les sépare essentiellement quant à leur objet des nullités qui compétent à la caution en ce qui touche l'obligation principale et le cautionnement.

Pour qu'il y ait identité d'objet dans le sens des L. 12, 13 et 14 D. *de except. rei jud.* (XLIV, 2) il n'est pas nécessaire que cette identité soit complète et absolue. L. 14 D. *eod.* C'est ainsi que, si on réclame un troupeau ou une tête de ce troupeau, après avoir précédemment réclamé, l'un ou l'autre, il y aura identité d'objet et, par suite, chose jugée, lors même que le troupeau aurait, depuis la précédente instance, augmenté ou diminué en nombre. L. 21, § 1, *eod.*

Nous abordons maintenant une question très-controversée, celle de savoir si, après avoir réclamé *totum*, un tout, on peut ultérieurement réclamer une partie de ce tout, *partem*. Autrement dit, il s'agit de l'interprétation de la L. 113, D. de R. J. (L. 17) et de la L. 7, D, *de except. rei jud.* (XLIV, 2). Le premier de ces textes porte: *in toto et pars continetur*, le *proœmium* du second: *si quis, quum totum petiisset, partem petat, exceptio rei judicatæ nocet, nam pars in toto est.* Que faut-il entendre par ces expressions *pars in toto est?*

Pour mieux nous faire comprendre nous allons mettre tout le *proœmium* de la L. 7 précitée sous les yeux de nos lecteurs, il est ainsi conçu : *Si quis, quum totum petiisset, partem petat, exceptio rei judicatae nocet; nam pars in toto est; eadem enim res accipitur, etsi pars petatur ejus, quod totum petitum est, nec interest, utrum in corpore hoc quæratur, an in quantitate, vel in jure. Proinde si quis fundum petierit, deinde partem petat, vel pro diviso vel pro indiviso, dicendum erit exceptionem obstare. Proinde et si proponas mihi certum locum me petere ex eo fundo, quem petii, obstabit exceptio. Idem erit probandum et si duo corpora fuerint petita, mox alterutrum corpus petatur; nam nocebit exceptio; item si quis fundum petierit, mox arbores excisas ex eo fundo petat, aut insulam petierit, deinde aream, vel ligna, vel lapides petat; item si navem petiero, postea singulas tabulas vindicem.* » Il s'agit donc ici du cas où, après avoir, dans une première instance, inutilement réclamé un objet en entier, on réclame, dans une autre instance, une partie de cet objet. Ulpien nous dit au commencement de ce *proœmium* qu'il y a, dans ce cas, chose jugée, la partie étant contenue dans le tout, *nam pars in toto est.* Quoique ce texte d'Ulpien soit si formel, un grand nombre d'auteurs trouvent qu'il contient des dispositions *vagues, obscures* et *contradictoires*. M. de Savigny lui-même, après avoir dit T. VI, appendice 16, p. 501 que la L. 7 se distingue autant par la *profondeur* de ses principes *(tief eingreifenden Regeln)* que par la *sagacité (Schærfe)*, *la précision (Bestimmtheit)*, la *sûreté (Sicherheit)* de ses décisions, croit cependant devoir restreindre cet éloge au commencement et à la fin du texte. Au milieu il y aurait, selon cet auteur, un certain nombre de points obscurs, douteux, de contradictions apparentes. Néanmoins, dans le but d'écarter ces difficultés complétement, ou en grande partie, par une autre interprétation du texte, l'interprétation des commentateurs qui ont traité jusqu'à présent ce sujet, lui paraissant mauvaise, M. de Savigny propose de faire une interposition des paragraphes de la L. 7. Si tel était en effet le seul changement a apporté par cet écrivain, nous adopterions volontiers son système. En effet, comme il le fait très-bien remarquer, la division en paragraphes est uniquement l'œuvre des éditeurs du Digeste et n'appartient pas au contexte du texte manuscrit; mais, malgré les paroles que nous venons de citer, l'éminent jurisconsulte de Berlin, imitant Accurse et la plupart des commentateurs du Droit Romain, supprime la négative qui se trouve au paragraphe 3 de la L. 7, et apporte encore d'autres modifications aux mots du texte qui le gênent dans son explication. Nous allons donc voir s'il n'existe pas une autre interprétation laissant le texte intact et lavant complétement Ulpien du reproche d'obscurité et de contradiction qui lui est adressé.

Dans le *proœmium* de la L. 7, Ulpien pose le principe que nous connaissons déjà : *si quis, quum totum petiisset, partem petat, exceptio rei judicatæ nocet, nam pars in toto est.* » Il ajoute qu'il importe peu, pour l'application de ce principe, qu'il s'agisse d'un corps certain, d'une quantité, ou d'un droit, *nec interest utrum in corpore hoc quæratur, an in quantitate, vel in jure;* ainsi on opposera, dit-il, victorieusement l'exception de chose jugée à celui qui, après avoir réclamé un fonds, voudra réclamer une part divise ou indivise de ce fonds. L. 7, *proœ.*; de même celui qui, après avoir réclamé inutilement un domaine, composé, par exemple, de deux immeubles, viendra demander l'un ou l'autre de ces immeubles, devra être repoussé par l'exception de chose jugée. L. 7. *proœ.* Celui qui a échoué dans la revendication d'une maison, d'un fonds, d'un navire, ne peut revendiquer plus tard les arbres coupés sur ce fonds, les matériaux ou les planches faisant partie de la maison ou du navire. Ici nous commençons à voir M. de Savigny s'écarter du texte. Il fait commencer le paragraphe 1 aux mots : *item si quis fundum petierit*, et présente la solution de ces diverses espèces comme donnant lieu à de graves difficultés, puisqu'il les rapporte aux termes du texte : « *Magnæ quæstionis est*. M. de Savigny veut éviter ainsi les contradictions qui semblent résulter du paragraphe 2 et du *proœmium* quant au *cæmenta;* on verra, par les explications que nous donnerons plus loin, que ces décisions concordent parfaitement. Revenons donc à Ulpien ; jusqu'au paragraphe 1, les espèces qu'il propose lui semblent incontestables, ne laisser place à aucun doute, ajoutons, et cela résulte de la division de notre travail, qu'il faut, pour qu'il en soit ainsi, qu'il y ait identité de cause, *causæ proximæ actionis*.

Nous arrivons maintenant au paragraphe 1 de notre loi, d'après le texte Florentin. Ici la solution à donner paraît à Ulpien entourée de sérieuses difficultés : J'ai réclamé dans une instance une esclave que je croyais enceinte ; j'ai succombé dans mon action. Après la *litis contestatio* cette esclave conçoit et engendre un enfant. Je réclame l'enfant dans une deuxième instance, y a-t-il identité d'objet, oui ou non? C'est une question très-controversée, très-délicate, *magnæ quaestionis est*, dit le jurisconsulte romain; pour mieux faire saisir l'exemple nous allons le citer dans la langue originale: *Si ancillam praegnantem petiero et post litem contestatam conceperit et pepererit, mox partum ejus petam, utrum idem petere videor, an aliud, magnæ quaestionis est*. Ici les corrections que M. de Savigny fait subir au texte commencent à s'accentuer. Il remplace la conjonctive *et* par la disjonctive *aut*. D'après lui, le texte tel qu'il se trouve dans le manuscrit ne donnerait aucun sens, car l'esclave déjà enceinte au moment de la *litis contestatio* ne saurait le devenir immédiatement après. Ceci est évident. Mais qui empêche de donner au texte l'interprétation que nous proposons? L'esclave lors de la première demande n'était pas réellement enceinte, mais *je la réclamais comme telle, croyant qu'elle l'était*. Au surplus Ulpien ne décide pas ici la question dont il renvoie la solution au paragraphe où il traitera la même question relativement aux fruits d'un fonds que l'on a d'abord revendiqué. Il se contente ici de poser la règle générale qui doit servir à résoudre toutes les questions posées. *Et quidem ita definiri potest toties eamdem rem agi, quoties apud judicem posteriorem, id quaeritur quod apud priorem quaesitum est*. On peut établir comme règle générale qu'il y a identité d'objet chaque fois que l'on demande devant le second juge ce qu'on a demandé devant le premier. Cette règle posée, Ulpien ajoute que, dans presque toutes les hypothèses proposées, il y a lieu de se décider pour l'existence de la chose jugée, *in his fere igitur exceptio nocet.* Le terme *fere* est restrictif. En effet, dans le paragraphe suivant, Ulpien rapporte des exceptions à la règle *pars in toto est*, exceptions fondées sur ce que dans les hypothèses prévues il n'y a pas *identité de cause*, autre élément nécessaire pour l'existence de la chose jugée. C'est, pour avoir voulu soutenir que *l'identité d'objet* et *l'identité de cause* ne forment *qu'une seule condition*, que la plupart des interprètes ont vu ici des solutions en contradiction avec les précédentes. Sans cela, comme le fait remarquer, avec beaucoup de justesse, M. Sahuc, *Des éléments constitutifs de la chose jugée en matière civile.* Paris 1854, p. 13, ils n'auraient trouvé dans la différence des décisions qu'une application exacte des principes de la chose jugée : *quae nisi concurrunt alia res est*, si l'un de ces éléments vient à manquer le procès est différent.

Nous passons avec Ulpien, au § 2 de la L. 7. Nous avons vu que, dans le *proœmium*, ce jurisconsulte célèbre décide que la revendication infructueuse d'une maison empêchrait celle des matériaux. Et bien, au § 2 il décide que cette revendication des matériaux peut néanmoins se faire après le rejet d'une demande en revendication de la maison dont ils faisaient partie; quelle est la raison qui le pousse à accorder ici ce qu'il avait repoussé plus haut? «*Etenim cujus insula est non utique et cœmenta sunt : denique quæ juncta sunt ædibus alienis, separata dominus vindicare potest.*» Il est facile de voir les deux hypothèses que prévoit le jurisconsulte romain. Dans le *proœmium* il suppose qu'une personne a réclamé d'abord la propriété d'une maison en exprimant la cause sur laquelle elle fonde sa demande ; nous verrons plus loin si dans les actions réelles il y a nécessité légale d'indiquer la cause, mobile de l'action. Cette personne a succombé dans la *rei vindicatio*, elle ne pourra d'après le *proœmium* revendiquer au même titre les matériaux composant la maison. Mais, et c'est là la deuxième hypothèse, celle du § 2 de notre loi, il se peut qu'une personne n'ait pas la propriété d'une maison, mais ait celle des matériaux qui la composent, lorsque, par exemple, cette maison a été construite avec des matériaux appartenant à autrui et que, par application de la maxime *omne quod inædificatur solo cedit*, la maison est devenue la propriété du maître du sol. Dans ce cas, il n'en est pas moins vrai que celui à qui appartiennent les matériaux en est resté propriétaire, c'est ce que prouve formellement le paragraphe 29 J *de rerum divisione et qualitate* (II, 1): *nec tamen ideo is qui materiæ dominus fuerat desinit dominus esse*. Seulement, tant que la maison restera debout, il ne pourra exercer la *rei vindicatio* des matériaux, ni l'action *ad exhibendum*. La loi des XII Tables l'avait déjà décidé ainsi dans un but d'utilité publique *ne ædificia rescindi necesse sit*. Il en serait autrement, si le propriétaire du sol était de mauvaise foi. La L. 1, § 2, D. *de tigno juncto* (XLVII, 3) donne, en ce cas, au propriétaire des matériaux l'action *de tigno juncto in duplum*, pour se faire indemniser du préjudice qu'il a éprouvé. En dehors de ce cas, si la maison vient à être détruite ou démolie, le propriétaire aura la *rei vindicatio : dominus vindicare potest* pourvu qu'il n'ait pas employé l'action *de tigno juncto*. Si telle est l'hypothèse du paragraphe 2, on comprend parfaitement que la raison qui empêche d'opposer l'*exceptio rei judicatæ* au propriétaire des matériaux, c'est qu'il n'y a pas identité de cause. Voët sur ce paragraphe ne trouve pas non plus qu'il soit en contradiction avec le *proœmium*, seulement, d'après lui, la raison pour laquelle dans le § 2 il n'y a pas chose jugée, c'est qu'il n'y a pas identité d'objet, les matériaux ne faisant, selon lui, partie intégrante du bâtiment que quand ils sont incorporés avec ce dernier; mais, après leur séparation, ils forment des objets parfaitement distincts. Quoiqu'il en soit, un fait certain c'est que le deuxième paragraphe concorde parfaitement avec le *proœmium*.

Arrivons maintenant au paragraphe 3. Il renferme une deuxième exception à la règle *pars in toto est*, exception également basée sur ce qu'il n'y a pas identité de cause dans les deux procès. Dans ce paragraphe, Ulpien traite la question du part d'une esclave concurremment avec celle des fruits, comme il l'avait annoncé dans le § 1 ; il se demande, tel nous paraît du moins être le cas qu'il a en vue dans le paragraphe actuel, si le propriétaire d'un fonds ou d'une esclave, peut, après avoir échoué dans la revendication du fonds ou de l'esclave, réclamer les fruits ou le part de l'esclave, si, après la *litis contestatio*, le fonds a produit des fruits ou l'esclave conçu et mis au monde un enfant, sans avoir à craindre l'exception de chose jugée. Pour résoudre cette question Ulpien fait une distinction. Si le premier jugement décide que le fonds ou l'esclave n'est pas la propriété du demandeur et que celui-ci réclame plus tard les fruits ou l'enfant en vertu du droit de propriété du fonds ou de l'eslave, l'*exceptio rei judicatæ* mettra obstacle à la recevabilité de la deuxième demande. Il en sera tout autrement si l'ancien demandeur se fonde sur une cause nouvelle. On peut, en effet, à l'exemple de ce qui se passe pour les matériaux, avoir acquis séparément la propriété des fruits ou celle de l'enfant. En ce qui concerne les fruits d'un fonds, on peut les avoir acquis à titre d'usufruit ou par suite de la perception de bonne foi faite par une personne qui tient sa possession *a non domino*. L. 25, § 1, D. *De usuris* (XXII, 1), L. 48, *proœ*. D. *de acquirendo rerum dominio*. (XLI, 1). Voici maintenant des exemples en ce qui concerne le part d'une esclave ; on peut avoir acquis la propriété de l'enfant indépendamment de celle de la mère, par exemple, dans les cas prévus par la L. 12 § 18 *de captivis* (XLIX, 15) : on vous a légué l'enfant de Pamphile ; celle-ci étant accouchée chez l'ennemi, vous rachetez la mère et l'enfant séparément et pour des prix différents, en ce cas, on ne pourra vous opposer la règle *pars in toto est*, ni l'exception de chose jugée, si vous réclamez l'enfant, après avoir vainement réclamé la mère. En ce cas, en effet, il y a d'abord deux contrats de vente différents ; de plus vous êtes propriétaire de l'enfant en vertu d'un legs. Pour être recevable à agir de nouveau dans les différents cas que nous venons d'énumérer, il faut, ou bien avoir formellement exprimé dans la première demande la cause sur laquelle on appuie ses prétentions, et, en ce cas là, il n'est pas nécessaire que les fruits, ou l'enfant ne viennent à naître qu'après la *litis contestatio*, ou bien, et c'est là l'hypothèse spéciale du paragraphe 3, on ne l'a fait que vaguement et, en ce cas là, il suffit que la *litis contestatio* soit antérieure à la naissance des fruits ou de l'enfant. Il y a dans cette hypothèse, pour ainsi dire, *causa nova superveniens*. La première demande n'a pas pu comprendre des choses qui n'existaient pas encore, *hæc nondum erant in rebus humanis*, dit le paragraphe 3 de notre loi, et, par suite, le juge n'a pas pu prononcer sur elle dans la sentence, *quod non sit petitum, quod nec actor putasset, nec judex in judicio sensisset*. Il importe même peu que le demandeur ait cru l'esclave enceinte lorsqu'il la revendiquée, *prægnantem petiero*, le juge ne doit s'occuper que de la réalité, c'est-à-dire si l'esclave était réellement enceinte lors de la première instance. *Plus est enim in veritate quam quod in opinione*. L'interprétation que nous proposons a le mérite de rester conforme, croyons-nous, au texte de la Vulgate et des Florentines que les autres interprètes dénaturent en supprimant la négative. De plus, c'est la seule qui soit en harmonie avec le contexte complet du paragraphe. En effet, après avoir résolu la question proposée, énoncé le motif sur lequel il appuie sa décision et qui, selon lui, est aussi conforme aux principes qu'à la nature des choses : *hæc nondum erant in rebus humanis*, Ulpien ajoute : *Plane si in restitutionem vel fructus, vel etiam partus venerunt, æstimatique sunt, consequens erit dicere exceptionem objiciendum*. Qui ne saurait voir dans ces dernières lignes une restriction apportée à ce que la solution précédente pourrait avoir de trop absolu ! Ceci étant admis, il semble difficile qu'il y ait place pour le doute en ce qui concerne la pensée du jurisconsulte. Voici donc comment s'enchaînent les deux décisions du paragraphe. L'exception *rei judicatæ* ne pourra être opposée, si, après avoir revendiqué un fonds ou une esclave, on réclame ultérieurement les fruits ou l'enfant nés de ce fonds ou de cette esclave depuis la *litis contestatio*. Bien qu'ils proviennent d'une chose ayant fait l'objet d'une demande précédente, *ex ea re sint quæ petita est*, ils ne peuvent y avoir été compris, car ils n'existaient pas encore, *nondum erant in rebus humanis*. Que si, au contraire, dans la première demande on a réclamé les fruits et l'enfant en même temps que le fonds et la mère et que leur valeur ait été estimée et accordée par le juge, indubitablement la revendication isolée des fruits ou de l'enfant deviendra impossible.

M. de Savigny ne voit dans les expressions *hæc nondum, etc.*, qu'une raison de douter, une objection spécieuse que l'on pourra soulever, il propose de corriger ainsi le texte : *Hæc enim* ETSI *nondum erant in rebus humanis, sed de ea re sunt quæ petita est, magisque est ut ista exceptio noceat*. Selon lui, en s'en tenant au fondement de la fonction positive de l'exception de chose jugée, l'*eadem quæstio* qu'Ulpien pose en principe partout et cherche à appliquer dans tout ce passage, les expressions *in his fere omnibus* du paragraphe 1 n'auraient aucun sens si, dans les cas si nombreux de fruits d'un fonds et d'enfants issus d'esclaves, l'opinion que nous admettons contrairement à la sienne devait prévaloir; selon cet auteur, la fonction positive de l'exception de chose jugée s'opposerait à l'admission de la leçon de la leçon *non nocet* et à ce que, la propriété de la mère une fois déniée, la revendication de l'enfant qu'elle a mis au monde fût possible. La plupart du temps, il est vrai, dit en terminant M. de Savigny, l'enfant n'existera pas à l'époque du procès et n'aura, par suite, pas été déduit *in judicium*, mais le principe de l'*eadem quæstio* n'en sera pas moins applicable, la propriété de l'enfant ne pouvant dériver que de celle de la mère (*an der Mutter abgeleitet*), or cette dernière a été déniée par le premier jugement.

Comme on le voit, M. de Savigny croit que la question, en ce qui concerne les fruits et surtout le part de l'esclave, est subordonnée, d'une façon complète, à la propriété du fonds ou de l'esclave. Son explication serait admissible s'il y avait identité de cause entre les deux demandes; mais ce savant auteur n'a admis cette solution erronée et n'a été conduit à ces altérations du texte que pour avoir voulu soutenir que l'identité d'objets et celle de cause ne forment qu'une seule et même question; or nous venons de voir que, dans le cas du paragraphe 3, les demandes, tout en étant identiques quant à l'objet, peuvent s'appuyer sur des causes parfaitement distinctes, les principes sont donc sauvegardés et nous ne violons nullement la fonction positive de l'exception de chose jugée.

Quant à la deuxième partie du paragraphe, l'éminent écrivain veut la faire concorder avec la première en y voyant une application des principes qui y sont posés, au lieu d'une restriction concernant une autre hypothèse; il s'agirait du cas où le défendeur veut bonifier des fruits déterminés qu'il doit, au moyen d'une indemnité en numéraire, en achetant, en quelque sorte, ces fruits. On comprend alors, dit-il, qu'une nouvelle revendication des fruits serait complétement en contradiction avec les principes les plus incontestables

Cette interprétation nous paraît complétement en désaccord avec toute la L. 7, D. *de except. rei jud.* (XLIV, 2), et avec son § 3 en particulier, où il n'est nullement question du paiement d'une indemnité en numéraire pour représenter des fruits, et nous ne comprenons pas quel rapport il peut y avoir entre ce cas et la maxime *pars in toto est;* tout au plus pourrait-on dire, en laissant cette règle de côté, que, dans cette hypothèse, il y aurait lieu d'appliquer l'*exceptio rei judicatæ,* en raison de l'id entité d'objet et de celle de cause.

Les dernières dispositio ns de la L. 7 sont exemptes de toutes difficultés. Ce sont également des applications de la règle *pars in toto est.* C'est ainsi qu'après avoir succombé dans une action en pétition d'hérédité, on ne pourrait plus tard réclamer, en la même qualité d'héritier, un objet particulier ou un droit déterminé dépendant de cette hérédité. L. 7, § 4. En effet, en réclamant l'hérédité, c'est comme si je soumettais aux juges tous les objets corporels, toutes les actions composant l'hérédité, *nam quum hereditatem peto, et corpora, et actiones omnes, quæ in hereditate sunt, videntur in petitionem deduci.* L. 7, § 5. C'est ainsi encore que le demandeur en pétition d'hérédité qui a succombé dans la revendication de l'hérédité se verrait victorieusement opposer l'*exceptio rei judicatæ,* s'il poursuivait un débiteur de la succession. De même celui qui a succombé dans une action intentée contre un débiteur de la succession est non recevable à réclamer plus tard l'hérédité, car il y a la même raison que pour l'hypothèse du paragraphe 4, L. 7, §. 5 ; il y a d'abord identité de personnes, le demandeur est en effet le même; identité d'objet car la créance, objet du premier litige, est nécessairement comprise dans la deuxième action, puisqu'on ne peut réclamer l'hérédité moins cette créance sans risquer de se voir opposer la maxime *nemo paganus pro parte testatus, pro parte intestatus decedere potest*; § 5, J, *de hered. inst.* (II, 14). Il y a identité de cause puisque, dans l'une et l'autre action, le demandeur se prévaut de son titre d'héritier.

La L. 20 *proœ.* D. *de except. rei jud.* (XLIV, 2) consacre également la maxime *pars in toto est.* Voici l'espèce qu'elle prévoit : Un héritier institué pour un sixième de la succession, *ex sextante*, et qui se prétend également héritier *ab intestat*, réclame d'abord, en cette dernière qualité, la moitié de l'hérédité à l'un des héritiers institués et succombe; sera-t-il recevable à réclamer le sixième de l'hérédité en qualité d'héritier institué? Paul résout la question négativement et admet l'exception de chose jugée, le sixième, qui est une partie de la moitié, ayant été compris dans la revendication de la moitié, *videtur in illa petitione partem sextantis vindicasse.* Il faut supposer nécessairement, pour que la question puisse se présenter, qu'il existe un autre héritier *ab intestat.* Il résulte de tous les développements auxquels nous venons de nous livrer que, pour qu'on puisse appliquer la règle *pars in toto est*, il faut qu'il s'agisse des parties intégrantes d'une chose et de droits particuliers compris dans un droit plus général, dont il n'est pas possible de les détacher comme ayant une existence propre et distincte ; on est alors forcément ammené à les considérer comme formant un seul et même objet avec cette chose ou ce droit. Hors de ces cas, la règle générale reprend son empire ; il n'y a pas identité d'objet. C'est ainsi, comme nous l'avons vu, que, s'il est jugé qu'une personne n'est pas propriétaire exclusif d'un immeuble, il n'est pas jugé par là qu'elle n'est pas copropriétaire pour une fraction ; il s'agit en effet alors de droits distincts, ce qui s'oppose à l'application de l'axiome mathématique *pars in toto est*. Mais si, après avoir réclamé 20.000 sesterces, une personne réclame ensuite 10.000 ou 1.200 en vertu de la même cause, elle est censée avoir fait porter le litige sur toutes et chacune des parties du tout en l'engageant sur le tout, et le juge qui rejette la demande pour le tout est censé la rejeter pour chacune de ses parties. Décider le contraire conduirait, vu la divisibilité à l'infini d'une obligation semblable, à une série indéterminée de demandes fondées sur la même obligation, ce qui serait évidemment contraire au but d'utilité publique qui a fait introduire l'*exceptio rei judicatæ*.

Une règle, qui est, en quelque sorte, le corollaire du principe *pars in toto est*, doit y être attachée et nous avons à en énoncer les conséquences, c'est la suivante : la demande du principal comprend celle de l'accessoire, c'est l'application en matière de chose jugée de cet autre axiome : *accessorium sequitur principale*, que nous avons déjà dû bien souvent invoquer dans le cours de nos explications. C'est ainsi que les fruits naturels, industriels ou civils, les produits d'une chose corporelle ou incorporelle doivent être considérés comme compris dans cette chose et former avec elle un seul objet. Ainsi une personne, après avoir vainement réclamé une somme principale, ne peut, plus tard, réclamer les intérêts de cette somme, les intérêts ne pouvant en effet se concevoir sans un capital les ayant produits. L. 7, § 1, *et* arg. *a cont.* L. 2, 3, D. *de except. rei jud.* (XLIV, 2). De même, après avoir échoué dans la *rei vindicatio* d'un fonds, une personne ne peut plus tard réclamer les alluvions, les accessions ou les accroissements qui seraient venus s'ajouter au fonds depuis la *litis contestatio*, pourvu, dans ce dernier cas, qu'il ne s'agisse pas d'un legs d'usufruit. Dans cette hypothèse, en effet, le légataire, qui a succombé dans la demande de la totalité de l'usufruit, peut réclamer la part de son colégataire, si celui-ci venait à défaillir, ou que le legs fût à considérer comme non écrit par rapport à lui. En effet, en matière d'usufruit, l'accroissement a lieu *a persona ad personam*, mais non *portioni*, vu le caractère essentiellement personnel du legs d'usufruit, L. 14, § 1, D. *De except. rei jud.* (XLIV, 2). Mais, dans tous les autres cas, si un héritage a été légué conjointement *re et verbis, vel re tantum* à deux personnes, si l'un des légataires conjoints succombe dans la revendication de l'intégralité de l'héritage, et que l'autre légataire vienne à défaillir, le premier légataire ne pourra pas réclamer *jure accrescendi* la part du défaillant ; les effets de la chose jugée s'étendent à cette part, *portio fundi enim portioni accrescit*, le propriétaire de l'une devient propriétaire du tout ; or il a été jugé que le tout n'appartenait pas au demandeur.

Nous avons vu à l'instant que, si une personne, après avoir réclamé infructueusement le capital d'une créance, réclamait ensuite les intérêts, sa demande devait être repoussée en vertu de la règle *accessorium sequitur principale*. Nous allons maintenant examiner l'hypothèse inverse : une personne réclame sans succès seulement les intérêts d'une créance, pourra-t-elle, sans avoir à craindre l'exception de chose jugée, réclamer le capital? La L. 23, D. *de except. rei jud.* (XLIV, 2) résout, avec raison, la question affirmativement. La même solution devra s'appliquer si une personne, à propos d'un contrat de bonne foi, réclame les intérêts qui ont couru depuis la *litis contestatio*, après avoir échoué dans la demande des intérêts échus à l'époque du premier procès. Ceci nous amène à examiner la question inverse de celle posée dans le *procœmium* de la L. 7 de notre titre, la question de savoir ce qu'il faut décider du cas où une personne, après avoir échoué dans la demande de l'une des parties d'un tout, réclame ce tout lui-même; à notre avis, il faut admettre que le tout a été virtuellement engagé dans le procès portant sur l'une des parties, de telle sorte que celui qui aurait échoué dans la demande d'une partie ne pourrait plus revendiquer le tout, même déduction faite de la partie. « En effet, comme le disent fort bien MM. Aubry et Rau, *Droit civil Français*, §, 769 b., note 66, celui qui réclame un objet ou une quantité faisant partie d'un tout, soumet nécessairement au juge le titre en vertu duquel il agit, et si, par suite d'une défense ou d'une exception péremptoire opposée non-seulement à la réclamation telle qu'elle est formée, mais au titre lui-même, la demande est rejetée, toute nouvelle action tendant à obtenir le surplus de la chose ou de la créance se trouve d'avance écartée. Il y aurait, en effet, disent-ils, contradiction formelle entre le jugement qui accueillerait une pareille action et celui qui a rejeté la demande. » Cette solution est donnée en ce qui concerne le Droit Français par ces savants et judicieux professeurs, mais on doit d'autant moins se refuser de l'appliquer au Droit Romain que ces auteurs invoquent la L. 3 de notre titre qui fait une application de ce principe en ce qui concerne l'hérédité. Ulpien y suppose qu'après avoir demandé des objets héréditaires séparément, on réclame ensuite l'hérédité toute entière, et il décide que l'exception de chose jugée doit être admise. On peut également invoquer la L. 7, § 5, *in fine* de notre titre, que nous avons examinée en détail, et sur laquelle, par conséquent, il est inutile de revenir.

M. Sahuc *op. cit.* qui soutient l'opinion opposée à la nôtre, invoque à l'appui de son système la L. 20, D. *de except. rei jud.* (XLIV, 2). Mais il est facile de se convaincre, en examinant attentivement ce texte, qu'il y est question d'un légataire particulier et non d'un légataire universel ou d'un héritier, d'une personne qui, par conséquent, ne pouvait invoquer la qualité d'héritier ou réclamer l'universalité; que de plus dans cette loi il s'agit d'objets formant chacun un tout et que l'argent n'avait été légué que par un codicille, mais que le testament n'en parlait pas. La L. 21, *proœ. eod.* n'est pas plus probante; dans ce texte il s'agit d'une première demande ayant porté sur de l'argenterie léguée par testament; plus tard on découvre un codicille qui lègue des vêtements à la personne qui a succombé dans le procès relatif à l'argenterie. Le texte dit qu'il n'y a pas chose jugée, *non est deducta in superius judicium vestis causa.* C'est vrai, mais cela ne prouve rien en faveur du système que nous combattons. Les mêmes raisons en effet que nous venons de donner sur la loi précédente s'y opposent. Remarquez surtout qu'il s'agit d'objets parfaitement distincts réclamés en vertu de titres différents, le premier, en vertu d'un testament, le second, en vertu d'un codicille *inconnu* lors de la première demande, tous deux dus en vertu d'un legs particulier, par suite, ne faisant pas partie d'une universalité juridique; ce sont deux legs différents, tandis qu'il s'agit dans la L. 3 d'objets appartenant à l'héritier comme tel, par suite, comme faisant partie d'une universalité juridique et, par suite, de parties intégrantes d'un tout. Pour que la maxime *totum in parte continetur*, soit applicable, il faut, à notre avis, les mêmes conditions qu'en ce qui concerne la règle inverse. Il faut donc qu'il s'agiss d'objets faisant parties intégrantes d'une chose ou de droits particulier, compris dans un droit plus général, dont il n'est pas possible de les détacher comme ayant une existence distincte. Dans ce cas, si une personne a succombé dans un procès relatif à ces parties intégrantes ou à ces droits particuliers, elle ne pourra plus tard réclamer la chose intégrale, le droit général. C'est ainsi qu'après avoir échoué dans la prétention d'élever un mur de dix pieds, le demandeur ne pourra ensuite réclamer le droit d'en élever un de vingt, car celui de vingt suppose nécessairement celui de dix; cette espèce suppose donc une servitude *altius non tollendi* et que le propriétaire du fonds dominant a renoncé pour partie au droit qu'il avait de s'opposer à l'élévation du mur; de plus, il faut supposer que l'on a réclamé par deux actions confessoires successives une servitude *altius tollendi*. Cette espèce est empruntée à la L. 26, *proœ.*

D. *De except. rei jud.* (XLIV, 2). Il en serait de même si une personne, après avoir réclamé 100, réclamait plus tard 200, en vertu de la même cause ; on lui opposerait, avec raison, l'*exceptio rei judicatæ ;* au contraire, s'il s'agissait d'objets parfaitement distincts, ou bien faisant, si vous voulez, partie d'un tout, mais que le tout fût réclamé en vertu d'une autre cause, il n'y aurait pas lieu d'appliquer la règle *totum in parte.*

Il ne faut pas confondre avec l'objet d'une contestation les qualités accidentelles sur le fondement desquelles on a provoqué une condamnation ou une mesure judiciaire. Les jugements accueillant ou rejetant une demande en reconnaissant ou en déniant une pareille qualité n'ont pas l'autorité de la chose jugée quant à l'existence ou à l'inexistence de ladite qualité. La possession, par exemple, étant un fait complètement indépendant de la propriété et étant garantie par des actions spéciales, après avoir succombé dans un interdit relatif à la possession, on peut intenter la *rei vindicatio* de l'objet dont on réclamait la possession, sans avoir à craindre de se voir opposer l'exception de chose jugée et *vice versa, quoniam in interdicto possessio, in actione proprietas vertitur.* L. 14, § 3, D. *de except. rei jud.* (XLIV, 2), L. 12, § 1, D. *de am. vel acq. poss.* (XLI, 2).

§ 3. *De l'identité de cause.*

Nous arrivons enfin à la troisième et dernière condition intrinsèque requise pour qu'un jugement acquière l'autorité de la chose jugée, à savoir : l'identité de cause, *causa proxima actionis.* En effet, il ne suffit pas que le jugement soit rendu entre les mêmes parties et que l'action ou l'exception proposée dans la deuxième instance ait en vue le même objet, il faut de plus que lesdites actions ou exceptions procèdent de la même cause. On entend ici par *cause*, le fait juridique qui forme le fondement direct et immédiat *(proxima)* du droit ou du bénéfice légal que l'une ou l'autre des parties fait valoir à l'appui de son action ou de son exception. « Il s'agit, comme le font remarquer MM. Aubry et Rau, *op. cit.* § 769, c. note 68, ici du principe générateur de ce droit ou de ce bénéfice, et non du droit ou du bénéfice lui-même. » Pour exemple nous prendrons avec ces auteurs les actions réelles. Dans ces actions ce n'est pas la propriété, le droit de servitude ou d'hypothèque qui est la *causa proxima*, mais le titre d'acquisition. Ces droits ne sont pas même les *causæ remotæ*.

Nous citerons tout à l'heure des exemples de ces deux sortes de causes. On peut dire que les *causæ remotæ* sont les circonstances ou moyens qui peuvent concourir à constituer la cause, ou justifier l'existence d'une action ou d'une exception.

Il découle de ces explications plusieurs conséquences importantes :

Il y a identité de cause entre deux demandes, bien qu'à l'appui de la seconde on se prévalle d'un moyen nouveau, par exemple, d'une loi à laquelle on n'avait pas songé dans la première demande, ou en offrant la preuve de faits non articulés dans le premier procès. Si l'on pouvait, en effet, renouveler une contestation, sous prétexte d'un moyen nouveau en droit ou en fait, on irait contre le but de l'institution que nous examinons, puisque les décisions judiciaires seraient toujours provisoires. C'est ce que dit formellement la Const. 4, C. *de re judicata* (VII, 52) : *Sub specie novorum instrumentorum postea repertorum res judicatas restaurare exemplo grave est.* De même la L. 27, D. *de except. rei jud.* (XLIV, 2). Il faudrait considérer comme fondées sur la même cause deux demandes tendant à faire annuler une disposition ou une convention pour défaut de consentement valable de la part du disposant ou de l'une des parties, lors même que, dans la seconde demande, le demandeur s'appuie, pour justifier la nullité, sur un vice non mentionné dans la première ; la *causa proxima* n'est pas ici le vice de dol, de violence, ou d'erreur, ce ne sont là que les *causæ remotæ*, la *causa proxima* est l'absence de consentement valable.

Si deux demandes ont pour objet l'annulation d'une même convention, mais si on invoque deux causes de nullité d'une nature différente fondées, l'une, par exemple, sur l'incapacité du demandeur, l'autre, sur la nullité de son consentement, ou sur l'absence d'un objet licite, il n'y aura pas identité de cause, par suite, pas chose jugée. De même, nous ne saurions voir d'identité de cause entre une demande ayant pour objet la résolution d'une vente pour retard dans la livraison d'un objet et une autre tendant à faire résilier la même vente par suite d'impossibilité absolue de livraison. Nous donnerions la même solution pour deux actions ayant pour objet, l'une, l'annulation de la convention comme contraire à la loi et aux bonnes mœurs, l'autre, provoquant l'annulation pour cause de simulation, et pour deux exceptions, l'une de prescription opposée à l'action *familiæ erciscundæ* ou à l'action *communi dividundo*, et l'autre fondée sur un titre ayant transmis au défendeur la propriété exclusive des biens dont le partage est demandé.

A côté des actions et exceptions que nous venons de citer, il en existe qui diffèrent non-seulement par leur cause, mais encore par leur objet. Telles sont les actions ou exceptions de nullité invoquées contre un acte instrumentaire qui contient une convention ou une disposition et celles concernant la convention ou la disposition elle-même sous le rapport des conditions intrinsèques nécessaires à sa validité. Telles sont encore les demandes en nullité et celles en *restitutio in integrum* pour cause de lésion. Telles sont encore les actions en nullité ou les demandes en *restitutio in integrum* par rapport aux actions en résolution, en résiliation de conventions.

Tels sont aussi les interdits par rapport aux actions pétitoires concernant la propriété. La L. 14, § 3, D. *de except. rei jud.* (XLIV, 2) dit en effet, comme nous l'avons vu : *Si quis interdicto egerit de possessione, postea in rem agens non repellitur per exceptionem, quoniam in interdicto possessio, in actione proprietas vertitur.* Ajoutez la L, 3, § 1, D. *de acq. vel am. poss.* (XLI, 2) qui dit : *nihil commune habet proprietas cum possessione.*

Si deux actions principales découlent d'une même cause, le jugement rendu sur l'une d'elles a l'autorité de la chose jugée quant à l'autre, lors même que cette dernière est plus étendue, ou qu'elle est formée dans un but ou un intérêt différent ; c'est ce que dit formellement la L. 5, D. *De except. rei jud.*, (XLIV, 2) : *Quum quis actionem mutat et experitur, dummodo de eadem re experiatur, etsi diverso genere actionis, quam instituit, videtur de ea re agere.* Ulpien, dans ce texte, nous donne même l'exemple suivant : une personne étant sur le point d'agir au moyen de l'action *mandati* reçoit de son adversaire une caution qui s'engage à la faire comparaître en justice ; le demandeur peut-il, après avoir échoué dans l'action *mandati,* intenter l'action *negotiorum gestorum* ou une *condictio* relativement à la même chose? Non, répond Ulpien, la diversité des actions découlant d'une même cause n'empêche pas qu'il y ait identité de procès, la cause est en effet la même. Comme autre exemple nous citerons une espèce dont nous nous sommes déjà occupés à propos de la règle *totum in parte* et de celle *pars in toto*, c'est la suivante. Une personne revendique certains immeubles particuliers comme dépendant d'une succession à laquelle elle se prétend appelée. D'après ce que nous avons vu, en examinant la L. 7, § 4. *De except. rei jud.* (XLIV, 2), le jugement intervenu dans cette instance aura l'autorité de la chose jugée si plus tard cette même personne intente la pétition d'hérédité en ce qui concerne l'intégralité de la succession. Inversement le jugement intervenu sur la pétition d'hérédité a l'autorité de la chose jugée quant à la *rei vindicatio* individuelle des objets compris dans cette succession. Ces deux solutions sont également consacrées par la L. 3, D. *eod.* C'est ainsi encore que le jugement rendu avec un débiteur de la succession quant à une créance héréditaire a l'autorité de la chose jugée quant à la pétition d'hérédité que le demandeur qui a échoué dans la précédente instance voudrait plus tard intenter, et, qu'à l'inverse, le jugement rendu sur la pétition d'hérédité, a, comme nous l'avons vu, l'autorité de la chose jugée en ce qui concerne la créance héréditaire L. 7, § 5, D. *eod.* La revendication d'une partie d'un fonds met également obstacle à l'action *familiæ erciscundæ* ou à l'action *communi dividundo* que l'une des parties viendrait à exercer plus tard, L. 8, D. *De except. rei jud.* (XLIV, 2). L. 18, D. *De except.* (XLIV, 1). C'est ainsi que l'exception de chose jugée s'opposerait également à ce qu'après avoir échoué dans l'action personnelle ex *testamento* en délivrance d'un immeuble légué, le prétendu légataire puisse, en intentant la *rei vindicatio*, demander le même immeuble en vertu du même testament. C'est ainsi enfin que le jugement qui rejette l'action *quanti minoris* empêche le même demandeur d'intenter plus tard l'action en résolution de la vente ou *redhibitoria* en se fondant sur la même cause qui servait de base à l'action en diminution de prix ; la L. 25, § 1, D. *De except. rei jud.* (XLIV, 2) concède en ce cas l'exception de chose jugée. Mais il faut, comme cette loi le fait remarquer, qu'il s'agisse d'un vice rédhibitoire tel que, si l'acheteur l'avait connu, il n'aurait pas acheté la chose.

Dans tous les cas que nous venons de parcourir, le jugement qui rejette l'une des action s absorbe la cause qui est commune aux deux, et s'oppose, par cela même, à la recevabilité de l'autre. Nous avons dit, en posant la règle générale régissant ces cas, que, pour qu'il en soit ainsi, il importe peu que la seconde action soit plus étendue, ou d'une nature différente de la première, et ait un autre but que celle-ci, pourvu que les deux actions aient une cause commune. Certains auteurs, néanmoins, veulent restreindre notre règle, au cas où les deux actions sont de la même nature, ou tout au moins, à celui où elles tendent au même but et ont en vue les mêmes intérêts. Selon ces auteurs, parmi lesquels nous citerons M. Sahuc, *Des éléments constitutifs de la chose jugée en matière civile*, Paris, 1854, si une personne a échoué dans la revendication d'un objet, par exemple, elle pourra plus tard le réclamer par la voie d'une *condictio*, à moins que cette dernière action ne puisse dans l'espèce être intentée qu'à titre de propriétaire, comme cela a lieu dans le cas d'une *condictio furtiva*. Même avec ce tempérament, nous ne saurions admettre cette opinion. La L. 5 D, *de except. rei jud.* (XLIV, 2) est trop formelle pour cela, car elle ne fait aucune distinction entre les différentes espèces de *conditones*. En effet, après avoir posé la règle que nous connaissons, Ulpien ajoute : *Utputa si mandati acturus, quum ei adversarius judicio sistendi causa promisisset, propter eamdem rem agat negotiorum gestorum, vel* CONDICAT, *de eadem re agit*, et plus loin, *ceterum quum quis actionem mutat et experitur*, DUMMODO DE EADEM RE EXPERIATUR, *etsi diverso genere actionis, quam instituit, videtur de eadem re agere*. Quant à la L. 31, D, *eod.*, que l'on nous oppose, elle ne prouve rien contre notre règle. M. Sahuc paraît si bien l'avoir compris, qu'il dit qu'il n'y a chose jugée que si l'on ne peut intenter la *condictio* qu'à titre de propriétaire, ce qui revient à peu près à dire qu'il n'y a pas de chose jugée lorsque la cause des deux actions est différente. La deuxième action n'est en effet non recevable que parce que les deux actions ont une cause commune.

Si, au contraire, les deux demandes étaient fondées sur des causes différentes, quant même elles compéteraient à la même personne, et qu'elles porteraient sur le même objet, le jugement rendu sur l'une n'aurait pas l'autorité de la chose jugée quant à l'autre. C'est ainsi que le propriétaire d'un immeuble, après avoir succombé, par exemple, dans une action en restitution de cet immeuble ayant pour cause un droit de bail ou d'antichrèse, pourra plus tard intenter la *rei vindicatio* de cet immeuble, sans avoir à craindre de se voir opposer *l'except. rei jud.*; le premier jugement n'a en effet porté aucune atteinte à la cause de la nouvelle demande.

Pour qu'il y ait identité de cause, il importe peu que la cause ait existé au moment de la première instance ou seulement postérieurement à celle-ci. Supposons d'abord que la cause existait au moment de la première demande. Il se présente tout d'abord une question fort controversée, celle de savoir si les actions réelles, tout comme les actions personnelles, sont susceptibles d'être formées en vertu d'un titre déterminé, de façon à ce que le demandeur, ayant échoué dans une première action s'appuyant sur un titre d'acquisition spécialement renoncé, puisse plus tard agir en vertu d'une autre cause d'acquisition, ou bien si, au contraire, tous les titres d'acquisition ont été par la force des choses déduits en même temps en justice, et si la deuxième ou ultérieure demande se trouve par suite non recevable. Ceux qui admettent cette dernière opinion se fondent sur ce qu'à la différence de la formule des actions personnelles celle des actions réelles ne comporte pas d'indication de cause. Nous n'avons pas à nous occuper des actions personnelles, parce que, par leur nature même, la cause de ces actions doit en effet être nécessairement exprimée, puisqu'il n'y a pas d'obligation sans cause. Il est donc parfaitement vrai de dire que la formule de ces actions requiert l'indication d'une cause. Nous allons donc examiner la question en ce qui concerne les actions réelles en général, et la *rei vindicatio* en particulier. Disons-le tout de suite, l'opinion que nous venons de rapporter en dernier lieu nous paraît inadmissible. En effet, elle est d'abord en contradiction évidente avec la L. 14, § 2, et la L. 11, § 2, D, *de except. rei jud.* (XLIV, 2); de la combinaison de ces deux lois, il résulte que, pour résoudre la question que nous avons posée, il faut distinguer entre le cas où une action réelle a été intentée avec indication de cause, et celui où elle ne l'a été que d'une manière vague et générale et sans indication de titre spécial d'acquisition. Dans le premier cas, le demandeur pourra intenter une action réelle en vertu d'un autre titre que celui que celui qu'il a invoqué dans la première instance; dans la deuxième hypothèse, au contraire, celle où le titre n'est exprimé que d'une façon vague, le demandeur sera censé avoir déduit en justice tous les titres d'acquisition qu'il pouvait avoir. Cette solution se fonde sur la formule même des actions réelles; dans le deuxième cas, en effet, le demandeur se borne à dire : *Rem meam esse aio*, car si une chose peut vous être due à plusieurs titres, elle ne peut vous appartenir qu'à un seul. *Non ut ex pluribus causis deberi nobis idem potest, ita ex pluribus causis idem possit nostrum esse*, dit la L. 159, D, de R,

J. (L. 17). Le système que nous adoptons est celui de Paul, dans la L. 14, § 2, D., *de except. rei jud.* (XLIV, 2) *actiones in personam ab actionibus in rem hoc differunt*, dit ce jurisconsulte, *quod, quum eadem res ab eodem mihi debeatur, singulas obligationes singulæ causæ sequuntur, nec ulla earum alterius petitione vitiatur; at quum in rem ago, non expressa causa, ex qua rem meam esse dico, omnes causæ una petitione adprehenduntur; neque enim amplius, quam semel res mea esse potest, sæpius autem deberi potest.* Si on néglige d'indiquer la cause spéciale, il y aura chose jugée quant à tous les titres, lors même que le demandeur n'aurait eu l'intention que de s'appuyer sur tel ou tel titre. Bien plus, il faudrait admettre la même solution si, au moment de la première instance, on ignorait qu'il existât un autre titre d'acquisition, *aliam causam mutata opinio petitoris non facit*. L. 11, § 5. D, *De except. rei jud.* (XLIV, 2.) Pour mieux nous faire comprendre, nous allons choisir quelques exemples de chacune des deux hypothèses.

Première hypothèse. Un jugement rejette mon action en pétition d'hérédité fondée sur ma qualité d'héritier *ab* intestat; rien ne m'empêchera plus tard d'intenter la même action en vertu d'un droit d'hérédité testamentaire. De même encore, une personne ayant succombé dans une *rei vindicatio* fondée sur un testament déterminé, il n'existe aucun obstacle à ce qu'elle intente plus tard la même action en invoquant un testament antérieur ou postérieur au premier.

Deuxième hypothèse. Croyant avoir, comme héritier, un droit de propriété sur un héritage je le revendique sans indiquer expressément la cause, base de mon action, qui serait ici ma qualité d'héritier testamentaire ou *ab* intestat; si plus tard je découvre que cet héritage m'appartiens à un autre titre, par suite d'un acte de donation, par exemple, je ne pourrai intenter une *rei vindicatio* en me fondant sur ce dernier titre. *Ut-puta opinabatur (petitor), ex causa hereditaria se dominium habere, mutavit opinionem, et cœpit putare, ex causa donationis; hæc res non parit petitionem novam, nam qualecumque et undecumque dominium adquisitum habuit, vindicatione prima in judicium deduxit.* L. 11, § 5, *De except. rei jud.* (XLIV, 2). Cette même L. 11, dans son paragraphe premier renferme un deuxième exemple de l'hypothèse dont nous nous occupons : « Je revendique un esclave croyant qu'il m'appartient en vertu d'une tradition qui m'en aurait été faite, tandis qu'en réalité, je n'en n'était propriétaire qu'à titre d'héritier. Je le revendique, mais sans préciser la cause en vertu de laquelle je le réclame, l'exception de chose jugée mettra un obstacle invincible à ce que, plus tard, je le revendique *ex causa hereditaria*.

Mais, pour obvier aux injustices auxquelles pourrait conduire cette règle, si on l'appliquait trop strictement, on a admis que, dans certains cas, le magistrat avait la faculté d'accorder une *quasi restitutio in integrum* à celui qui, ayant négligé de formuler dans un premier litige la cause sur laquelle il entendait fonder son droit de propriété, son action réelle, se trouverait déchu du droit de former une deuxième demande, si on s'en tenait aux principes que nous venons d'exposer. Cette *restitutio in integrum* le relevera de cette déchéance et lui rendra le droit de former une nou-

action. Cette même L. 11, dont nous venons d'examiner deux dispositions, nous offre dans son *proœmium* un exemple de cette exception aux principes généraux. Un homme laisse en mourant un testament pour lui-même et un testament pupillaire pour son fils impubère. Le fils meurt peu de temps après et sa mère, en qualité d'héritière *ab* intestat, actionne le possesseur des biens héréditaires en vertu du Sénatus-Consulte Tertulien, prétendant que le testament de son défunt mari est rompu et, par suite, le testament pupillaire annullé, mais elle oublie de prendre la précaution d'exprimer formellement dans sa demande la cause sur laquelle elle fonde son droit : la rupture du testament de son mari. Cette allégation est reconnue inexacte et son action est rejetée. Mais, lorsqu'on ouvre le testament pupillaire, on ne trouve aucun héritier substitué, en conséquence la mère attaque de nouveau le même possesseur en invoquant sa qualité d'héritière *ab* intestat. Le jurisconsulte Nératius, à qui Ulpien emprunte cet exemple, dit que l'exception de chose jugée doit s'opposer à la recevabilité de cette demande. Ulpien ajoute ensuite que la chose n'est pas douteuse en droit strict, mais il accorde à la mère un expédient, un secours, une espèce de *restitutio in integrum*. *Ego exceptionem obesse ei rei judicatæ non dubito ; sed ex causa succurrendum erit ei, quæ unam tantum causam egit rupti testamenti*. Il eût été en effet trop rigoureux de faire supporter à une femme les conséquences de son ignorance du Droit. La fragilité de son sexe est aux yeux de la loi romaine un motif d'indulgence. Il faut même généraliser cette règle et décider que le magistrat accordera la *restitutio in integrum* toutes les fois que le demandeur éprouverait, par suite de l'application des principes de la chose jugée, un grave préjudice qu'il aurait été dans l'impossibilité de prévoir. Elle sera accordée en vertu de la clause générale qui se trouve à la suite de l'édit du préteur sur l'absence, *ex clausula generali*, comme l'on dit, clause ainsi conçue : *item si qua alia mihi justa causa esse videbitur, in integrum restituam*, L. 1, § 1, D, *ex quib. caus. maj. in int. rest.* (IV, 6).

Passons maintenant au cas où la cause de la nouvelle demande est postérieure à la *litis contestatio* de la première demande ; en ce cas, il est généralement admis que l'on ne peut opposer l'exception de chose jugée au demandeur. Ceci concerne aussi bien les actions réelles que les actions personnelles. En effet le jugement ne peut avoir prononcé que sur les rapports de droit tels qu'ils existaient au moment où il a été rendu. Néanmoins certains auteurs prétendent que dans les actions réelles on ne peut invoquer dans la seconde action la cause survenue postérieurement au premier litige qu'autant que dans le premier on a exprimé la cause sur laquelle on fondait son droit. Ils invoquent la généralité des termes suivants de la L. 14, § 2, D. *De except. rei jud.* (XLIV, 2) : *At quum in rem ago non expressa causa, ex qua rem meam esse dico, omnes causæ una petitione adprehenduntur*. Mais il saute aux yeux que les expressions *omnes causæ* ne peuvent concerner que les causes existant déjà lors de la première action. « Autrement, comme le fait remarquer, avec raison, M. Sahuc, *op. cit.*, § 411, note 1, p. 41, le jugement produirait des effets relativement à des choses qu'il n'était, ni dans la volonté, ni au pouvoir du demandeur de déduire *in judicium*, et sur laquelle le juge n'a pas pu, par conséquent, prononcer. » La règle que nous venons de poser est, en ce qui concerne les actions réelles, formellement inscrite dans la L. 11, § 5, de notre titre, *acquisitum quidem postea dominium aliam causam facit*. Par conséquent, si une personne revendique sans succès un fonds ou un esclave, et que plus tard ce fonds, cet esclave devient la propriété de cette personne en vertu d'un autre titre, par donation, par exemple, si alors elle les réclame elle ne sera pas repoussée par l'exception de chose jugée. L. 11, § 5, D. *eod*. Il en serait de même dans l'espèce suivante : une chose est léguée sous condition suspensive à une personne. *Pendente conditione*, elle acquiert cette chose à un titre quelconque, mais la revendique sans succès; *eventu conditionis*, elle pourra revendiquer cette chose en vertu du legs, sans avoir à craindre l'*exceptio rei judicatæ, alia enim causa fuit prioris dominii, hæc nova nunc accessit*, dit la L. précitée, § 4 *in fine*.

Nous pourrions encore citer comme application de notre principe la L. 12 § 2, D., *ad exhibendum* (X, 4), les Ll. 7 et 18 D. *de except. rei jud.* (XLIV, 2), enfin la L. 9, D. *eod*. Mais nous nous contenterons d'attirer l'attention sur l'espèce prévue par cette dernière loi. J'ai revendiqué une hérédité contre vous, alors que vous ne possédiez aucun bien qui en dépendît, et j'ai, par suite, été débouté de ma demande. Rien ne m'empêchera plus tard de réclamer la même hérédité, si vous acquérez la possession d'un bien héréditaire. *Et putem*, dit Ulpien dans cette loi, *sive fuit judicatum, hereditatem meam esse, sive adversarius, quia nihil possidebat absolutus est, non nocere exceptionem*. Le juge, comme on le voit, peut avoir fondé sa sentence, soit sur ce que l'hérédité appartenait au demandeur, mais que l'adversaire ne possédait aucun objet héréditaire et, par suite, devait être renvoyé des fins de la demande, soit s'être contenté de l'absoudre par suite du défaut de possession du défendeur, sans se prononcer sur le droit du demandeur. Dans l'un et l'autre cas, il n'y a pas chose jugée ; mais entre ces deux hypothèses il existait, sous la procédure formulaire, des différences de formes de procédure sur lesquelles il n'est pas inutile d'attirer un moment l'attention.

Dans la première hypothèse, *sive fuit judicatum hereditatem meam esse*, le juge reconnait le bien fondé de la demande et il déclare en conséquence le demandeur héritier ; mais le défendeur ne possédant aucun objet de l'hérédité ne peut être condamné, et le juge prononce ton absolution. Plus tard le défendeur acquiert la possession. D'après la rigueur des principes, sous la procédure formulaire, si le demandeur renouvelle sa demande, on pourra lui opposer l'exception de chose jugée, mais le demandeur usera alors de la réplique que le jugement a été rendu en sa faveur, *si secundum me judicatum non esset*, et que, par suite, on ne peut lui opposer l'exception, *evidenter enim iniquissimum est*, dit Julien, L. 16, D., *de except. rei jud.* (XLIV, 2), *proficere rei judicatæ exceptionem ei, contra quem judicatum est ;* dans ce but le demandeur fera insérer dans la formule la réplique *si secundum me judicatum non esset*. Ce système est d'autant plus admissible qu'il est formellement appliqué dans une espèce analogue par la L. 18, § 5 D. *de pign. et hypoth.* (XX, 1).

D'après cette loi, un créancier hypothécaire a succombé dans la réclamation d'un fond à lui hypothéqué et le juge s'est fondé pour absoudre le défendeur sur ce que ce dernier n'avait pas la possession, le créancier pourra plus tard intenter de nouveau l'action quasi-servienne, si le défendeur a acquis plus tard la possession ; si ce dernier voulait opposer l'exception de chose jugée le texte accorde au créancier la réplique *si secundum me judicatum non est;* la L. 9, § 1, D., *de except. rei jud.* (XLIV, 2) consacre le même principe.

Arrivons maintenant au cas ou le juge s'est contenté d'absoudre le défendeur parce qu'il ne possédait pas ; comme dans ce cas il n'y a pas chose jugée, le juge ne s'étant pas prononcé sur le droit du demandeur, celui-ci pourra plus tard, si le défendeur a acquis la possession, intenter de nouveau la pétition d'hérédité, sans avoir à craindre l'*exceptio rei judicatæ* ni avoir besoin d'une réplique quelconque.

Ce que nous avons dit en ce qui concerne les actions réelles s'applique aux actions personnelles, notamment en ce qui concerne les droits dont l'existence est subordonnée à une condition suspensive. Ainsi, par exemple, si j'ai, *pendente conditione*, réclamé sans succès l'exécution d'une obligation conditionnelle, je pourrai plus tard, *existente conditione*, réclamer l'exécution de ladite obligation, pourvu qu'en se plaçant sous la procédure formulaire, il ne s'agisse pas d'un cas où une pareille demande une fois introduite entraînerait la déchéance du droit d'action par suite de la *plus petitio*. De même une action qui a été rejetée sur le fondement d'une exception dilatoire et temporaire peut être intentée de nouveau lorsque le motif de cette exception à disparu. *Cessante causa, cessat effectus.* Ce dernier principe est encore appliqué par la L. 2. D. *de except rei jud* (XLIV. 2) et par L. 15, D. de O. *et* A. (XLIV, 7) qui n'en est que la reproduction. Voici l'hypothèse prévue par ces deux lois. Le créancier d'un débiteur qui a omis dans son testament son fils émancipé poursuit l'héritier institué en paiement de sa créance. Celui-ci oppose l'exception *at si non in causa sunt tabulæ testamenti ut contra eas bonorum possessio dari possit* et le juge trouvant l'exception fondée déboute le demandeur de sa demande. Mais le fils émancipé, auquel le Droit prétorien accorde une année utile pour intenter la *bonorum possessio contra tabulas*, laisse écouler le délai sans user de son droit et, par suite l'héritier institué devient définitivement propriétaire de la succession. On se pose alors la question de savoir si le créancier pourra renouveler sa demande. Sous le système de la procédure formulaire et s'il s'agissait d'un *judicium legitimum*, le principe de la consomation *ipso jure* du droit d'action mettait l'héritier institué à l'abri de toute poursuite. Mais ce résultat paru, avec raison, injuste au préteur qui, usant de la clause *si qua mihi alia justa causa esse videbitur*, accorde en ce cas au créancier la *restitutio in integrum*. C'est à ce remède que fait allusion Ulpien dans la L. 2 de notre titre en disant *non inique restituetur ut agat cum herede.* Cette restitution rendra au créancier l'exercice de son action contre l'héritier. S'il s'agissait, au contraire d'un *judicium quod imperio continetur*, dans lequel, comme nous l'avons vu au chapitre premier, le défendeur ne peut se mettre à l'abri d'une nouvelle action qu'au moyen de *l'exceptio rei judicatæ*, le juge de lui même pouvait admettre la seconde action, puisque, le motif du rejet de la première demande ayant disparu, il n'y a plus identité de cause entre les deux actions. Sous la procédure extraordinaire, le principe de la consommation de l'action ainsi que la division des *judicia* en *legitima* et en *judicia quæ imperio continentur* n'existant plus, nous nous trouvons dans le dernier cas et, par suite, le magistrat-juge pourra de lui même admettre la seconde action.

Ce que nous avons dit des actions réelles, en ce qui concerne les titres d'acquisition antérieurs ou postérieurs à la première demande, s'applique également aux exceptions ayant pour objet de faire valoir des droits réels. En ce qui concerne les titres antérieurs à la *litis contestatio*, nous distinguerons le cas où la cause a été formellement indiquée, de l'hypothèse inverse; au premier cas, le jugement qui repousse l'exception de propriété exclusive opposée par le défendeur à l'action *familiæ erciscundæ* ou à l'action *communi dividundo*, en se fondant sur la prescription, n'a pas l'autorité de la chose jugée à l'égard de la même exception que le défendeur opposerait de nouveau, en invoquant un autre titre d'acquisition tel qu'une donation. Mais *l'exceptio rei judicatæ* devrait être admise dans le second cas, c'est-à-dire si le titre n'était exprimé que vaguement dans la première demande. Si le titre est postérieur à la *litis contestatio* l'exception réelle pourra être accueillie.

CHAPITRE III.

Des effets de la chose jugée.

La chose jugée rend légalement certaine l'existence ou la non-existence du rapport juridique qui fait l'objet de la contestation. *Res judicata pro veritate habetur*, dit la L. 207 D. de R. J. (L, 17). Comme le fait remarquer judicieusement et nettement la L. 6 D. *de except. rei judicatæ* (XLIV, 2), la raison de cette fiction légale, comme nous l'avons d'ailleurs dit tant dans notre introduction générale que dans notre chapitre premier, est d'éviter la multiplicité des procès, d'empêcher que les difficultés des contestations ne deviennent trop grandes et même inextricables par suite des évolutions de procédure ; enfin on craint le scandale qui pourrait résulter de la contrariété des jugements. *Ne aliter modus litium multiplicatus summam atque inexplicabilem faciat difficultatem, maxime si diversa pronuntiarentur.*

Pour pouvoir comprendre les effets de la chose jugée, il faut voir si le jugement est susceptible ou non d'être attaqué par la voie de l'appel. Avant l'introduction de la procédure extraordinaire, on pouvait appeler du *judex* au magistrat qui avait délivré la formule ; du magistrat municipal, au président de la province ; de ce dernier ainsi que des décisions du préfet du prétoire, à l'Empereur, lequel juge toujours en dernier ressort. Plus tard, la voie de l'appel ne fut plus ouverte contre les décisions du préfet du prétoire. Dans le dernier état de la législation romaine, et sous la procédure extraordinaire, voici comment est réglé l'appel. On peut appeler de la décision du magistrat inférieur, *pedaneus* ou de celle du magistrat municipal, au magistrat supérieur, au président de la province ; et de la décision de celui-ci, à l'Empereur, qui juge toujours en dernier ressort. L'appel étant suspensif, les jugements susceptibles d'appel n'ont que provisoirement l'autorité de la chose jugée, et une fois l'appel interjeté, la force juridique desdits jugements demeure en suspens. Les jugements non attaqués dans les délais et ceux qui *ipso jure* ne sont pas susceptibles d'appel conservent irrévocablement l'autorité de la chose jugée ; que si la sentence était attaquée *quia judex litem suam fecit,* tant qu'il n'a pas été prononcé sur ce moyen d'annulation, le jugement conserve l'autorité de la chose jugée et ne la perd que lorsque, sur ce motif, le jugement est annulé.

Pour bien connaître les effets de la chose jugée, il faut distinguer l'exécution au jugement, *l'actio judicati* et l'*exceptio rei judicatæ*. Les deux premières ne concernent que les jugements de condamnation et la procédure, la troisième, au contraire, s'applique à tous les jugements et rentre dans le fond du Droit, *das materiallen Recht,* comme dit M. de Savigny, *op. cit.* § 295, texte. Aussi ne dirons-nous que peu de choses sur les deux premières.

Nous rencontrons l'exécution dans le cas où le défendeur condamné ne veut pas volontairement accomplir les condamnations mises à sa charge par le jugement et refuse ainsi de laisser se produire les effets les plus importants de la chose jugée. L'exécution n'a pas d'autre but que de procurer une efficacité certaine à la sentence par l'emploi d'une coercition extérieure. C'est pour cela que nous avons dit que l'exécution, *executio*, concerne, pour ainsi dire, exclusivement la procédure, L. 4, § 5, L. 29, D. *De re judicata* (XLII, 1), qu'elle n'exerce aucune influence sur le fond du droit, influence qui ne pourrait se traduire que par un changement des rapports juridiques, ce qui n'a pas lieu. Si toutefois, dans certaines circonstances, on voit se produire un pareil changement, la raison ne s'en trouve pas dans la nature et dans le but de l'exécution, mais dans des circonstances fortuites se rencontrant dans la cause. Pour un certain nombre d'obligations notamment, que le jugement de condamnation peut imposer au défendeur, une coercition directe est impossible et, en ce cas, on est obligé d'avoir recours soit à des moyens de contrainte indirecte, soit à des remèdes équivalents et de procurer ainsi, par des détours, une exécution approximative au jugement. Prenons l'exemple suivant : la restitution d'un objet possédé par le défendeur peut être obtenue au moyen d'une coercition directe, de même que le paiement d'une somme d'argent due en vertu d'une créance hypothécaire, ou garantie par un nantissement, soit dû en vertu d'un contrat de vente. Mais il en est autrement lorsque l'exécution d'un jugement dépend du bon vouloir du défendeur; en ce cas, on n'a pas d'autre ressource que la coercition indirecte telle que la contrainte par corps ou la conversion de l'objet primitif de la demande en un paiment d'une somme d'argent, moyen qui a reçu beaucoup d'extension en Droit Romain. Dans l'ancien Droit, si le défendeur n'exécutait pas le jugement dans les trente jours, le demandeur avait le droit, en usant de la *legis actio per manus injectionem*, de demander que le *judicatus*

10

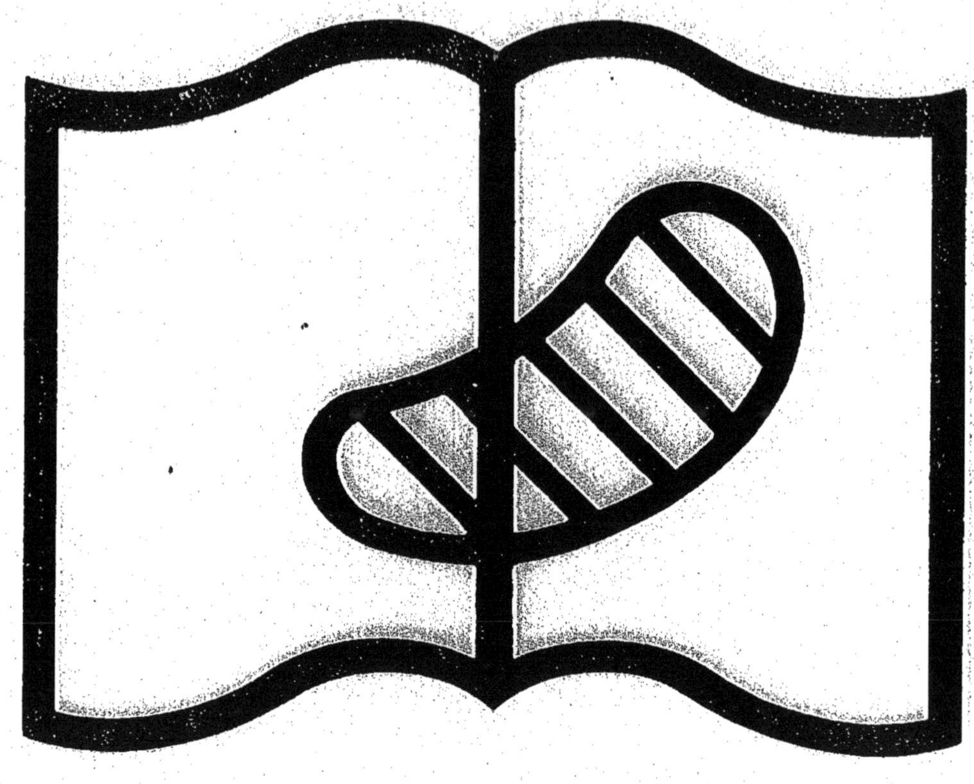

Original illisible

NF Z 43-120-10

lui fut adjugé, *addictus* ; ce dernier ne pouvait défendre à l'action de la loi que s'il fournissait un *vindex* solvable. Si ce *vindex* n'était pas fourni, ou si les moyens de défense n'étaient pas fondés, le *judicatus* était adjugé au demandeur ; seulement on lui accordait soixante jours de délai, ce terme expiré, il devenait définitivement la propriété du demandeur qui pouvait disposer de sa personne et le tenir en captivité. G. Comm. IV. § 21. Si le débiteur rendait la *manus injectio* impossible en se tenant caché ou absent, le préteur envoyait les créanciers en possession de ses biens, *mittebat in possessionem*, pour qu'ils les fissent vendre et se fissent payer sur le prix provenant de la vente. Les empereurs trouvèrent plus simple de généraliser la *legis actio* appelée *pignoris capio* ; ils accordèrent, par suite, aux créanciers, le droit de saisir ou de faire vendre les biens de leur débiteur, sans avoir besoin de recourir à la *missio in possessionem bonorum*. La *manus injectio*, la *missio in possessionem* et la *pignoris capio*, tout en ne subsistant plus comme *legis actiones*, sont conservées par Justinien comme moyens d'exécution des jugements ; seulement, sous cet empereur, la saisie est le moyen de Droit commun à employer contre un débiteur d'une solvabilité douteuse pour obtenir l'exécution d'un jugement de condamnation ; de plus, le débiteur a quatre mois de délai pour exécuter les condamnations pécuniaires contre lui prononcées. Si le jugement met à la charge du défendeur la restitution d'un corps certain, la partie gagnante peut agir *manu militari* pour se faire mettre en possession.

Avant de traiter de l'action *judicati* et de *l'excep-*

tio rei judicatæ, nous croyons préférable d'examiner d'abord les effets de l'autorité de la chose jugée, parce qu'il nous sera plus facile, de cette façon, de faire saisir le but de cette action et de cette exception.

L'autorité d'un jugement qui reconnaît au profit de l'une des parties l'existence du rapport juridique, objet de la contestation, s'étend virtuellement à tout ce qui est une conséquence immédiate de ce rapport. C'est l'appliction de la célèbre maxime *pars in toto est*, que nous connaissons déjà. C'est ainsi que la sentence, qui attribue à une partie la propriété d'un objet litigieux, lui attribue, par là même, la propriété des accessoires et des fruits de cette chose ; de même le jugement qui, statuant, même incidemment, sur une question d'état, reconnaît à une partie l'état qu'on lui refusait, lui donne le droit de réclamer, vis-à-vis de tous ceux auxquels le jugement est légalement opposable, tous les avantages attachés par la loi à cet état. Les jugements rendus en matière d'état ont, sous ce point de vue, une plus grande force que ceux qui attribuent une qualité purement accidentelle. Ces derniers sont restreints, quant à leur effet, à l'objet de la contestation, à propos de laquelle ils sont intervenus, et n'empêchent pas que la même question ne soit soulevée de nouveau entre les mêmes parties et résolues autrement ; la raison de cette différence est que l'état, avec ses modifications, constitue un véritable droit réel, un droit de proprtété, et qui, lors même qu'il n'est soulevé que par voie incidente, n'en forme pas moins un litige principal et indépendant, en ce sens que la question devra être résolue pour elle-même et non pas seulement pour la décision de la contestation, objet de l'instance, dès lors notre solution se comprend ; au contraire, les qualités accidentelles ne contituent pas des droits, et, par suite, non plus des droits réels. Elles n'entrainent de conséquences juridiques, comme le font remarquer MM. Aubry et Rau, *op. cit.*, § 769, 4° note 108, que lorsqu'elles se combinent ou coïncident avec d'autres faits ; ce n'est donc qu'à l'occasion d'une contestation principale portant sur un autre fait que le juge est appelé à statuer dessus, et, par suite, la décision qu'il rend à leur sujet n'a de valeur qu'en ce qui concerne la contestation principale.

Sous le système de la fiction de vérité, les jugements qui déclarent l'existence d'une créance ou d'une obligation opèrent novation, en ce sens, que, pour l'avenir, la chose jugée tient lieu de cause à l'obligation. Cette novation judiciaire a cela de distinctif, qu'elle ne produit pas, en cas de condamnation, les effets d'un paiement, et qu'au lieu, par suite, d'éteindre l'ancienne obligation avec les accessoires qui y étaient attachés, comme cela avait lieu sous le système de la consommation de l'action, elle confirme au contraire et corrobore ladite obligation. Cet effet est attesté par plusieurs textes du Digeste, citons d'abord la L. 4, § 7, D, *de re judicata* (XLII, 1) ainsi conçue : *Solvisse accipere debemus, non tantum eum qui solvit, verum omnem omninò, qui ea obligatione liberatus est, quœ ex causa judicati descendit.* Comme on le voit, le seul fait du jugement ne libère pas le défendeur, mais c'est l'accomplissement de l'obligation *judicati*, obligation qui résulte du jugement qui doit éteindre l'obligation primitive. En effet, en Droit Romain, *solvere* désigne l'accomplissement de la prestation d'une obligation. La L. 8, § 3, et la L. 29, D, *de novat.* (XLVI, 2) sont encore plus explicites. Voici d'abord la L. 8, § 3 : *idem Celsus ait, judicatum solvi stipulatione actionem judicati non novari; merito, quia hoc solum agitur ea stipulatione ut fidejussoribus cautum sit, non, ut ab obligatione judicati discedatur.* La L. 29 est ainsi conçue : *Aliam causam esse novationis voluntariæ, aliam judicii accepti, multa exempla ostendunt. Perit privilegium dotis et tutelæ, si post divortium dos in stipulationem deducatur, vel post pubertatem tutelæ actio novetur, si id speciale actum est, quod nemo dixit, lite contestata.* Du premier de ces textes il résulte que la stipulation de la caution *judicatum solvi*, qui est le préliminaire, comme nous le verrons, de l'instance sur l'*actio judicati*, qui suppose une obligation existante, n'opère pas novation de l'*obligatio judicati*, cause de l'action du même nom, quoiqu'il y ait la stipulation, un des éléments de la novation ordinaire ; c'est donc l'accomplissement de l'*actio judicati* qui seule opérera l'extinction de l'obligation primitive, la caution *judicatum solvi* n'ayant pas d'autre objet que d'assurer l'exécution du jugement en faisant fournir un fidéjusseur. Quant au deuxième texte, il dit qu'il y a une grande différence entre la novation ordinaire et la novation judiciaire. La première éteint notamment l'hypothèque privilégiée de la femme mariée quant à sa dot, et celle du pupille sur les biens de son tuteur, si, après le divorce, il intervient une stipulation quant à la dot, ou si l'*actio tutelæ directa* est novée après la puberté, au moyen d'une stipulation spéciale, tandis que personne n'a osé soutenir qu'il en fût ainsi en cas de novation judiciaire par suite de la *litis contestatio*. Paul, à qui ce dernier texte est emprunté, justifie sa solution par la considération que, lorsque l'on intente une action, loin d'empirer sa condition, on l'améliore, s'ils'agit d'actions prescriptibles par un court délai, ou s'éteignant par la mort de l'une des parties, *neque enim deteriorem causam facimus actionem exercentes, sed meliorem, ut solet dici in his actionibus, quæ tempore vel morte finiri possunt*. Nous citerons encore la L. 29, § 5, D. *mandati* (XVII, 1) qui refuse la *condictio indebiti* à celui qui paie une somme d'argent en vertu d'une condamnation judiciaire, quoique celui-ci prétende que le créancier a reçu de l'argent qu'on ne lui avait pas compté ou plus qu'il ne lui était dû ; les principes de l'autorité de la chose jugée l'exigent ainsi, dit Ulpien dans ce texte : *propter auctoritatem rei judicatæ*. la L. 13, § 4, D. *de pign.* (XX, 1) est également formelle. La L. 2, §§ 7 et 8, D. *de hered. vel. act. vend.* (XVIII, 4) consacre le même principe.

Un jugement, qui, faute de preuves suffisantes, ou erronément, déclare non existante une obligation qui existe réellement, enlève bien à cette obligation l'effet d'une obligation civile, mais la laisse subsister comme obligation naturelle. Voici en effet ce que dit la L. 28, D., *de cond. ind.* (XII, 6) : *judex si male absolvit et absolutus sua sponte solverit, repetere non potest*. La L. 60 *præ*, *D*, *eod.*, consacre le même principe. *Julianus verum debitorem post litem contestatam, manente adhuc judicio, negabat solventem repetere posse, quia nec absolutus, nec condemnatus repetere posset*; LICET ENIM ABSOLUTUS SIT, NATURA TAMEN DEBITOR PERMANET.

Nous arrivons maintenant à l'*actio judicati*. Quelle est cette action? son but? à qui et contre qui est-elle donnée? et quelles sont les conditions nécessaires pour son exercice? C'est ce que nous devons maintenantenant examiner. Ce que nous avons dit plus haut relativement à l'exécution des jugements s'applique avec de petites modifications à l'*actio judicati*. Cette dernière se rapporte au fond du droit, si on l'envisage dans sa relation avec l'obligation particulière qui lui sert de base, nous voulons parler de l'*obligatio judicati* qui n'est au surplus que le développement et l'achèvement de l'obligation sur laquelle a porté la *litis contestatio*; mais si, au contraire, on envisage l'*actio judicati* par rapport à l'exécution du jugement, ce ne sera, à vrai dire, qu'une forme de cette exécution, et, comme celle-ci, elle se rapporterait plutôt à la procédure; quoiqu'il en soit, le caractère général de cette action se trouve indiqué dans les passages suivants du Digeste. LL. 4, 5, 6, 7, 41, § 2; 43, 44, 61, D., *de re judicata* (XLII, 1). Il résulte de ces textes que cette action est tantôt un moyen de poursuite pour l'exécution d'un jugement, tantôt un moyen de faire prononcer sur l'existence contestée d'un jugement; elle ne peut pas être intentée pendant le délai accordé par la loi au débiteur. Passé ce délai, le créancier qui a réussi dans la demande appelait, sous la procédure formulaire, le débiteur *in jus*. Si la partie condamnée ne contestait pas l'existence de la sentence et reconnaissait, par suite, la réalité de l'*obligatio judicati*, un *judicium* était inutile et le magistrat statuait *extra ordinem* et, en vertu de son *imperium*, ordonnait les mesures d'exécution. Si l'existence de la sentence et, avec elle, l'*obligatio judicati* étaient déniées, le magistrat délivrait la formule de l'*actio judicati* avec renvoi *in judicium*, et alors le défendeur devait fournir la caution *judicatum solvi*. L'action *judicati* était une de celles *quæ infitiatione crescunt* et, par suite, le défendeur qui succombait devait être condamné au double. Sous la procédure extraordinaire, la différence existant entre le cas de non contestation de l'existence du jugement et l'hypothèse inverse a disparu en ce qui concerne la *missio in judicium* avec délivrance de formule, puisque la *cognitio extra ordinem* est maintenant de Droit commun, la procédure *in judicio* confondue avec celle *in jure* et que les formules ont complétement disparu. Dans l'un et l'autre cas, le magistrat examinera l'affaire, seulement, dans le premier cas, le défendeur devra continuer à fournir la caution *judicatum solvi*, et devra être condamné au double, en cas de dénégation de mauvaise foi. Ces deux effets seront les seuls points de différence entre l'une et l'autre hypothèse.

L'*actio judicati* compète en général au demandeur gagnant. Mais il est un cas où elle est donnée à une autre personne, c'est lorsque la condamnation a été obtenue par un *procurator* autre qu'un *procurator in rem suam*. Ce sera, en ce cas, le mandant qui aura l'*actio judicati*.

Cette action est donnée, en général, contre le défendeur condamné, ce qui, d'après Ulpien, signifie *légalement* condamné, car ce n'est qu'un jugement valable qui peut engendrer l'*obligatio judicati*, l'autorité de la chose jugée ; voici les propres termes d'Ulpien rapportés dans la L. 4, § 6, D., *de re judicata* (XLII, 1). *Condemnatum accipere debemus eum qui rite condemnatus est, ut sententia valeat : cæterum si aliqua ratione sententia nullius momenti sit, condemnationis verbum non tenere*

Il existe des cas où l'action dont nous nous occupons est donnée contre d'autres personnes que la partie condamnée : si le *procurator*, au moyen duquel le défendeur a comparu en justice, ne s'était pas présenté spontanément pour ce dernier, l'*actio judicati* ne sera donnée que contre le mandant. Que si le *procurator*, bien entendu autre qu'un *procurator in rem suam*, avait offert spontanément de représenter le mandant, l'action *judicati* serait donnée contre le *procurator* seulement. L. 4 *proœ.* D. *De re judicata* (XLII, 1) et arg. *a cont.* de la même loi ; ce texte et cette solution sont en contradiction avec le § 317 des *Fragmenta Vaticana*, qui accorde toujours l'*actio judicati* au *procurator* et contre lui, *interveniente procuratore, judicati actio ex edicto perpetuo ipsi et in ipsum, non domino, vel in dominum, competit.* Mais cette contradiction n'en est pas une, car ce dernier texte remonte à l'époque où l'assimilation des *cognitores* et des *procuratores* n'existait pas encore. La preuve de ceci résulte d'abord de la rubrique sous laquelle se trouve placé le § 317 et les suivants, *de cognitoribus et procuratoribus* ; de plus trois lignes plus haut que les termes du paragraphe 317 nous voyons écrit : *cognitore autem interveniente, judicati actio domino, vel in dominum datur* et plus loin : *non alias enim cognitor experietur vel ei actioni subjicietur, quam si in rem suam cognitor factus sit.* Cette opinion est également confirmée par le commencement du § 317 : *ad defendendum cognitore constituto, dominus, non cognitor, satisdare cogendus est ; quum procurator defensurus intervenit, non dominus, sed procurator judicatum solvi satisdare compellitur.* Au contraire, le *procemium* de la L. 4 a été écrit à une époque ou l'assimilation des *procuratores* avec les *cognitores* était complète, de sorte qu'il devient évident que l'on doit appliquer les principes reçus autrefois quant aux *cognitores.* Les tuteurs, les curateurs, les défenseurs des municipes ne peuvent être considérés comme ayant entrepris volontairement la défense des personnes physiques ou morales dont ils administrent la fortune. Ils sont en effet tenus de prendre cette défense, puisque leurs charges constituent un *munus publicum.* De plus, en ce qui concerne les tuteurs ou curateurs, ils sont tenus de prendre la défense de leurs pupilles et mineurs en vertu d'un *obligatio quasi ex contractu.* L'action *judicati* sera en conséquence donnée aux pupilles, mineurs et municipes et contre eux, mais non aux tuteurs, curateurs, défenseurs ou contre eux. L. 4, § 1, D. *De re judicata* (XLII, 1). Mais, si le *procurator ad litem* devient héritier du mandant, l'*actio judicati* lui sera donnée et on l'accordera contre lui. Le *procurator in rem suam* ne peut repousser l'*actio judicati,* non pas, dit Ulpien, L. 4, *proœ. eod.,* parceque *liti se obtulit,* mais parcequ'il est *procurator* non pas *in rem alienam,* mais *in rem suam.* Voici encore un autre cas où l'*actio judicati* est donnée contre une autre personne que la partie condamnée. C'est celui ou l'héritier condamné use plus tard du *beneficium abstinendi.* En ce cas l'*actio judicati* est donnée soit contre l'héritier substitué, soit contre les cohéritiers. Supposons, par exemple, qu'une pupille est poursuivie en vertu d'un contrat passé par son père, défendue par son tuteur et condamnée. Plus tard, le tuteur au nom de la pupille s'abstient de la succession paternelle, l'hérédité passant au substitué, l'action *judicati* devra être intentée contre cet héritier, à moins que ce ne soit par la faute du tuteur que la pupille ait été condamnée.

Lorsque plusieurs personnes ont par un seul et même jugement été condamnées à payer une même somme d'argent, l'*actio judicati* se donnera contre chacune d'elles pour sa part et portion virile, *pro portione virili*. En supposant trois personnes condamnées, si l'une d'elles a payé sa part, elle ne pourra ensuite être actionnée pour celles des autres. L. 43, D. *De re judicata* (XLII, 1). Comme la corréalité ne se présume pas, on doit appliquer la même solution pour le cas où les débiteurs condamnés devaient la somme *correaliter*, à moins que le juge ne les eût condamnés *correaliter*. La sentence porte condamnation à payer telle ou telle somme d'argent ; un payement réel et en numéraire est exigé ici, la partie condamnée ne pourrait se libérer autrement de l'*obligatio judicati*, même en fournissant caution ; en ce cas le demandeur gagnant aurait une sûreté de plus, la caution. L. 8, § 3, D., *de novat* (XLVI, 2).

L'*actio judicati* ne comprend pas l'abandon noxal, mais seulement le paiement d'une somme d'argent, l'abandon n'est qu'une facilité laissé au propriétaire de l'esclave, il est *adjectus in facultate solutionis*. C'est ce qui a lieu si le propriétaire d'un esclave qui a commis un délit au préjudice d'autrui est condamné à payer une somme d'argent ou à faire l'abandon; que si la personne victime du délit stipule que le maître de l'esclave paiera 10, ou fera l'abandon, elle ne peut pas demander 10, chaque objet étant compris dans la stipulation.

L'*actio judicati* comprend non seulement la somme indiquée dans l'assignation, mais encore les intérêts qui ont couru depuis l'expiration des délais légaux, intérêts qui se calculent au taux de 12 pour cent du capital.

Contre certaines personnes l'*actio judicati* n'est donnée que *in quantum facere possunt*. Ces personnes jouissent de ce qu'on appelle *beneficium competentiæ*. De ce nombre sont les militaires, L. 6 *proœ*, L. 18 D *de re judicata* (XLII, 1), l'associé *universorum bonorum*, le père et la mère par rapport aux enfants, L. 16, D, *eod.*, le mari, en ce qui concerne la dot; le patron, la patronne, les enfants du patron, le père et la mère du patron et de la patronne. L. 17 D, *eod.* L'*actio judicati* est perpétuelle, ce qui signifie qu'elle ne se prescrit que pas trente ans.

L'action *judicati* peut maintenant se définir ainsi: C'est une action personnelle, arbitraire, *rei persecutoria* et perpétuelle, donnée au demandeur gagnant, quelquefois à d'autres personnes, contre le défendeur condamné, ou quelquefois contre d'autres personnes, aux fins de faire reconnaître l'existence d'une sentence précédente et d'obtenir du défendeur, ou de la personne contre laquelle elle est donnée, son exécution, lorsqu'elle est refusée.

Du principe *res judicata pro veritate habetur*, il

résulte que toute demande ou exception nouvelle, qui aurait pour but réel de remettre en question l'existence ou la non existence du rapport juridique, objet d'une contestation antérieure, peut être repoussée par une exception ou une réplique tirée de l'autorité de la chose jugée et qui, sous la fiction de vérité, s'appellent l'une, *exceptio*, l'autre, *replicatio rei judicatæ*. Néanmoins celui qui a été condamné au payement d'une créance, sans s'être prévalu de l'exception de paiement, peut ultérieurement invoquer une quittance constatant sa libération soit pour arrêter des poursuites dirigées contre lui, soit pour intenter la *condictio indebiti*.

Ce que nous avons dit plus haut, en examinant les conditions constitutives de la chose jugée, nous dispense de dire quelles sont les éléments indispensables pour que cette exception ou cette réplique puisse être invoquée, ce sont en effet les mêmes. Pour la même raison, nous n'aurons pas à examiner le caractère et le but de cette exception et de cette réplique ; il ne nous reste plus qu'à dire à qui cette exception compète et quand elle doit être opposée. Cette *exceptio* compète tant à la partie qui à succombé qu'à elle qui a obtenu gain de cause, en ce sens, que cette dernière ne peut pas plus que la première nier un rapport juridique reconnu constant par jugement ou alléguer l'existence d'un pareil rapport reconnu judiciairement inexistant. Elle compète à tous le monde en cas de question d'état, de *causa liberalis* ou d'actions populaires.

Nous arrivons maintenant à une question délicate, celle de savoir si celui qui a réussi dans sa demande.

mais qui n'a pas demandé tout ce qu'il avait le droit de réclamer, peut former une nouvelle demande afin d'obtenir le complément. Il faut faire une distinction : veut-on demander soit une partie de la chose ou de la créance principale, dont on avait pas encore demandé la totalité, soit des intérêts conventionnels ou des fruits à restituer au propriétaire en cette qualité, le juge devra accueillir la nouvelle demande et repousser l'*exceptio rei judicatæ*; *iniquissimum enim est*, dirons-nous, en ce cas, avec la L. 16, D, *de except. rei judicatæ* (XLIV, 2), *proficere rei judicatæ exceptionem ei contra quem judicatum est.* Cette solution est sanctionnée encore par les textes suivants : L. 5, *proœ.*, D. *de act. et hered. vend.* (XIX, 1), L. 151, § 1, D, *de V. O.* (XLV, 1), L. 27, D, *de solut. et lib.* (XLVI, 3). Le demandeur opposera la réplique, *si non secundum me judicatum fuisset*; s'il est question, au contraire, de prestations dues *ex officio judicis*, telles que des frais de procès ou des intérêts moratoires, la demande tendant à en obtenir l'adjudication devra être écartée par l'*exceptio rei judicatæ*. Const. 13, C, *de usuris* (IV, 32), Const. 3 C., *de fruct. et lit. exp.* (VII, 51).

L'*exceptio rei judicatæ* peut être proposée même devant l'Empereur. Si l'exception est mal à propos rejetée il y a violation ouverte des lois et des constitutions impériales et la deuxième sentence est, par suite, non avenue.

Enfin nous terminerons cette analyse de la chose jugée en matière civile en résolvant la question suivante : sous l'empire de la procédure formulaire, fallait-il toujours que l'*exceptio rei judicatæ* fût mise dans la formule, par suite, demandée au préteur ? La raison qui a fait soulever cette question, c'est la considération que, dans les actions *bonae fidei*, le juge devait se conformer à l'équité et devait suppléer l'*exceptio doli*, sans que cette exception dût être insérée dans la formule. S'il était donc vrai que l'*exceptio rei judicatae* fût une exception *doli* redigée *in factum*, elle serait tacitement comprise dans les *judicia bonae fidei* et suppléé par l'*exceptio doli* dans les *judicia stricti juris*. A l'appui de cette opinion, on invoque la L. 2, § 5, D., *de doli mali except.* (XLIV, 4), ainsi conçue : *Generaliter sciendum est, ex omnibus in factum exceptionibus doli oriri exceptionem, quia dolo facit, quicumque id, quod quaqua exceptione elidi potest, petit; nam etsi inter initia nihil dolo malo facit, attamen nunc petendo facit dolose, nisi talis sit ignorantia in eo, ut dolo careat.* Cet argument ne porte pas parceque Ulpien, en disant *generaliter sciendum est*, suppose, par là même, que cette règle n'est pas sans exception. Celui qui a perdu un procès ne commet aucun dol en agissant de nouveau, si son droit existe réellement. C'est le défendeur qui n'obéit pas alors à l'équité qui est de mauvaise foi ; le dol du demandeur ne pourrait résulter, dans ce cas, que du jugement sur l'action elle même, ce qui est insoutenable, on doit donc conclure que l'*exceptio rei judicatae* ne pouvait jamais être suppléé.

CHAPITRE IV.

Transition au Droit Français. — De l'autorité de la chose jugée en matière d'actions populaires ou criminelles.

Comme nous venons de le voir, en matière civile, lorsque, dans une même affaire, en raison du même fait, on intente deux actions successives, on peut opposer à la seconde une exception qualifiée de vulgaire par Ulpien dans la L. 3, D, *de act. popul.* (XLVII, 23), l'*exceptio rei judicatæ;* voici ce texte : *Si ex eadem causa sæpius agatur, quum idem factum sit, exceptio vulgaris rei judicatæ opponitur.* Deux textes principaux consacrent, en matière criminelle, ce salutaire principe admis au civil, principe qui a ici beaucoup plus d'importance que dans ce dernier Droit, puisqu'il y va de la vie, de la liberté des personnes, et que, sans lui, on serait, à chaque instant, en proie aux plus horribles persécutions. Voici ces deux textes. C'est d'abord la L 7, § 2, D, *de accusationibus* (XLVIII, 2) et la const. 9, C. *de accus.* (IX, 2). Le premier est ainsi conçu : *Iisdem criminibus quibus quis liberatus est, non debet præses pati eumdem accusari.* Ulpien nous apprend que ces paroles sont empruntées à un rescrit de l'empereur Antonin le Pieux, *ita Divus Pius Salvio Valenti rescripsit.* L'autre texte est un rescrit de Gordien, dont nous transcrivons ici les termes : *Qui de crimine publico in accusationem deductus est, ab alio super eodem crimine deferri non potest.* Il résulte de ces deux textes qu'un même crime ne peut donner lieu à deux accusations successives, lors même que l'accusateur n'est pas le même. Le droit d'intenter une action populaire est éteint par suite du premier jugement. En effet, comme nous l'avons dit dans la deuxième Section, au Chapitre II, en traitant des conditions intrinsèques requises pour qu'il y ait chose jugée, et particulièrement au § 1 de ladite Section, en nous occupant de l'identité de personnes, les jugements rendus dans les actions populaires, comme ceux intervenus sur la *causa liberalis*, au lieu de faire simplement *jus inter partes*, font *jus inter omnes*.

Toutefois le principe que nous avons énoncé n'était pas sans exceptions. C'est ici le lieu de les examiner, le désir de la clarté aussi bien que celui de ne pas scinder la chose jugée en matière civile nous ayant forcés de ne pas nous en occuper à propos de l'identité de personnes. La première restriction à la règle qu'en matière d'actions publiques les jugements font *jus inter omnes*, consiste en ce que la transaction, ou le désistement de la personne qui avait dirigé la première accusation, n'éteint pas l'action populaire et n'engendre point l'*exceptio rei judicatæ*. Nous verrons dans notre thèse sur le Droit Français, qu'en règle générale il en est ainsi également dans ce Droit. Revenons au Droit Romain ; comme exemple de cette première exception, nous dirons que la transaction du père de famille, à raison du viol ou du rapt de sa fille, ne met aucune entrave à l'action populaire que voudrait intenter un étranger. L. 5, § 2, D. *ad legem Juliam de vi. priv.* (XLVIII, 6).

La deuxième restriction consistait en ce que, lors même que la première accusation se serait terminée par un jugement, il n'y avait pas chose jugée, si l'accusateur, par suite d'une coupable connivence, avait altéré les preuves, ou les avait supprimées.

L. 3, § 13, D., *de hom. lib. exhibendo* (XLIII, 29). L. 3, § 1, D., *de prævaricatione* (XLVII, 15). Ce n'est qu'une application des principes généraux reçus en Droit Romain et développés par nous dans la première Section du Chapitre II, que, pour qu'il y ait chose jugée, le jugement doit être valable. Or il ne saurait l'être, si la procédure, qui lui sert de base, est entachée de nullité. Mais il faut, pour que cette restriction se rencontre, que l'accusateur ait été condamné valablement comme prévaricateur, *nec enim publicis judiciis permittitur amplius agi, quam si prævaricatione fuerit damnatus prior accusator*, dit la L. 3, § 13, D., *de hom. lib. exh.* (XLIII, 29). *Cavetur lege Julia publicorum, ut non prius accusetur quam de prioris accusatoris prævaricatione constiterit, et pronuntiatum fuerit*, ajoute la L. 3, § 1 D, *de præv.* (XLVII, 15). Il faut de plus que ce soit par un *publicum judicium* que la prévarication ait été déclarée, c'est-à-dire qu'il faut que l'action n'ait pas été intentée par un *advocatus*, même loi, § 2 et 3.

Enfin, la dernière restriction consiste en ce que, si l'absolution a eu lieu par suite du défaut de preuves, ou bien si le second accusateur, qui ne connaissait pas la première accusation, avait à poursuivre une injure personnelle et que son intervention fût motivée par un grave intérêt, la première accusation n'engendrait pas l'autorité de la chose jugée. Const. 11, C., *de accus.* (IX, 2), L. 7, § 2, D., *de accus.* (XLVIII, 2). Cette dernière restriction peut paraître, à bon droit, annihiler, pour ainsi dire, complétement l'autorité de la chose jugée. La dernière loi est ainsi conçue : *Et putem, quoniam res inter alios judicatæ, alii non præjudicant, si is, qui nunc accusator extitit, suum dolorem persequatur, doceatque ignorasse accusationem ab alio institutam, magna ex causa admitti eum ad accusationem debere.* Il semble que la maxime *res inter alios judicata* n'est pas applicable ici, puisque les actions populaires compètent à tout le monde et font *jus inter omnes*, et que c'est même faire une pétition de principes que d'invoquer cette règle, puisqu'il s'agit précisément de savoir si elle est applicable. Néanmoins nous croyons, avec M. Faustin H[illegible]. *Traité d'instruction criminelle*, II, n° 080, p. 563, qu'il [illegible] tre l'explication que donne Ayrault, *inst. jud.*, [illegible] *ib.* 3, *part.* 1, n° 23. Cette explication rapproche cette restriction des précédentes. Voici comment s'exprime cet auteur : « Pendant que celuy qui a autant et plus d'intérest est absent, l'accusé se trouve absout avecque partie qu'il n'y alloit que d'un pied ou qui s'entendoit avec luy. Vient ensuite le principal héritier, qui n'a rien sceu de la poursuite, présente charges et informations et demande à être reçeu partie. Pourquoi luy déniera-t-on justice ? Il est vrai qu'il y faut user de grande prudence et considérer diligeamment si cette nouvelle partie a pu probablement ignorer le crime et l'accusation, si le premier accusateur a fidèlement fait tout ce qu'il étoit possible, ou s'il a colludé appertement ; et enfin si le second accusateur apporte bien et plus fortes preuves que le premier Car pourquoi serait-il ouy s'il ne produisoit et amenoit rien de plus fort. » Comme on le voit, sauf les exceptions que nous venons de citer, et comme d'ailleurs nous l'avons déjà fait voir, en traitant de l'autorité de l'autorité de la chose jugée en matière civile, il n'est nullement besoin en matière criminelle de l'identité des parties, du moins en ce qui concerne l'accusateur, mais il faut, croyons-nous, identité d'accusé. En effet, les textes que nous avons cités, et particulièrement la L. 3, D, *de popul. act.* (XLVII, 23), disent tous *non debet eumdem accusari*. De même la Const. 9, C. *de accus.* (IX, 2) dit : QUI DE CRIMINE PUBLICO IN ACCUSATIONEM DEDUCTUS EST, *ab alio super eodem crimine deferri non potest*. Il résulte des mêmes textes qu'il fallait identité de question ; ici, en effet, on peut confondre objet et cause ; il fallait identité de crime, d'accusation.

Cette règle souffre exception dans le cas où le même fait matériel a engendré plusieurs délits. Après de longues variations, dit la L. 32, D., *de* O. et A (XLIV, 7), la jurisprudence finit par établir comme règle que, dans ce cas, le jugement rendu sur l'un des délits n'avait pas l'autorité de la chose jugée quant à un autre délit, qui prendrait sa source dans le même fait que le premier délit, et qu'en conséquence ce jugement n'empêchait pas un autre accusateur de poursuivre le même accusé pour un autre délit résultant du même fait. Mais, comme cette question a soulevé une controverse dont nous allons parler tout-à-l'heure, il est bon de reproduire intégralement, dans la langue où il a été écrit, le texte qui consacre d'une façon plus explicite la la règle concernant la pluralité de délits résultant d'un même fait. Ce texte est celui de la Const. 9, C., *de accus.* (IX, 2). Après avoir posé la règle générale *non bis in idem*, l'empereur Gordien s'exprime ainsi sur l'exception que souffre cette règle : *Si tamen ex eo-*

dem facto plurima crimina nascuntur, et de uno crimine in accusationem fuerit deductus, de altero non prohibetur ab alio deferri. Quelques auteurs opposent à ce texte la L. 14, D., *de accus.* (XLVIII, 2) ainsi conçue : *Senatus censuit ne quis ob idem crimen pluribus legibus reus fieret.* Comme le fait remarquer avec raison M. de Savigny, *System des heutigen Rœmischen Rechts.* V. § 231, note b., ce texte ne contredit pas la Const. 9 précitée. En effet, dit-il, dans la L. 14, Paul parle d'un fait matériel n'ayant occasionné qu'un seul crime, mais au sujet duquel il a été, à des époques différentes, rendu des lois pénales différentes ; ici on attribue à la loi la plus récente l'effet très-naturel de remplacer l'ancienne peine par une nouvelle, mais non pas celui de faire de la nouvelle peine un complément de l'ancienne, en ce cas-là, autrement dit, le sénatus-consulte défend l'application simultanée des deux lois, c'est par suite une application de la règle *lex posterior derogat priori ;* en d'autres termes, en Droit Romain, l'*exceptio rei judicatæ* ne concerne, en matière pénale, le fait matériel que tel qu'il a été envisagé par le juge : si on le prend sous un aspect différent, l'exception cesse d'être applicable. Du reste, dans le cas où un même fait peut donner lieu à plusiers accusations, le juge ne doit pas se contenter d'examiner le fait sous le seul point de vue qui lui est soumis, mais doit simultanément l'envisager sous tous les rapports, sous lesquels il peut être envisagé, et prononcer simultanément un jugement sur toutes les accusations auxquelles il peut avoir donné lieu.

Comme cela résulte de l'analyse à laquelle nous

venons de nous livrer, sous le système de la fiction de vérité, le seul sous lequel nous nous soyons placés, pour éviter des redites inutiles, l'autorité de la chose jugée, en Droit Romain, en matière pénale, est fondée sur la pure équité, mais elle fléchit sous le poids des innombrables subtilités qui font admettre un grand nombre de restrictions qui paralysent presque complètement la règle générale. Nous ne parlerons pas du cas de transaction, soit de celui de collusion ou de trahison de l'accusateur. En effet, en ce qui concerne la transaction, qui ne peut avoir pour but que des intérêts privés, elle ne peut préjudicier à ceux de la société qui priment toujours les premiers ; quant à la trahison et à la collusion, il est admis qu'elles font exceptions à toutes les règles. Mais on est forcé de convenir que, lors même qu'un second accusateur serait mû par un intérêt plus grave que celui du premier et poursuivrait une injure personnelle, et surtout en cas d'insuffisance de preuves dans la première accusation, on ne devrait pas faire fléchir le principe si salutaire qui a fait établir l'autorité de la chose jugée.

Comme en matière civile, pour qu'un jugement valable acquiert l'autorité de la chose jugée il faut que la décision judiciaire contentieuse soit irrévocable. Ce que nous avons dit des interlocutoires s'applique également ici, nous renvoyons donc nos lecteurs à la Section Ire du Chapitre II.

Les jugements d'absolution comme ceux de condamnation produisent l'autorité de la chose jugée.

Pour connaître les effets de l'autorité de la chose jugée trois points sont à considérer : l'exécution, l'action *judicati* et l'*exceptio rei judicatæ*. Tout le monde peut demander l'exécution d'un jugement rendu sur une action populaire, puisque cette action compète à tout le monde. Par suite aussi l'*actio judicati* appartient à tout membre de la société. Ce que nous avons dit de la nature, du but de l'exécution et de cette action s'applique également ici.

Les jugements rendus en matière criminelle n'ont que provisoirement l'autorité de la chose jugée, lorsque les délais pour la *provocatio*, qui est l'appel en matière criminelle, ne sont pas encore écoulés, ou qu'étant attaqués par cette voie de recours, le jugement de la juridiction supérieure n'est pas encore rendu, mais une fois ces délais passés, ou la *provocatio* rejetée par le prince, ces jugements acquierent, d'une façon irrévocable, l'autorité de la chose jugée.

La chose jugée rend légalement certaine l'existence ou l'inexistence du crime imputé à l'accusé; ici c'était nécessaire plus qu'ailleurs pour éviter la persécution des accusés. En effet il résulte de la règle *res judicata pro veritate habetur* que, sauf les restrictions que nous avons signalées tout à l'heure, toute action populaire, dont le but réel serait de remettre en question le fait matériel et le crime imputé à l'accusé reconnu inexistant, ou de mettre en question un pareil fait déclaré existant, devrait être repoussée par une exception ou une réplique tirée de la chose jugée. Cette exception compète à toute personne accusée d'un crime et lui compète vis-à-vis de tout le monde, puisque le jugement rendu sur une action populaire fait *jus inter omnes*. Quant aux autres conditions de son existence, nous les avons déjà examinées, en traitant des conditions requises en matière pénale pour constituer la chose jugée. Nous allons maintenant voir en Droit Français comment va se comporter l'autorité de la chose jugée en matière pénale, c'est ce qui fera l'objet de la deuxième partie de notre travail.

DROIT FRANÇAIS.

DEUXIÈME PARTIE.

DROIT CRIMINEL FRANÇAIS

DE L'AUTORITÉ DE LA CHOSE JUGÉE

EN MATIÈRE PÉNALE.

INTRODUCTION.

Comme nous venons de le voir en Droit Romain, l'autorité de l'autorité de la chose jugée a déjà beaucoup d'importance au civil et, s'il y est d'ordre public que le rapport juridique, qui a fait l'objet d'un jugement, ne puisse plus être remis en question dans une seconde et ultérieure instance, en Droit criminel, ce principe devient sacré. La sécurité publique serait à chaque instant compromise, si la loi permettait qu'après avoir mis au grand jour son innocence dans un débat solennel, un citoyen pût être recherché et condamné comme coupable d'un crime, d'un délit, ou d'une contravention, à raison de laquelle il aurait été précédemment acquitté. Les jugements et, par suite, la justice elle-même, ne seraient plus respectés si, après avoir été déclaré innocent d'un fait par jugement, on venait ensuite à être reconnu coupable de ce fait et réciproquement. Aussi, à l'exemple de tous les peuples civilisés, les Romains admettaient ce principe comme constant, tout en l'entourant d'un grand nombre de restrictions, comme nous l'avons vu; mais, avant d'aller plus loin nous devons donner ici une idée de ce qu'on entend par autorité de la chose jugée en Droit criminel Français.

En se plaçant au point de vue du Droit criminel, l'autorité de la chose jugée est un mode d'extinction de l'action publique, une présomption légale *juris et de jure*, en vertu de laquelle celui qui a été poursuivi ou jugée une première fois, à raison d'un fait délictueux *(sensu lato)*, ne peut plus être repris ni jugé à raison du même fait. Cette règle se traduit dans la pratique par la maxime *non bis in idem*, cette présomption qui s'attache au premier jugement est plus forte que la vérité, elle est souveraine. Devant elle s'effacent même les considérations d'ordre public ; les intérêts qui s'y rattachaient s'évanouissent.

Cette deuxième partie sera divisée en deux livres ; dans le premier nous examinerons la manière dont les graves difficultés, dont ce sujet est hérissé, avaient été résolues par l'ancien Droit, dans le deuxième enfin nous les traiterons au point de vue du Droit nouveau, de la législation actuelle. En tête de chacun de ces livres nous indiquerons les sous-divisions que nous croirons devoir adopter pour rendre cette étude plus claire.

LIVRE PREMIER.

DE L'AUTORITÉ DE LA CHOSE JUGÉE EN MATIÈRE PÉNALE SOUS L'ANCIEN DROIT.

Ce livre sera divisé en trois chapitres. Dans le premier nous examinerons le caractère général de l'autorité de la chose jugée, dans le second ses éléments constitutifs, dans le troisième enfin les actes qui la produisent.

CHAPITRE PREMIER.

Du caractère général de la chose jugée.

En principe, sous l'Ancien Droit Français, celui qui, par un jugement en dernier ressort, ou dont il n'y avait pas appel, avait été absout d'un crime, ou condamné à une peine plus légère, que ce crime ne méritait, ne pouvait être poursuivi de nouveau pour le même crime. D'après Jousse, *Justice criminelle* III, p. 12, à qui nous empruntons ce passage, la maxime *non bis in idem* avait passé directement du Droit Romain dans l'Ancien Droit Français, sans le secours d'aucune disposition législative. On se fondait, pour appliquer cette maxime, sur les textes des lois romaines que nous avons cités dans le quatrième chapitre de notre étude du Droit Romain, notamment sur la L. 7, § 2 D., *de accus.* (XLVIII, 2) et sur un texte de Droit canonique que voici : *de his quibus absolutus accusatus, non potest iterum accusatio replicari. Can. de his extr. accus.* 23, *qu.* 4, *in part.* 2, *decr.* Voici comment Jousse comprend le caractère de la chose jugée. « Son but, dit-il, est d'empêcher de troubler sans cesse le repos des accusés, car cela donnerait lieu souvent à punir des crimes pardonnés, ce qui est contraire à la raison; les jugements n'auraient plus d'autorité et les témoins seraient corrompus et subornés souvent, ce qui est contraire à l'ordre et à l'intérêt public. » Ayrault *inst. jud. lib.* 3, *part.* n° 25, est également de l'avis de Jousse, en ce sens qu'il dit que c'est pour que l'accusé soit en patience, c'est-à-dire ne soit pas troublé dans son repos, et pour que les témoins ne soient pas corrompus et subornés, pour éviter ainsi l'inconvénient des poursuites réitérées, que l'autorité de la chose jugée a été admise. Suivant Muyart de Vouglans, *Institutes au Droit criminel*, p. 81, la maxime « *non bis in idem* » était fondée dans l'Ancien Droit sur deux raisons particulières, l'*une*, de ne point compromettre trop souvent la vie d'un citoyen, l'*autre*, d'empêcher que, par l'événement de ces différentes accusations, la peine ne vienne enfin à surpasser le crime. » Comme on le voit, à part ce dernier auteur, les anciens légistes n'ont pas aperçu le principe de justice sur lequel se fonde principalement la maxime *non bis in idem*, mais seulement un moyen d'éviter la multiplicité des poursuites, la corruption et la subornation des témoins. C'est ce qui explique les nombreuses restrictions qu'ils avaient apportées à cette règle salutaire, restrictions nombreuses qu'on peut à peu près ramener à huit, qui étouffaient et faisaient disparaître à peu près complètement le principe, par suite d'innombrables distinctions et tirées, les unes, du Droit Romain, les autres, des institutions du pays, et de la jurisprudence du royaume. Elles avaient, en général, pour but le désir de ne pas laisser les crimes impunis et d'empêcher que la maxime ne dégénérât en un abus plus dangereux que les inconvénients que l'on voulait éviter.

CHAPITRE II.

Des éléments constitutifs de la chose jugée.

Pour qu'il y eût chose jugée il fallait sept conditions : 1° *une décision judiciaire;* 2° *une décision irrévocable,* sauf certaines restrictions; 3° *identité de parties privées;* 4° *identité des faits incriminés;* 5° *égalité de juridiction;* 6° *un crime non atroce;* 7° *identité de provinces.* Nous allons examiner maintenant chacune de ces conditions.

Il fallait d'abord, avons nous dit, *une décision judiciaire.* La décision devait donc renfermer les conditions requises pour l'existence d'un jugement. Il fallait qu'elle pût être attaquée par les mêmes voies de recours; de plus, la décision devait être susceptible d'exécution, porter sur le fond du procès et émaner d'une juridiction légale. Comme on exigeait que la décision fut susceptible d'exécution elle devait, par suite, statuer sur la culpabilité de l'accusé et l'application de la peine et ne renfermer aucune disposition contradictoire; la décision devait porter, ajoutons nous, sur le fonds du procès, par suite, un préparatoire ou un interlocutoire ne suffisait pas pour qu'on pût appliquer la règle *non bis in idem.* Cette dernière condition était appliquée si rigoureusement que, d'après Jousse, *Traité de justice criminelle* IL, p. 550, on avait l'habitude, en cas d'insuffisance de preuves, de prononcer un plus *ample informé* pour laisser intact les droits de la partie civile, si la poursuite était faite au nom de la partie publique. Muyart de Vouglans, *Institutes au Droit criminel part. III, ch. IV, p.* 83, confirme également la nécessité d'un jugement sur le fond. « Il ne suffit pas, dit-il, que le jugement, qui est intervenu sur la première accusation, soit simplement *provisoire* et d'*instruction*, mais il faut qu'il contienne la condamnation ou l'absolution de l'accusé » et il invoque à l'appui un arrêt du parlement de Toulouse. Il fallait en outre, pour qu'il y eût décision judiciaire et chose jugée, que le jugement émanât d'une juridiction légale, c'est-à-dire « de personnes revêtues d'une Autorité publique que le Roi seul pouvait donner par des provisions en titre d'office ou par des commissions particulières. » C'est ainsi que des jugements rendus par des personnes autres que les Baillis, les Prévôts, les Sénéchaux, les Conseils Souverains, les Cours de Parlement, les juridictions ecclésiastiques, les seigneurs Hauts-Justiciers, ou leurs remplaçants en vertu de concessions royales, n'avaient pas l'autorité de la chose jugée, puisque la juridiction n'était pas légale.

En outre d'une décision judiciaire exécutoire, il fallait en second lieu *une décision irrévocable*. « Il faut que le jugement, dit Muyart de Vouglans *loc. cit.* contienne la condamnation ou l'absolution *définitive* de l'accusé, pour que celui-ci puisse réclamer la maxime *non bis in idem.* » En effet, tant que les voies de recours sont ouvertes, un jugement n'est que provisoire. Or un provisoire, d'après ce même auteur, ne suffirait pas pour constituer l'autorité ou la chose jugée.

En troisième lieu, il fallait qu'il y eût *identité des faits incriminés*. C'est ce que décidait déjà le Droit Romain, comme nous l'avons vu dans le chapitre IV de notre première partie : *iisdem criminibus, quibus quis liberatus est, non debet præses pati eumdem accusari,* dit la L. 7 § 2 D., *de accus.* (XLVIII, 2). *Qui de crimine publico in accusationem deductus est, ab alio super eodem crimine deferri non potest*, porte la const. 9 C. *de accus.* (IX, 2). Il suffisait que le crime, formant l'objet de la seconde accusation, fût le même que celui formant l'objet de la première, pour qu'il y eût chose jugée, lors même que, plus tard, survînt de nouvelles preuves. Il importait peu qu'il y eût condamnation ou absolution. Mais cette règle souffrait exception si le même fait avait produit différents crimes. En ce cas, le jugement rendu sur l'un des crimes n'avait pas l'autorité de la chose jugée quant à un autre crime dérivant du même fait, pourvu que les accusateurs fussent différents, dit Muyart de Vouglans *op. cit.* p. 82.

Nous arrivons maintenant à la question de savoir s'il faut identité d'accusateurs. A ce sujet nous pourrons traiter simultanément des différentes restrictions, autres que celle que nous venons d'énoncer, qu'on apportait à la règle de l'autorité de la chose jugée. Pour résoudre la question d'identité d'accusateur, il faut voir à la requête de qui a été dirigée la première accusation. Était-ce à la requête du ministère public? quoiqu'il fut admis qu'en cas d'absolution un nouvel accusateur ne pouvait être reçu à intenter de nouveau une deuxième accusation à raison du même crime, et que quelques arrêts des Parlements l'eussent décidé ainsi, en refusant la requête civile même au ministère public, il était néanmoins d'un usage constant, en cas d'insuffisance de preuves, de prononcer un plus *ample informé* si la partie publique agissait seule, afin de pouvoir reprendre l'accusé chaque fois qu'il survenait des charges nouvelles. Ce n'était donc que si le fait était complètement faux, ou ne tombait pas sous le coup de la loi pénale, ou que l'accusé n'en n'était pas l'auteur, que le premier jugement liait un autre accusateur public ou privé, pourvu que l'on fût devant un juge de même ordre, *ejusdem fori*. En se plaçant toujours à ce point de vue, si la partie privée avait assisté et pris part aux poursuites du ministère public, on pouvait opposer l'exception de chose jugée à la partie privée aussi bien qu'au ministère public voulant agir *a minima*. Si le ministère public n'avait pas assisté, ou donné ses conclusions, lors de la poursuite intentée par une partie privée, il pouvait agir de nouveau quant à ce même crime. Mais si la partie lésée avait porté plainte, que par suite le procureur du Roi de la même juridiction en eût reçu communication, et eût laissé intervenir jugement, sans prendre part aux débats, de l'avis de Jousse, *op. cit.* § 48, al. 2, le ministère public ne pouvait plus agir à raison de ce crime.

Arrivons maintenant au cas où la première poursuite a été dirigée au nom d'un plaignant, ou par une partie civile. En règle générale, on admettait que le même plaignant ne pouvait plus poursuivre devant le même juge, en raison du même fait, le même accusé, quand même plus tard il surviendrait de nouvelles preuves, et quand même, après avoir pris la voie civile, on agirait ensuite au criminel et *vice versa* ; mais, s'il s'agissait d'un autre accusateur privé, la règle de la chose jugée subissait de nombreuses restrictions, aussi ne doit-on pas être étonné de voir Jousse soutenir que, même en règle générale, si c'est un autre accusateur privé qui dirige une deuxième accusation, à raison du même crime, contre le même accusé, l'exception de chose jugée ne pouvait être opposée, tandis que Muyart de Vouglans dit que, même en ce cas, en règle générale, l'autorité de la chose jugée pouvait être opposée, mais que cette règle souffrait un grand nombre d'exceptions. Ces exceptions se tiraient, les unes, du Droit Romain, les autres, des institutions judiciaires de la France sous l'ancien Droit, et notamment de la jurisprudence des arrêts.

Voici les restrictions prenant leur source dans le Droit Romain. Une première exception, que nous avons examinée dans le Chapitre IV de la Première Partie de notre travail, est empruntée à la L. 7 § 2 D., *De accus.* (XLVIII, 2.). Ce texte, comme nous le savons, statue que, lorsqu'un nouvel accusateur poursuit la réparation d'une injure qui est faite à lui ou à l'un de ses proches, *suum dolorem*, et qu'il établit qu'il n'a eu aucune connaissance de la première accusation, et qu'il est mû par un intérêt fort grave, *ex magna causa*, la maxime *non bis in idem* cesse d'être applicable et, par suite, l'accusation peut être écoutée.

Une deuxième exception tirée de la glosse de la même L. 7. § 2 *eod.* de la L. 3, § 13, *de hom., lib. exh.* (XLIII. 29) et de la L. 3, § 1, D, *de prævar.* (XLIII, 15) consistait en ce que, lors même que la première accusation se serait terminée par un jugement, la maxime *non bis in idem* ne pouvait recevoir application, si l'accusateur, par suite de collusion et d'une coupable connivence, avait altéré ou supprimé les preuves et qu'il eût été condamné comme prévaricateur.

Une troisième exception se fondait sur la L. 1. D., *de prævar.* (XLVIII. 15.). C'est lorsque l'on venait à prouver que le jugement d'absolution avait été surpris par le dol et la fraude de l'accusé, ou rendu sur de fausse pièces. Comme on le voit, c'est une restriction semblable à la précédente, seulement c'est ici l'accusé seul qui a commis la fraude. Muyart de Vouglans, *Institutes du Droit criminel* p. 82, nous dit que le Parlement de Toulouse avait, dans un arrêt, consacré ce principe.

Une quatrième restriction, se puisant dans la const. 9 C, *de accus.* (IX, 2), était relative au cas où un même fait pouvait engendrer plusieurs infractions à la loi pénale ; comme nous l'avons dit tout à l'heure, en ce qui concerne l'identité des faits incriminés, l'exception de chose jugée n'était pas applicable en ce cas, pourvu que les accusateurs fussent différents.

Une cinquième restriction, ayant également sa source dans les lois romaines, et que nous avons vue dans notre Première Partie, était relative à la transaction. La transaction faite par le premier accusateur n'entravait ni les poursuites d'une autre partie privée, ni *a fortiori* celles de la partie publique. En effet, d'un côté, il y avait *res inter alios acta*, de l'autre, l'intérêt de la société devait primer l'intérêt particulier.

Nous abordons maintenant la deuxième catégorie de restrictions apportées par l'ancien Droit Français à la célèbre maxime *non bis in idem*, restrictions qui, comme nous allons le voir, sont fondées sur les anciennes institutions judiciaires qui régissaient alors la France, notamment sur les coutumes et la jurisprudence des arrêts.

Jusqu'à présent nous avons supposé que les deux accusations étaient portées devant le même juge, ou, au moins, devant un juge du même ordre ; nous arrivons maintenant au cas où la seconde action est portée devant un juge supérieur au premier. En ce cas, la maxime *non bis in idem* n'était pas applicable, et le second juge pouvait, comme dit Jousse, *op. cit.* III, p. 19, reprendre la poursuite *ob defectum jurisdictionis sufficientis*. Dans cet exemple on suppose que le juge supérieur était *ejusdem fori*, mais si le deuxième juge, soit égal, soit inférieur, soit supérieur, était *diversi fori* par rapport à la première accusation, si, par exemple, le premier jugement émanait de la juridiction ecclésiastique, et le second de la juridiction laïque, la maxime *non bis in idem* n'était pas non plus applicable, et la deuxième poursuite était recevable. Une troisième exception, fondée celle-là sur la jurisprudence des arrêts, consistait en ce que, si le jugement d'un juge séculier et souverain, qu'il émanât ou non d'une juridiction de même degré, avait pour objet un crime atroce, tel qu'un parricide ou un fratricide, un pareil jugement n'avait pas l'autorité de la chose jugée, si l'accusé n'était absous que pour défaut de preuves, lorsque plus tard il survenait des preuves plus fortes. Mais la maxime *non bis in idem*, d'après Julius Clarus, *quæst.* 57, reprenait son empire, si l'absolution avait eu lieu par suite de la non existence du crime. Cet auteur invoque à l'appui de sa distinction la coutume de Blois.

Une quatrième exception était la suivante : si l'accusé avait purgé la première accusation par la torture, il pouvait être repris, si de nouvelles charges, suffisantes pour motiver la question, venaient à surgir.

Une cinquième restriction, qui nous est rapportée

par Farinacius, *quæst* 4, n° 46, consistait en ce que, si l'accusé, postérieurement à l'absolution, reconnaissait son crime, il devait être poursuivi et condamné sur cet aveu.

Si la première accusation était portée dans une autre province ou dans un autre royaume que la seconde, elle ne pouvait pas produire l'exception de chose jugée.

Il fallait pour troisième condition qu'il y eût *identité d'accusé*, c'est-à-dire que la deuxième accusation fut dirigée contre la même personne; c'est ainsi qu'une personne, accusée d'un meurtre, pour lequel une autre personne aurait déjà été accusée, ne pourrait invoquer la maxime *non bis in idem* pour se faire renvoyer des fins de l'accusation dirigée contre elle; c'est en conséquence de ce principe qu'un arrêt du Parlement d'Aix admit l'accusation de meurtre contre le véritable meurtrier, dit Muyart de Vouglans *op. cit.*, p. 83, nonobstant la condamnation à mort qui avait été exécutée contre une autre personne accusée du même meurtre.

CHAPITRE III.

Quels actes produisent l'exception de chose jugée.

Sous cet intitulé nous aurons à examiner l'effet des jugements de plus ample informé, l'effet des jugements et arrêts d'absolution et de condamnation, et l'influence des jugements rendus sur l'action publique, par rapport aux intérêts civils des parties privées.

L'effet du plus ample informé était le suivant : il fallait en distinguer de deux sortes : le plus ample informé à temps et le plus ample informé indéfini ou *usquequo*. Le plus ample informé à temps se rencontrait d'habitude dans les crimes qui n'étaient pas complètement atroces ou dans ceux qui ne fournissaient que de légers indices, ou bien, et surtout, dans le cas où le ministère public royal ou seigneurial était seul partie, et où il y aurait eu lieu de mettre hors de cour, s'il y avait eu une partie civile ; en ce cas, pendant tout le temps que le plus ample informé demeurait en vigueur, temps fixé par le jugement, les lois ou coutumes, on pouvait reprendre l'individu, s'il survenait de nouvelles preuves, mais jusque là il y avait chose jugée. Le plus ample informé indéfini n'avait lieu que dans les crimes graves et dont les indices étaient considérables ; en ce cas, il n'y avait chose jugée que tant que le ministère public n'avait pas de nouvelles preuves. Ce n'était que lorsque la prescription du crime était accomplie qu'il y avait définitivement chose jugée ; si le crime était atroce il n'y avait jamais chose jugée en cas d'insuffisance de preuves.

Les jugements d'absolution et ceux de condamnation acquéraient l'autorité de la chose jugée quand ils étaient définitifs, sauf, bien entendu, le cas où, d'après ce que nous avons dit dans le précédent chapitre, les jugements ne peuvent acquérir cette autorité. Les jugements et arrêts d'absolution ou de condamnation acquéraient définitivement l'autorité de la chose jugée, lorsqu'ils n'étaient l'objet d'aucune voie de recours. Le fait seul de l'appel interjeté éteignait le jugé, s'il y avait peines afflictives et infamantes, et, par suite, son autorité en ce qu'elle avait de contraire à l'accusé. Cela tient à ce que le juge supérieur, comme nous l'avons vu, n'était pas lié par le jugement de première instance. Les décisions des Cours supérieures, qui seules pouvaient connaître de l'appel en matière criminelle, avaient l'autorité de la chose jugée, lorsqu'elles n'étaient pas attaquées par voie d'opposition, de requête civile. Les lettres de rappel, celles de révision, qui étaient un recours en cassation, pouvaient porter sur le fond du Droit.

L'appel des sentences prononçant des condamnations pécuniaires n'était que suspensif; par suite, ces sentences n'avaient l'autorité de la chose jugée que provisoirement. Mais, si la voie de recours n'était pas employée, cette autorité était définitive. Du reste la suspension n'avait lieu que si la condamnation dépassait un certain taux, que nous ne dirons pas, puisque cela n'offrirait que peu d'intérêt. Si la condamnation restait en dessous du taux, le jugement pouvait être exécuté nonobstant appel, défenses, ou surséances, mais à charge de fournir caution, et en ce cas, les jugements avaient définitivement l'autorité de la chose jugée et ne la perdaient que par l'infirmation de la sentence du premier juge.

Arrivons maintenant à l'effet des jugements et arrêts passés en force de chose jugée. Ils rendent légalement certaine l'existence ou l'inexistence des faits, objets desdits jugements et arrêts.

Nous abordons l'influence des décisions criminelles sur les jugements civils. Si le jugement rendu avec le ministère public seul déclare l'existence du crime, il n'empêche pas la personne lésée de se pourvoir devant les juges civils pour obtenir une réparation pécuniaire ; mais si, au contraire, il s'agissait d'un jugement d'absolution prononçant évidemment l'existence du crime, puisque nous avons vu qu'en cas d'insuffisance de preuves on n'absolvait généralement pas, la partie civile devra être déclarée non-recevable dans son action, le ministère public l'ayant représentée ainsi que les autres membres de la société ; en ce cas-là on appliquait la maxime *non bis in idem*.

En résumé donc, et pour en finir avec l'ancien Droit, on voit combien étaient nombreuses, sous ce Droit, les restrictions étroites et rigoureuses apportées à un principe de justice et d'équité universellement reconnu et qui, comme le dit fort bien M. Faustin Hélie, *Traité d'instruction criminelle*, Paris, 1866, II, § 1, n° 982, p. 566, était, pour ainsi dire, combattu pied à pied dans la pratique, et demeurait à demi étouffé derrière les distinctions qui le refoulaient sans cesse. Cela tenait, comme nous l'avons dit plus haut, à ce qu'on n'y avait vu qu'un moyen d'éviter la réitération des poursuites, mais non le deuxième et essentiel point de vue, le principe de justice et d'équité.

LIVRE II.

DROIT NOUVEAU.

Ce livre sera divisé en trois chapitres ; dans le premier nous examinerons le caractère général de l'autorité de la chose jugée dans le Droit intermédiaire, c'est-à-dire potérieur à 1789 et antérieur au Code d'instruction criminelle, et dans le Droit nouveau proprement dit ou actuel. Dans un second chapitre nous traiterons des conditions requises pour qu'il y ait chose jugée. Dans un troisième enfin, nous rechercherons les actes qui peuvent produire cette autorité, et, à ce propos, nous examinerons l'influence du civil sur le criminel et du criminel sur le civil. Lorsqu'il y aura lieu de faire des subdivisions, nous les indiquerons en tête du chapitre qui les nécessitera.

CHAPITRE PREMIER.

Du caractère général de l'autorité de la chose jugée en matière criminelle.

Dans notre Droit moderne, l'autorité de la chose jugée a un double fondement. Elle tient du Droit public et de celui de la défense. Elle tient du Droit public, parce que ce n'est qu'en vertu de leur irrévocabilité que les jugements et arrêts définitifs et en dernier ressort sauvegardent les intérêts de la Société. Par cela même en effet qu'on ne peut remettre en doute ce qui a une fois été décidé par jugement, par cela même, les décisions judiciaires acquièrent de la fixité et de la durée. Ceci est encore plus nécessaire en matière criminelle qu'au civil, puisqu'il s'agit de la vie, de la liberté et de l'honneur des citoyens. Que deviendrait la Société si ses membres devaient être dans une inquiétude perpétuelle, tant pour leur personne que pour leurs intérêts! La justice, elle aussi, est intéressée à ce que ses décisions soient respectées, car quelle influence, quelle considération pourrait elle avoir s'il était permis à chacun, sous le plus léger prétexte, d'en contester le mérite! Le jugement une fois rendu, sa mission est terminée, les preuves postérieures n'en sont pas, le jugement seul est la vérité, comme disaient les Romains, dans le dernier état de leur législation.

Nous avons dit, en second lieu, que l'exception de chose jugée était également basée sur le droit de défense, nous allons le démontrer. Il importe en effet d'abord que la position des accusés, nous prenons ce terme dans son sens le plus large, ne demeure pas perpétuellement incertaine. Il ne peut dépendre de quelques témoins, en variant leurs dépositions à la suite de subornation, en faisant des révélations tardives, de changer des positions fixées par la justice et de faire persécuter un innocent sous prétexte de faire punir un coupable. Ce serait même, sous une autre forme, rétablir l'ancienne torture du moyen âge; il faut que les poursuites aient un terme qui est le jugement qui a prononcé sur l'action. Il vaut mieux laisser impuni un coupable que de punir un innocent, car, après tout, si l'individu est coupable, il a trouvé, dans les angoisses et les lenteurs de la procédure, une espèce de châtiment. S'il est innocent, l'humanité aussi bien que l'équité s'opposent à ce qu'on lui fasse subir encore une fois ces inquiétudes, ces hontes!

Tels sont, comme nous l'avons dit en commençant, les principes fondamentaux sur lesquels repose l'exception de chose jugée. Ces principes ont été proclamés pour la première fois et, à peu près, comme nous le verrons plus loin, dans les mêmes termes que l'art. 360 de notre Code d'instruction criminelle, par la Constitution des 3—14 septembre 1791, qui érige la maxime *non bis in idem* en règle de Droit public dans notre Droit moderne. Cette Constitution porte ch. V, art. 9: « Tout homme acquitté par un jury légal ne peut plus être repris ni accusé à raison du même fait. » La loi des 16-29 septembre 1791, Deuxième Partie, Tit. VIII, art. 3, confirme le même principe dans des termes analogues: «Tout particulier ainsi acquitté ne pourra plus être repris ni accusé à raison du même fait;» la même loi, dans sa 2me Partie, Tit. XIII, art. 1 et 4, entrait dans plus de détails sur l'application de notre maxime. Elle porte art. 1: «Lorsqu'un accusé aura été déclaré non convaincu, le président prononcera qu'il est acquitté de l'accusation et ordonnera qu'il soit mis sur le champ en liberté. Art. 4. « Lorsque l'accusé aura été déclaré convaincu, le président, en présence du public, le fera comparaître et lui donnera connaissance de la déclaration du jury. » Le code pénal des 25 septembre-6 octobre 1791 est encore plus explicite dans son art. 28 : « Si les jurés prononcent qu'il n'y a lieu à accusation, le prévenu sera mis en liberté et ne pourra plus être poursuivi à raison du même fait, à moins que, sur de nouvelles charges, il ne soit présenté un nouvel acte d'accusation. » Le code pénal des 25 septembre - 6 octobre 1791, porte tit. VIII, art. 2 : « Il en sera de même si les jurés ont déclaré que le fait a été commis involontairement et sans aucune intention de nuire. » L'art. 3 du même code n'est que la reproduction de la loi précitée des 16-29 septembre 1791.

Le Code du 3 Brumaire An IV contenait des dispositions à peu près identiques et précisait fort bien les diverses hypothèses pouvant se présenter. Etait-il question d'une ordonnance rendue par un officier de police judiciaire à la suite d'une instruction partielle et prononçant la mise en liberté du prévenu en se fondant sur ce qu'il avait suffisamment établi son innocence, aux termes de l'art. 67 de ce Code, « cette décision n'étant qu'un acte provisoire de police n'avait pas l'autorité de la chose jugée et le prévenu pouvait être poursuivi de nouveau pour le même fait. » Que fallait-il décider d'un verdict de non-lieu rendu par un jury d'accusation en faveur d'un individu prévenu d'un crime emportant peine afflictive et infamante? Il fallait, d'après le prescrit de l'art. 255 dudit Code, pour pouvoir poursuivre de nouveau, à raison de ce fait, qu'il survînt des charges nouvelles et qu'on présentât dessus au jury un nouvel acte d'accusation. Enfin, aux termes de l'art. 426 du même Code, si le jury de jugement rend un verdict duquel résulte que l'accusé n'est pas convaincu, a commis le fait involontairement, et sans intention de nuire, ce dernier ne peut plus être poursuivi à raison du même fait.

Les art. 246 et 360 du Code actuel d'Instruction criminelle portent des dispositions à peu près identiques. Selon le premier, « le prévenu, à l'égard duquel la Cour Impériale aura décidé qu'il n'y a pas lieu au renvoi à la cour d'assises, ne pourra plus y être traduit à raison du même fait, à moins qu'il ne survienne de nouvelles charges. » D'après le second, « Toute personne acquittée légalement ne pourra plus être reprise ni accusée à raison du même fait. » La loi garde le silence le plus absolu sur l'effet des jugements des tribunaux de police correctionnelle, sur celui des jugements des tribunaux de simple police non frappés d'appel, et sur celui des jugements et arrêts rendus sur l'appel par les Cours ou les tribunaux de police correctionnelle. Il en est de même en ce qui concerne l'effet des arrêts de condammation ou d'absolution rendus sur un verdict affirmatif du jury. Nous examinerons plus loin dans le Chapitre III l'effet qu'ils produisent.

Examinons maintenant les principales conséquences qui découlent de la maxime *non bis in idem*. La première conséquence, la plus importante, est que le jugement, qui intervient dans une poursuite criminelle, dans le but d'y mettre un terme, et qui est devenu irrévocable, met une barrière à peu près infranchissable à toutes poursuites ultérieures. Toutes les restrictions de Droit Romain et de notre Ancien Droit, en tant qu'elles avaient pour but d'annihiler à peu près le principe général *non bis in idem*, ne sont plus mentionnées dans le Code d'Instruction criminelle et, par suite, sont virtuellement abrogées. On n'a donc plus à examiner quelle est la partie poursuivante au criminel dans la première et dans la seconde accusation, si la partie qui intente la seconde action a connu la première, quel intérêt meut cette partie, si la peine légale a été intégralement prononcée. Tout se réduit donc à ce principe qu'un délit ne peut être poursuivi qu'une fois devant la juridiction répressive. Ce que nous venons de dire est au surplus conforme à la jurisprudence de la Cour de cassation. Cette cour a, par arrêts du 18 Floréal An VII et du 18 Fructidor An VIII, Sir. 1. 1. 197 et Sir. 2. 1. 161, décidé que les juges qui ont omis de prononcer l'aggravation de peine résultant de la récidive, ne peuvent, après leur jugement, se ressaisir de l'affaire pour réparer cette omission. Le premier jugement en effet d'abord est réputé avoir tout jugé et, par suite, les juges avaient consommé tous leurs droits ; de plus la décision, quels qu'en soient les termes, constitue un droit acquis pour le condamné.

Nous avons dit, au commencement de cette partie, que la chose jugée éteignait l'action criminelle et que l'exception qui résultait de son autorité était d'ordre public. Il résulte incontestablement de ces prémisses, que cette exception peut être proposée en tout état de cause, qu'elle doit être même suppléée d'office, sans que l'accusé puisse légalement y renoncer, par suite de cet adage *nemo auditur perire volens*. Il en résulte, en dernière analyse, que cette exception peut être proposée, pour la première fois, devant la Cour de cassation. Voici comment M. Mangin, *De l'action publique et de l'action civile*, II, p. 254, explique la raison de la différence qui existe, sous ce rapport, entre le Droit civil et le Droit criminel : « Dans les matières criminelles, où il s'agit de l'honneur, de la liberté, de la vie des hommes, où la société entière s'arme contre un faible individu, la loi doit protéger l'accusé et le soutenir dans une lutte si grave et si inégale, elle doit obliger les magistrats à le faire jouir de tous les moyens de défense qu'elle a établis, car l'accusé n'est jamais réputé y avoir renoncé, *nemo auditur perire volens*, et, quand il se tait, elle doit réclamer pour lui. » Le Droit Romain consacrait les mêmes principes en matière d'actions populaires : les parents de l'accusé devaient exercer, même malgré lui, *invito ei saccuritur*, la *provocatio*. Dans notre ancien Droit, si on avait prononcé des peines corporelles, les Cours supérieures devaient connaître d'office de ces jugements, même en l'absence d'appel. Au surplus, la Cour suprême a toujours consacré ce principe. C'est en vertu de cette règle que cette Cour a, par arrêt en date du 12 juillet 1806, (Bull. n° 118) cassé d'office un arrêt, par suite de l'existence d'un jugement antérieur, qui ne fut révélé que par suite d'un pourvoi dirigé par le ministère public contre le second. En voici l'espèce : Un individu nommé Jean Riva, avait été jugé le 28 février 1806 par le conseil suprême de Parme, qui jugeait les criminels avant l'organisation des tribunaux Français dans le pays. Ce conseil déclara Riva suffisamment puni par la détention qu'il avait subie, et ordonna sa mise en liberté. Quelque temps après, le procureur général près la Cour criminelle de Plaisance rédigea un acte d'accusation contre Riva. Cette Cour, ignorant l'existence du premier jugement, qu'elle ne mentionna pas, condamna le prévenu en deux ans de prison pour cinq blessures légères faites à un nommé Chisa, au moyen d'un coup de fusil. Pourvoi du procureur général pour peine trop légère infligée à l'accusé. Après l'envoi des pièces, le procureur général transmit au ministre de la justice une expédition du jugement du 28 février, contre lequel personne n'avait réclamé. Voici maintenant l'arrêt que rendit la chambre criminelle de la Cour de cassation, à laquelle on avait également transmis le jugement du 28 février.

La Cour,

« Vu l'art. 456 c. 3, brum. an IV, et attendu qu'il ré-« sulte des pièces parvenues au ministère de la justice « qu'il existe un arrêt rendu par le ci-devant conseil « suprême de Parme, qui déclare Jean Riva suffisam-« ment puni par la détention qu'il a subie et a ordonné « sa mise en liberté, arrêt qui n'a été attaqué par au-« cune voie ; — Attendu que Jean Riva, ainsi jugé « définitivement, n'a pu être remis en jugement pour « le même fait, et que l'arrêt rendu contre lui le 30 « avril dernier, contre lequel s'est pourvu le pro-« cureur général près la Cour criminelle de Plaisance « renferme un excès de pouvoir.

« Par ces motifs, casse et annulle ledit arrêt. »

Il résulte de ce que nous venons de dire et de cet arrêt que la procédure est arrêtée, et n'a plus d'objet à quelque moment, à quelque degré où elle est parvenue au moment où l'exception se révèle.

L'exception de chose jugée est préjudicielle, en ce sens, qu'elle doit être examinée *in limine litis*, avant toute décision sur la forme et sur le fond, car elle porte sur l'existence de l'action publique et sur le droit du ministère public de l'intenter. La Cour de cassation, sous la loi qui réservait aux Cours spéciales le droit de statuer sur l'action en faux principal, a eu plusieurs fois à se prononcer sur cette question et l'a toujours résolue dans le sens que nous venons d'indiquer. C'est ainsi qu'elle a cassé un arrêt de la Cour de la Lysse, rendu contre un nommé Plissart: « Attendu que l'exception de chose jugée, proposée par un prévenu devant une Cour spéciale, en matière de faux, forme essentiellement une question préjudicielle à toutes poursuites; — que la Cour spéciale est tenue de faire droit sur cette exception lorsqu'elle statue sur sa compétence; qu'en effet la Cour spéciale, en rendant l'arrêt de compétence, déclare évidemment qu'il y a lieu à des poursuites relativement à la prévention, tandis que les poursuites cesseraient si l'exception de la chose jugée était accueillie. » D. A. v°, *Chose jugée*, p. 390, note 2.

Ici s'arrêtent les notions générales que nous avions à donner sur l'autorité de la chose jugée en matière pénale. Nous allons maintenant entrer dans le fond de notre sujet et examiner quelles sont les conditions requises pour qu'il y ait chose jugée, ce sera l'objet du Chapitre suivant.

CHAPITRE II.

Des conditions requises pour qu'il y ait chose jugée.

Ces conditions sont au nombre de trois : 1° *une décision judiciaire ;* 2° *une décision inattaquable;* 3° *identité des faits*, formant l'objet des poursuites. Chacune de ces conditions formera l'objet d'une section.

SECTION PREMIÈRE.

IL FAUT UNE DÉCISION JUDICIAIRE.

Nous avons dit qu'il fallait avant tout, pour pouvoir invoquer l'autorité de la chose jugée qu'il fût intervenu une décision judiciaire. Cette condition se subdivise en quatre autres. Il faut 1° que la décision ait le caractère d'un *jugement;* 2° qu'elle soit *susceptible d'exécution ;* 3° qu'elle porte *sur le fond du procès ;* 4° qu'elle émane d'une *juridiction légale.*

1° *Jugement.* Pour qu'il y ait jugement, il faut que la décision renferme toutes les conditions et formalités requises par la loi pour cette sorte d'actes, et qu'elle soit susceptible d'être attaquée par les mêmes voies de recours. C'est ainsi que la Cour de cassation a toujours décidé que l'acte par lequel un tribunal de police simple ou correctionnelle, saisi d'une poursuite pour injures, constate la transaction des parties à l'audience, ne constitue pas un jugement susceptible d'être déféré à la Cour suprême et ne peut donner lieu à l'application de la maxime *non bis idem*. Crim. rej. 31 octobre 1828. J. du P. T. 22, p. 315. La même Cour a décidé « que l'action en discipline pouvant s'exercer pour des faits non qualifiés par le Code pénal, et étant d'ailleurs assujétie à des formes spéciales, les punitions qui en sont la suite ne sont point de véritables peines, et les décisions qui les prononcent ne sont pas de véritables jugements. » Crim. Cass. 12 mai 1827. J. du P. T. 21, p. 135.

2° *Jugement exécutoire*. Pour pouvoir donner lieu à l'application de la maxime *non bis in idem*, il faut en second lieu, avons-nous dit, un jugement *susceptible d'exécution*. On peut même dire que cette seconde condition n'en est pas une distincte, car elle se confond avec la précédente, puisqu'il est difficile de concevoir un jugmment sans y attacher la possibilité de l'exécuter, la décision n'aurait sans cela du jugement que le nom. Un jugement ne serait pas susceptible d'exécution s'il ne statuait pas soit sur la culpabilité, soit sur l'application de la peine, ou s'il renfermait des dispositions contradictoires. Si, par exemple, une Cour statuait sur la culpabilité et, tout en la déclarant constante dans son dispositif, renvoyait l'inculpé devant une Cour d'assises, devant un tribunal correctionnel, pour qu'il lui fût fait application de la peine, les juges de cette nouvelle Cour ou de ce tribunal étant asservis par la désignation faite par la Cour précédente, et n'ayant pu se convaincre du degré de culpabilité, ne pourraient rendre d'arrêt ou de jugement en connaissance de cause; par suite, cet arrêt ou ce jugement ne serait pas susceptible d'exécution, et, par suite enfin, il n'y aurait pas chose jugée. C'est ce qu'a décidé la Cour de cassation par arrêt du 16 pluviôse an XIII, rapporté par Merlin, *Repert.* v°, *non bis in idem*, § 14, en cassant, sur ses conclusions, un arrêt de la Cour spéciale de justice criminelle d'Ille-et-Vilaine du 28 fructidor an XII, qui avait déclaré plusieurs individus coupables d'avoir introduit en France, sur de fausses déclarations, des marchandises prohibées et les avait renvoyés devant la juridiction correctionnelle pour l'application de la peine. Voici le principal considérant de l'arrêt de la Cour suprême : « attendu que le renvoi à la police correctionnelle serait inexécutable, s'il était vrai que les faits constitutifs du délit et la culpabilité des prévenus dussent être regardés comme jugés ; car il serait impossible que cette juridiction pût appliquer des peines à des faits dont elle n'aurait pas examiné et reconnu la culpabilité. » Il faudrait de même décider qu'un jugement qui appliquerait au prévenu une peine autre que celles édictées par nos lois pénales ne serait pas susceptible d'exécution, et, par suite, ne pourraient acquérir l'autorité de la chose jugée. Nous avons dit plus haut qu'on devait considérer comme inexécutable une décision qui renfermerait des dispositions contradictoires ou incertaines. Dans cette catégorie, il faut ranger les arrêts et jugements qui déclareraient à la fois un prévenu innocent et coupable, qui, à la fois, ordonnerait sa mise en liberté et le condamnerait à la peine des travaux forcés à perpétuité. Un pareil arrêt ou jugement non attaqué dans les délais ne devrait pas être mis à exécution, « Car, dit Merlin, *Repert.* v° *non bis in idem*, § 14, T. II, p. 327, l'autorité de la chose jugée, qui n'est qu'une fiction de la loi, ne peut l'emporter sur l'impossibilité physique d'exécuter deux dispositions qui s'entredétruisent. »

3° *La décision doit porter sur le fond du procès.*

Pour qu'une décision puisse constituer une décision judiciaire dans le sens de notre matière, il ne suffit pas qu'elle ait les caractères voulus pour un jugement, qu'on puisse l'attaquer par les mêmes voies de recours, et qu'elle soit susceptible d'exécution, il faut en outre, et en troisième lieu, qu'elle porte sur le *fond du procès*. Ainsi, les simples préparatoires, les jugements d'instruction, les interlocutoires, les jugements de sursis, lorsqu'il y a une question préjudicielle, n'ont pas l'autorité de la chose jugée, lors même qu'ils seraient parfaitement susceptibles d'exécution. Il en serait de même des jugements qui ordonneraient un sursis pour que l'on pût rapporter une permission de mise en jugement, ou des arrêts de non-lieu intervenus par suite de défaut de plainte de la partie lésée, si cette plainte est nécessaire pour mettre l'action publique en mouvement. Il en serait autrement, et par suite, il y aurait décision judiciaire et chose jugée, aux termes d'un arrêt de la Cour régulatrice en date du 8 février 1861 (Bull. n° 38), si le prévenu avait été renvoyé des poursuites pour nullité du procès-verbal, si on exerçait de nouvelles poursuites sur un nouveau procès-verbal régulier, car, en ce cas, le délit a été déclaré non existant faute de preuves légales. Nous avons dit plus haut que les interlocutoires ne portant pas sur le fond du procès et n'étant pas définitifs ne ne pouvaient constituer de décisions judiciaires susceptibles d'acquérir l'autorité de la chose jugée. Ceci ne doit pas être pris d'une façon trop absolue. Ce principe n'est vrai qu'en ce qui concerne les rapports avec le fond du procès, car le juge *étant expert de droit*, n'est pas lié par l'interlocutoire, en ce sens qu'une fois qu'il a admis la mesure sollicitée, il ne peut dire qu'elle n'aura pas lieu ; par suite, si le jugement n'est pas attaqué, dans les délais légaux, il y aura décision définitive, par suite, décision judiciaire, et enfin chose jugée sur ce point. C'est ainsi que la Cour de cassation a décidé qu'un juge de police, qui a rendu un interlocutoire, ne peut, sans violer la chose jugée, statuer sur le fond de la cause avant d'avoir reçu le rapport de l'expert par lui nommé, et renvoyer les prévenus sur les motifs que les diverses remises de la cause avaient entraîné pour eux de nombreux dérangements, qui leur étaient peut-être aussi préjudiciables que la peine, s'ils devaient l'encourir ; que, le rapport n'étant pas parvenu au tribunal, ils ne sauraient être passibles d'un retard qui n'était pas de leur faute. La Cour de cassation l'a décidé en cassant, le 9 octobre 1840, un jugement d'un tribunal de simple police du 26 mai même année.

4° *Juridiction légale.* — Pour qu'il y ait décision judiciaire, il faut en 4e lieu, que la décision émane *d'une juridiction légale*. Cette règle est établie par plusieurs dispositions de loi. Comme nous l'avons vu dans notre précédent Chapitre, l'art. 9 du Chapitre V de la Constitution des 13-14 septembre 1791 portait : «Tout homme *acquitté par un jury légal*, ne pourra plus être repris ou accusé à raison du même fait ; » de même de l'art. 253 de la Constitution du 5 fructidor an III. Les art. 1 et 2, titre VIII de la loi des 16-29 septembre 1791, et l'art. 426 du Code du 3 brumaire an IV prescrivaient les formes de l'acquittement et ne faisaient bénéficier de l'autorité de la chose jugée que les particuliers *ainsi acquittés*. Enfin, pour terminer avec les citations, l'art. 360 de notre Code d'instruction criminelle porte : « Toute personne *acquittée légalement* ne pourra plus être reprise ni accusée à raison du même fait. » Il découle évidemment de tous ces textes que tout jugement émané, soit d'une personne, soit d'un pouvoir qui n'a pas mission légale de rendre justice, qui ne jouit pas, comme on disait autrefois, de la *jurisdictio*, lors-même qu'il serait favorable à l'inculpé, ne serait pas une décision judiciaire, serait non avenue et, par suite, ne pourrait avoir l'autorité de la chose jugée. Il faut de toute nécessité *un jury légal*, c'est-à-dire une juridiction légalement instituée ; un *acquittement légal*, c'est-à-dire émanant d'une semblable juridiction. C'est ainsi que la décision par laquelle un Maire aurait imposé une amende à un habitant de la commune à raison d'un délit commis par ce dernier, ou celle, par laquelle un directeur d'une maison de correction ou d'une maison centrale aurait infligé à un détenu un châtiment à raison d'un crime ou d'un délit que celui ci aurait commis, n'aurait pas l'autorité d'un jugement et, par suite, celle de chose jugée, vu l'absence de juridiction légale. C'est en conformité de ces principes que la Cour de cassation a, sur le pourvoi de son procureur général, formé d'ordre du Ministre de la justice, cassé par arrêt du 4 novembre 1824, rapporté par Dalloz. *Jur. gén.* V° *chose jugée p.* 397, un arrêt contraire de la Cour de Pau infirmatif d'un jugement du tribunal correctionel de la même ville. L'arrêt de la Cour modératrice décide que l'acte, par lequel un adjoint au maire, faisant la police du marché, et ayant été insulté par un particulier, le fait saisir et emprisonner, n'a pas le caractère d'un jugement, parce qu'il n'émane pas d'une juridiction légale : « Considérant, dit en effet la Cour de cassation, que la loi a donné avec plus ou moins d'étendue aux Cours et tribunaux, et même au juge siégeant seul, le pouvoir de punir les crimes, délits ou contraventions commis à leur audience ; mais, considérant qu'elle a absolument refusé ce pouvoir aux préfets, sous-préfets, maires et adjoints, officiers de police administrative ou judiciaire ; que cela résulte de l'article 509 C. inst. crim., portant : « Après avoir « fait saisir les perturbateurs, ils dresseront procès-« verbal, ils enverront le procès-verbal, s'il y a lieu, « devant le juge compétent ; » « qu'à la vérité le maire peut ordonner l'arrestation pendant vingt-quatre heures, mais qu'il résulte du rapprochement de l'art 509 avec l'art. 504 que ce n'est là qu'une mesure de police ; Considérant qu'il résulte d'ailleurs de la lecture de la dernièr partie de l'art. 509 et de son rapprochement avec les précédentes, que le législateur a voulu que, dans aucun cas, les fonctionnaires dénommés dans l'art. 509 ne fussent appelés à juger, et, en effet, ces *fonctionnaires n'étant pas juges*, il eût été absurde de les autoriser à rendre des jugements ; que d'ailleurs, dans un marché, l'adjoint au maire *a un caractère incompatible avec celui de juge*, car il est alors administrateur. » Il faudrait admettre la même solution en ce qui touche l'acquittement prononcé par une commission judiciaire, car ce n'est pas non plus une juridiction légalement instituée.

Quid juris de la décision d'un tribunal ou d'une Cour légalement instituée, mais irrégulièrement composée ? Pour pouvoir complètement, et d'une façon satisfaisante, résoudre cette question, il nous faut remonter à l'ancien Droit Français. Dans cette législation, on distinguait les nullités de formes et les nullités substantielles, essentielles ou de fond. Ces dernières seules avaient le pouvoir d'anéantir l'autorité de la chose jugée ; la question est donc de savoir si cette distinction a été maintenue par notre Droit moderne. Nous ne trouvons pour résoudre la question que deux articles dans notre Code : l'article 360 et l'article 409, mais ils sont en contradiction l'un avec l'autre. Suivant le premier, il faudrait que l'acquittement fût *légal* pour pouvoir engendrer l'exception de chose jugée ; l'article 409 porte cependant : « Dans le cas d'acquittement de l'accusé, l'annulation de l'ordonnance qui l'aura prononcé et de ce qui l'aura précédé ne pourra être poursuivi par le ministère public que *dans l'intérêt de la loi, et sans préjudicier à la partie acquittée.* »

Pour se rendre compte de cette antinomie il faut recourir aux travaux préparatoires du Code. L'article 360 faisait partie d'un premier projet qui fût voté avant le second dans lequel l'article 409 fut introduit à titre d'amendement, sur la proposition de Cambacérès, et on oublia de revoir l'article correspondant à l'article 360 actuel. La section voulait resteindre l'effet de l'autorité de la chose jugée aux acquittements *faits légalement* et permettre l'annulation des ordonnances d'acquittement qui ne seraient pas *légales* et les assimiler ainsi aux jugements et arrêts de condamnation. Cambacérès proposa une distinction en faveur des accusés et de séparer nettement les premiers des seconds, en faisant bénéficier l'accusé des ordonnances d'acquittement rendus par le président d'une Cour d'assises irrégulièrement composée par suite du défaut d'âge d'un ou plusieurs jurés, ou par suite d'une irrégularité, ou par suite de l'omission de certaines formalités. « On conçoit, dit Cambacérès, que le législateur se montre facile pour l'accusé condamné, qu'il ouvre une voix de recours, même pour des motifs peu importants, l'humanité l'y autorise; mais quand l'accusé est absout, alors reviennent les considérations qui ont été présentées précédemment pour ne point souffrir qu'il puisse être repris, jugé de nouveau, et peut être condamné à mort. Comment exposer un homme, qui à été renvoyé de l'accusation après une instruction solennelle, a être jugé de nouveau et condamné même à mort, le tout par ce que la Cour n'aura pas fait droit à une réquisition du ministère public. Ce danger serait d'autant plus grand, que, l'instruction étant orale, le sort de l'accusé dépendrait de la manière nouvelle dont un témoin s'énoncerait, du plus ou moins de sévérité des nouveaux jurés. On a dit aussi que la Cour de cassation annulait le jugement, toutes les fois que l'un des jurés n'avait pas l'âge requis; en supposant que cette jurisprudence soit vraie, il faut bien se garder de la consacrer par le Code. Rien ne serait plus injuste que de rendre l'accusé responsable d'un fait qu'il ne pouvait pas connaître. On voudrait qu'il y eût également nullité quand un jury s'est trouvé composé d'un plus grand nombre de membres que celui qui est fixé par la loi. On discréditerait l'institution du jury; il est composé de personnes qui ont de l'importance dans l'État; ces personnes ne verraient pas sans peine annuler, pour vices de formes, la décision qu'elles n'auraient rendu qu'après une mûre délibération.» Ces objections touchèrent M. Berlier, rapporteur du projet, qui déclara adhérer à l'amendement, en se fondant principalement sur la dûreté qu'il y avait à ravir à l'accusé, pour des nullités de formes, un verdict d'innocence obtenu après de longs et solennels débats. M. Treilhard, au contraire, prétendit que le projet était conforme aux principes; que sans doute, les jugements en dernier ressort et la déclaration du jury doivent être inattaquables; mais que la loi ne donne cet effet à la déclaration et aux jugements que sous certaines conditions, de manière que, lorsque ces conditions manquent, il n'y a plus ni jugements ni déclarations. M. Defermon répondit: « que, malgré ces raisons, « on serait généralement révolté de voir remettre en « jugement un accusé qui aurait été solennellement « absout. Il faudrait supposer bien peu de sens à la « Cour d'assises pour croire qu'elle laissera délibérer « le jury avant d'avoir vérifié s'il est légalement com- « posé. Tant de prévoyance est au surplus inutile. Le « procureur général est autorisé à requérir, l'accusé « a la faculté de réclamer. Lorsqu'aucune de ces per- « sonnes n'a aperçu de nullité dans l'instruction et, « lorsqu'on reconnait que les débats ont été conduits « de manière à éclairer les jurés et à manifester la « vérité, il serait fort extraordinaire que, sous le pré- « texte de quelqu'oubli des formes, on pût attaquer le « jugement, surtout s'il prononce l'absolution. Tout « ce qui reste à faire c'est de casser le jugement dans « l'intérêt de la loi. » La dessus, après quelques observations de Regnaud de S^t.-Jean d'Angelys, de Boulay, de Berlier et de Cambacérès, l'article fut renvoyé à la section de législation et il en sortit l'article 409 qui fut adopté sans discussion le 30 juillet 1808.

Il résulte de cette discussion, d'une façon très-évidente, que l'article 409 a été introduit par voie d'amendement et n'avait pas été prévu dans le projet. L'antinomie de l'article 360 se trouve ainsi expliquée, puisque, lors du vote de ce dernier article, il existait une toute autre pensée que celle qui sert de base à l'article 409, à savoir qu'on voulait d'abord que l'acquittement fut *régulièrement* prononcé, comme sous l'empire du Code de Brumaire an IV, pour que le jugement pût acquérir l'autorité de la chose jugée. On peut objecter, il est vrai, que la section de législation aurait dû revoir et modifier, l'article 360, pour le rendre conforme à l'article 409. Malis il faut se rappeler que le Code fut délibéré et voté par projets successifs et que les deux articles faisaient partie de deux projets différents. Le rapport de l'article 360 était confié à M. Faure, celui de l'article 409 à M Berlier, et le Conseil d'Etat était dessaisi du premier lors du vote du second. Au surplus, il faut un examen très-attentif pour découvrir cette antinomie. L'article 409 étant postérieur à l'article 360 il faut, par application de la maxime *lex posterior derogat priori*, admettre que l'article 409 a abrogé la nécessité de la *légalité* pour que l'acquittement et, par analogie, les arrêts d'absolution ou les arrêts et jugements prononçant une peine inférieure à la peine légale, soient irrévocables; en ce qui concerne les dernières décisions, nous nous fondons sur ce qu'en ce cas il y a acquittement partiel. L'illégalité s'efface quand il n'y a plus de voie de recours pour la faire réparer. Par identité de motifs, il faut décider la même chose pour les arrêts et jugements favorables à l'accusé, lorsqu'ils sont contraires à la loi et nottamment pour ceux rendus par un juge incompétent. Nous poserons donc comme principe général qu'une décision rendue par une juridiction *légalement instituée*, mais *irrégulièrement composée*, emporte l'autorité de la chose jugée pourvu, bien entendu, qu'elle renferme les autres conditions à ce requises, et qu'elle n'ait pas été attaquée par les voies de recours établies par la loi.

Le principe que nous venons de poser n'est pas admis par tous les auteurs d'une façon absolue. MM. Dalloz, *Jur. gén. v° chose jugée, ch.* 3, *sect.* 1, § 45, Mangin, *De l'action publique et de l'action civile*, II, p. 256; Legraverend, *Législation criminelle*, II, p. 429, pensent que l'art. 360 s'applique au fond du Droit et l'art. 409 à la forme et à la procédure. Ils admettent avec nous par conséquent, que les vices de forme, pas plus que celui d'incompétence ne pouvant être attribués à l'accusé ne peuvent modifier sa position, laquelle est réglée irrévocablement. D'après ces auteurs, l'ordonnance d'acquittement peut être cassée au préjudice de la partie acquitté. Mais on ne pourrait point l'attaquer si elle était rendue légalement, c'est-à-dire conformément à une déclaration de non-culpabilité rendue par le jury ; elle serait, au contraire, annulable si elle était rendue nonobstant un verdict de culpabilité émanant du jury. M. Mangin appuie son système sur ce que le mot *légalement* de l'art. 360 modifie l'art. 409. Il suffit d'énoncer cet argument pour être convaincu de son inexactitude. Depuis quand dit-on *legi posteriori per priorem derogatur?* Car nous venons de démontrer, les travaux préparatoires en main, que l'art. 360 a été voté dans une autre séance que l'art. 409

et faisait partie d'un projet antérieur. De plus l'article 360 et l'art. 409 ne distinguent nullement la forme du fond ; ils sont tous deux rédigés d'une façon absolue et, par suite, il faut appliquer ici la règle d'interprétation *ubi lex non distinguit, nec nos distinguere debemus.* La doctrine que nous adoptons sur ce point est aussi celle de la Cour de cassation. C'est ainsi que, par arrêt du 1er avril 1813 (Bull n° 65), elle à décidé qu'un jugement de police, rendu par un Maire, hors de la présence et sans les conclusions du ministère public, «a force de chose jugée, lorsqu'il n'a pas été attaqué dans les délais légaux. La même Cour, par arrêt du 20 juillet 1832, (Bull. n° 73) a décidé que l'acquittement prononcé par une juridiction incompétente, par exemple, par un conseil de guerre à l'égard d'une personne non militaire, a l'autorité de la chose jugée dans les mêmes conditions. Un arrêt de la même Cour en date du 12 octobre 1811, Sir. 3. 409 décide qu'il faut admettre une solution identique, en ce qui concerne l'acquittement prononcé par la juridiction correctionnelle relativement à des faits qualifiés crimes par la loi. Les arrêts précédents se rapportent au cas de composition illégale et à celui de l'incompétence de la juridiction qui a prononcé l'acquittement. Voici maintenant un arrêt en date du 26 thermidor an IV, Sir. 1. 54, relatif aux violations des formes légales. Cet arrêt admet qu'une sentence nulle et irrégulière acquiert l'autorité de la chose jugée, si elle n'est pas l'objet d'un recours dans les délais, lors même que les juges auraient rapporté la première sentence. Dans tous les cas que nous venons de citer il n'y a de place que pour le pourvoi dans l'intérêt de la loi.

SECTION II.

IL FAUT UNE DÉCISION JUDICIAIRE IRRÉVOCABLE.

La raison de cette condition est la suivante : tant que les voies de recours ordinaires et extraordinaires demeurent ouvertes au ministère public, à la partie civile et à l'accusé en personne, pour faire réformer ou annuler la sentence, les jugements et arrêts n'ont pas l'autorité de la chose jugée, ils n'ont qu'un caractère provisoire, l'action subsiste. Cette règle ne présente aucune difficulté en ce qui concerne les jugements et arrêts contradictoires ou par défaut. Mais il en est autrement des arrêts rendus par contumace. Ces derniers, quoique ne pouvant être l'objet d'aucun recours, sont néanmoins provisoires, lorsqu'ils prononcent une condamnation et tombent par cela seul que le contumax s'est représenté volontairement ou forcément, art. 476, I. cr., et ne peuvent, par suite, engendrer l'autorité de la chose jugée. Toutefois, cette solution ne doit être appliquée que moyennant certaines distinctions. Il faut d'abord distinguer le cas d'acquittement de celui de la condamnation de l'accusé. Au premier cas, l'arrêt acquiert force de chose jugée. Nous nous fondons d'abord sur ce que l'art. 476 du Code d'instruction criminelle ne déclare anéantis par la représentation de l'accusé que les jugements par contumace et les procédures faites *contre lui;* ensuite sur ce que l'article 360 ne fait pas de distinction entre l'acquittement contradictoire et celui par contumace.

Telles sont aussi l'opinion de M. Faustin Hélie, *Traité de l'instruction criminelle,* année 1866, II, livre II. chap. XXI, n° 993, p. 580 et 581, ainsi que la jurisprudence constante de la Cour de cassation et des Cours impériales.

Si l'accusation comprend plusieurs crimes distincts, et qu'il y ait acquittement sur quelques-uns d'entre eux seulement, il y aura chose jugée quant auxdits chefs. On ne saurait en effet admettre que le seul fait de la réunion de plusieurs crimes puisse priver l'accusé d'un bénéfice que lui assurerait leur séparation. La Cour de cassation a jugé, par application de ces principes, dans une affaire où un accusé, recherché pour quatre faits principaux constituant tous des crimes, avait été condamné par l'arrêt de contumace pour trois de ces chefs et acquitté pour le quatrième, que l'arrêt de contumace était anéanti quant aux trois chefs qui avaient motivé la condamnation, mais devait être maintenu quant au chef objet de l'acquittement; car, quant à ce point, il y avait chose jugée, « attendu, dit la Cour, dans son arrêt du 15 novembre 1821 (Bull. n° 177), qu'aux termes de l'article 360, le demandeur ayant été acquitté légalement sur le premier crime qui lui était imputé par l'acte d'accusation, ne pouvait plus être repris ni accusé à raison de ce même fait, et que, d'après les dispositions de l'article 476, conformes sur ce point aux anciens principes, l'arrêt de contumace n'est anéanti de plein droit par sa représentation ou son arrestation que sous le rapport des condamnations y portées; mais que ledit arrêt subsiste à l'égard de l'acquittement qu'il avait prononcé. » En effet il faut appliquer ici la maxime *quod in favorem alicujus introductum est, non debet adversus eum retorqueri.*

Que déciderions-nous, si un arrêt rendu par contumace, ayant à statuer sur un crime unique, mais accompagné de circonstances aggravantes, écarte ces circonstances? Y aura-t-il, oui ou non chose jugée? Suivant M. Merlin, *Repert.*, *v° contumace* § 3, la question doit être résolue négativement. « La loi, suivant cet éminent magistrat, n'admet pas de scission dans l'arrêt qu'elle anéantit; elle l'anéantit purement et simplement et par conséquent, dans celle de ses dispositions qui juge le contumax non passible de peines afflictives ou infamantes, comme dans celle de ses dispositions qui le condamne à des peines correctionnelles, en un mot il ne reste rien de l'arrêt, il ne peut donc empêcher que le contumax soit remis en jugement pour le tout. » Cet argument est aussi le motif d'un arrêt de cassation rendu par la chambre criminelle le 30 janvier 1847, D. P. 47. 4. 115. A cet argument nous opposerons, avec MM. Faustin-Hélie et Carnot, que la solution négative admise par la Cour, quant aux circonstances aggravantes constitue un acquittement quant à ces circonstances, acquittement donnant lieu à l'application des articles 360 et 409 et non de celle de l'art. 476. Au surplus, la maxime *quot capita tot sententiæ* veut que les chefs distincts d'une accusation soient maintenus ou anéantis, suivant qu'ils sont résolus négativement ou affirmativement, en faveur de l'accusé, ou contre lui. MM. Merlin et Mangin ne se dissimulent pas que, quant aux personnes jugées contradictoirement, l'art. 360 renferme la consécration absolue de la maxime *non bis idem*, mais ils répondent à notre objection, que l'art. 476 a pu modifier l'art. 360, en ce qui concerne les accusés acquittés par contumace sur des circonstances aggravantes; qu'effectivement le législateur l'a fait avec de bonnes raisons, attendu que les circonstances aggravantes formeraient un tout indivisible avec le délit. Il faut en effet concilier la maxime *non bis in idem* avec l'indivisibilité du délit. Mais cette indivisibilité des circonstances aggravantes avec le délit lui-même n'existe pas toujours. Par conséquent, chaque fois que la séparation sera possible, on assimilera l'arrêt écartant une ou plusieurs circonstances aggravantes à un arrêt d'acquittement. La séparation est-elle impossible, alors cette décision sur les circonstances aggravantes tombera avec l'arrêt de condamnation. La Cour de cassation a admis le système opposé au nôtre, par arrêts du 1er juillet 1820. *Jur. gén. v° contumace p.* 475 et du 30 janvier 1847, D. P. 47. 4. 115. Ces deux solutions ne doivent pas être admises à raison des motifs donnés plus haut et par cette considération que l'argument invoqué par les auteurs précités et la Cour suprême prouverait trop, s'il était admis; car, pour être conséquent, il faudrait décider qu'un acquittement partiel, notamment sur l'un des crimes imputés au contumax, ne devrait pas lui profiter, ce qui est contraire à l'opinion de MM. Merlin, Mangin, et de la Cour de cassation elle-même. Notre système est plus conforme, comme le dit M. Dalloz, *Jur. gén. v° contumace p.* 476, aux sentiments généreux qui ont présidé à la rédaction de nos lois criminelles. La raison sanctionne ici pleinement les inspirations de l'équité. Lorsqu'en l'absence de l'accusé, sans qu'il ait pu faire dire un mot pour sa justification, la Cour d'assises a été amenée à dépouiller le fait des circonstances aggravantes dont l'avait entouré l'accusation, il n'y a nulle apparence qu'avec un jury plus naturellement porté à l'indulgence que les juges ordinaires, la conduite de l'accusé doive être appréciée plus sévèrement. Il est donc entièrement superflu de compliquer les débats des circonstances écartées par l'arrêt de contumace.

Quid juris de l'arrêt par contumace qui a réduit le fait à un délit? Nous pensons qu'en l'absence de distinction faite par l'art. 476, et vu le caractère d'ordre public de cet article, le contumax ne peut acquiescer à un arrêt auquel la loi refuse toute existence. En effet la représentation du contumax anéantit tout arrêt de condamnation, sans distinction de la nature de la peine prononcée; il n'y a donc pas chose jugée. Le contumax ne pourrait même pas y faire opposition; puisqu'elle ne pourrait être portée que devant la même Cour d'assises, or cette Cour n'existe plus. En vain invoque-t-on les art. 187 et 188 du C. inst. crim. pour prétendre que l'opposition est recevable, et dirait-on que l'arrêt, en prononçant une peine correctionnelle, a reconnu l'erreur de l'arrêt de renvoi, et se prévaudrait-on du caractère de faveur que présentent l'acquiescement et l'opposition pour soutenir que le condamné par contumace peut y renoncer. Ces raisons viennent se heurter contre le texte formel de l'art. 476 qui ne distingue pas. Le jugement de condamnation ayant disparu, il reste seulement l'ordonnance de prise de corps ou de se représenter ainsi que l'acte d'accusation; or on ne peut acquiescer à de semblables actes. Il faut donc convenir qu'on se trouve en présence ici d'une lacune législative qu'il serait bon de combler, en restreignant l'effet de l'art. 476 au cas de condamnation à des peines afflictives et infamantes ou infamantes seulement. Le texte de l'art. 18 du titre XVII de l'ordonnance criminelle de 1670 mettait, d'une façon générale, à néant les défauts et contumaces. Elle comprenait tous les contumax sans distinction et cependant la pratique, d'après Jousse, avait corrigé ceci en admettant l'acquiescement dans le cas où il s'agissait de peines auxquelles il était permis à l'accusé d'acquiescer. Ces jurisconsultes avaient, on peut le dire, refait la loi. Sous le Code de Brumaire an IV, on avait admis la solution contraire de celle que nous admettons. La diversité de ces deux décisions aurait dû attirer l'attention des rédacteurs du Code, mais ils n'y ont pas songé; par suite, comme nous venons de le dire, il faut se résigner à appliquer, sous notre Code, le système du Code de Brumaire an IV, puisque le Code d'instruction criminelle est muet. Notre système se trouve ici d'accord avec celui de la Cour de cassation. Crim. cass. 29 juillet 1813, 27 août 1819, *Jur. gén. v° contumace, sect.* 3 *art.* 1 *p.* 474.

SECTION III.

IDENTITÉ DES FAITS INCRIMINÉS.

La troisième condition nécessaire pour qu'il y ait chose jugée est l'identité des faits incriminés. Avant d'aborder les questions très-délicates que soulève ce principe, nous devons examiner d'abord s'il ne faudrait pas identité des parties, comme cela a lieu en matière civile, et comme cela avait lieu, jusqu'à un certain point, sous l'ancien Droit, comme nous l'avons vu dans le Livre Premier. Nous résoudrons la question négativement. L'art. 1351 du Code Napoléon n'est pas applicable en matière criminelle, dans laquelle il importe peu, pour l'application de la maxime *non bis in idem,* que le demandeur ou le défendeur soient ou non différents. La première proposition n'offre pas de difficultés. En effet, le ministère public agit au nom de la Société et représente, par conséquent, chacun des membres qui la composent; ce qui est jugé vis-à-vis de lui l'est vis-à-vis de tous, et, par suite, l'action est éteinte. C'est ce que décidait déjà le Droit Romain, quoique avec certaines restrictions, comme nous l'avons vu dans le Chapitre IV de notre Première Partie. *Qui de crimine publico in accusationem deductus est,* AB ALIO *super eodem crimine deferri non potest.* Ayrault, qui rapporte ce texte, qui est celui de la const. 9, C. *de accus.* (IX, 2), en donne la raison que nous venons d'invoquer : « Le procureur du Roy est ou doit estre le vray observateur et garde que l'accusateur ne colludo, et est toujours la vraye partie pour la vindicte et l'animadversion publiques; conséquemment pourroit-on bien dire que cette question est frustratoire. »

Nous disons, en second lieu, qu'il y a chose jugée lors même que le défendeur n'est pas le même. Au premier abord, cette proposition peut paraître étrange, et on peut être tenté de nous objecter la maxime *inter alios judicata, tertio nec prodesse nec nocere debet.* Mais cette maxime n'est opposable, comme le dit fort bien Jousse, *Justice criminelle.* II, p. 21, n° 4, que dans les cas où les droits des différentes personnes sont distincts et séparés, mais non quand ces droits tirent leur origine d'un seul et même fait, et que les défenses que les accusés peuvent y opposer sont les mêmes. » Ces deux dernières lignes nous donnent la distinction qu'il faut ici admettre pour résoudre notre deuxième question. Il faut voir si le fait poursuivi contre les deux défendeurs est le même, et s'ils ont tous deux les mêmes moyens de défense. C'est ainsi que la défense serait différente, si un accusé principal n'avait été acquitté que par suite d'une exception purement personnelle tirée de l'absence de discernement (art. 66, P.); de son état d'aliénation mentale (art. 64, P.); d'imbécilité (arg. *a pari* du même art.); s'il n'avait été renvoyé de la plainte que par suite de sa bonne foi et de sa parenté (art. 380 P.). Dans toutes ces hypothèses, il n'y aurait pas chose jugée à l'égard des complices ou des coaccusés. Les moyens de défense seraient encore différents, si l'un des accusés n'avait été acquitté que par suite d'absence de preuves, car les preuves peuvent être différentes pour chaque inculpé, et, par suite, il n'y aurait pas chose jugée à l'égard des autres.

Mais si les moyens de défense sont les mêmes dans les deux accusations, que faudra-t-il décider s'ils ont été accueillis par le premier juge? Pas de difficulté si le premier jugement déclare que le crime n'existe pas ou n'est pas punissable, ce jugement pourra être invoqué par les autres coaccusés ou les complices, comme ayant à leur égard l'autorité de la chose jugée, et, par suite, toute poursuite devra être déclarée, même d'office, non recevable contre eux. En effet, du moment qu'il a été déclaré qu'il n'existait ni crime, ni délit, ni contravention, l'un et l'autre de ces points ne peut être remis en question, le fait n'est donc pas punissable, et, par suite, il ne peut y avoir poursuite, faute de base, *cessante causa, cessat effectus*. De plus, comme nous l'avons dit dans le Chapitre Premier du présent Livre, la question relative à l'instance ou à la criminalité du fait poursuivi, constitue une question préjudicielle en ce qui concerne la deuxième poursuite ; or la question a été jugée, par suite, l'action est éteinte. En vain argumenterait-on de la règle *inter alios judicata;* le ministère public, en effet, a été partie dans le premier jugement, et le jugement a été rendu contre lui, et, au surplus, qu'importe que les complices ou coauteurs n'aient pas été en cause, puisque le fait n'est pas purement personnel à l'accusé principal. Il y va d'un intérêt public commun à toutes les parties et qui maintient l'égalité de leurs positions. Il en serait de même si on reconnaissait plus tard que la première décision provenait d'une appréciation erronée. En effet, comme nous l'avons dit dans notre Introduction Générale, l'autorité de la chose jugée prévaut sur la vérité, *pro veritate habetur*. De plus, d'après ce que nous avons vu, dans l'Introduction Particulière du Droit criminel Français, l'autorité de la chose jugée constitue une présomption légale *juris et de jure*. Or, d'après l'article 1352 du Code Napoléon, nulle preuve n'est admise contre la présomption de la loi, lorsque, sur le fondement de cette présomption, elle annulle certains actes, *ou dénie l'action en justice*. Or nous savons que dans ce cas la doctrine appelle la présomption légale présomption *juris et de jure*. De plus, l'exception de chose jugée tend plus que toute autre à dénier l'action en justice, l'article 1352 lui est donc applicable. La preuve contraire n'étant pas admise par la loi, on ne peut être admis à prouver l'appréciation erronée, lors même que celle-ci serait évidente.

La Cour de cassation a beaucoup varié dans sa jurisprudence en ce qui concerne l'identité de défendeur. Mais, après avoir décidé d'abord que la règle *inter alios judicata* ne recevait pas d'application en matière criminelle, et que, par suite, l'arrêt qui déclarait un crime non existant avait l'autorité de la chose jugée vis-à-vis des coauteurs et complices, puis étant revenue à dire qu'il fallait l'identité de parties, elle a fini par reconnaître définitivement les vrais principes. C'est ainsi que, par arrêt du 20 septembre 1828, *Jur. gén. v° complicité, ch.* 2, *art.* 2, § 1, *n°* 41, elle a cassé un arrêt de la Cour d'assises de la Seine-Inférieure du 18 août même année, en décidant : « qu'un accusé, traduit devant une Cour d'assises, comme coupable de complicité de vol domestique, ne pouvait être puni des peines édictées contre cette sorte de vol alors que l'auteur principal est déclaré non-coupable de ce vol, attendu qu'il y a contradiction, et par suite, nullité dans une déclaration du jury qui déclare un individu coupable de complicité de vol domestique, alors que l'auteur principal est déclaré non-coupable. » C'est en vertu des mêmes principes que, par arrêt du 8 octobre 1829, *Jur. gén. v° complicité, ch.* 2, *art.* 2, § 1, n° 59, la Cour suprême a cassé un arrêt de Cour d'assises qui avait condamné un individu comme complice de vol, alors que le jury avait déclaré que la soustraction commise par l'accusé n'était pas frauduleuse, «Attendu, dit la Cour de cassation, que là où il n'existe pas de crime, nul ne peut être condamné comme complice d'un fait réduit à une action blâmable. C'est ainsi encore que, par arrêt du 22 janvier 1830, Sir. 30. 1. 257, rendu sous l'empire de l'ancien article 597 du Code de commerce qui déclarait complices de banqueroute frauduleuse ceux qui s'étaient entendus avec le banqueroutier pour recéler ou soustraire tout ou partie de ses biens meubles et immeubles, après avoir acquis des créances fausses, et qui, à la vérification et affirmation de leurs créances, seraient parvenus à les faire valoir comme exactes et véritables, la Cour suprême a consacré notre principe en cassant un arrêt de Cour d'assises qui avait condamné un individu comme coupable de complicité de banqueroute frauduleuse pour avoir aidé un failli à détourner, au préjudice de ses créanciers, des marchandises et effets mobiliers faisant partie de son actif, tout en déclarant le failli, accusé de banqueroute frauduleuse, non-coupable d'avoir fait ledit détournement, » attendu que, si de deux accusés traduits successivement, l'un, comme auteur du crime, et l'autre, comme complice, le premier est déclaré non-coupable, et le second coupable de complicité, ces déclarations peuvent être concordantes, lorsqu'il existe un corps de délit auquel la complicité puisse se rattacher avec l'auteur quelconque de ce délit, qui n'est pas connu, ou mis en jugement; mais qu'il n'en peut être ainsi, lorsqu'il résulte de la déclaration du jury qu'il n'y a ni corps de délit ni auteur de ce prétendu délit ; que, dans ce cas, la complicité ne se rattache à aucun fait, ni à aucun auteur de ce fait et qu'elle est purement chimérique. Qu'il est d'une contradiction manifeste de déclarer que le négociant failli, accusé du crime de banqueroute frauduleuse, n'a point détourné, au préjudice de ses créanciers, des marchandises et effets mobiliers faisant partie de son actif ; qu'il n'y a, par conséquent, sous ce rapport, ni banqueroute frauduleuse, ni auteur de cette banqueroute et que cependant il y a un coupable de complicité pour s'être entendu avec le failli et soustraire une partie de ses marchandises. » La Cour de cassation a rendu la même décision le 31 mars 1831, Sir. 31. 1. 333, en cassant un arrêt du 17 février même année de la Cour d'assises d'Ille-et-Vilaine. Comme on le voit, en matière de banqueroute frauduleuse, la non-culpabilité de l'auteur principal suffit pour empêcher toute poursuite contre les complices, le crime ne pouvant exister en dehors de l'accusé. *Contra* crim. rej., 19 février 1859, D. P. 59. 5. 178. De même, en matière de bigamie ou de faux commis par un officier public, la non-culpabilité de l'auteur mettrait obstacle à la poursuite des complices. Mais, hors de là, il ne suffit pas de la déclaration de non-culpabilité de l'auteur, il faut que le fait n'existe pas ou ne soit pas punissable. C'est ce qu'a décidé la Cour de cassation le 22 janvier 1835, crim. rej. 22 janvier 1837, Sir. 35. 1. 92; le 7 octobre 1858, D. P. 58. 1. 474. Ces crimes, en effet, peuvent avoir été commis par d'autres que l'accusé. Il résulte des développements dans lesquels nous venons d'entrer et de la jurisprudence de la Cour de cassation que l'identité des parties n'est nullement nécessaire pour constituer la chose jugée en matière pénale.

Ceci établi, nous allons maintenant examiner l'objet spécial de cette Section, à savoir l'identité des faits incriminés, qui constitue la Troisième condition nécessaire à l'existence de l'autorité de la chose jugée. L'article 360 du Code d'instruction criminelle, le principal article de la matière, est ainsi conçu : « Toute personne légalement acquittée ne pourra plus être reprise ni accusée *à raison du même fait.* » Que faut-il entendre par ces expressions *le même fait?* La question paraît très-simple au premier abord. Ne peut-on pas savoir, sans aucune difficulté, si le fait, objet de la deuxième poursuite, est précisément celui qui a donné lieu à la première, si c'est le même meurtre, le même incendie, la même soustraction frauduleuse, le même bris de clôture? Mais, si on regarde de plus près, on voit surgir un certain nombre de difficultés. Plusieurs hypothèses peuvent, en effet, se présenter. Il se peut que le fait, qui a motivé la première poursuite, ait été accompagné d'autres faits qui, quoique distincts, sont liés avec le premier soit par la communauté de but, soit par le moment de leur accomplissement. D'un autre côté, ces faits peuvent présenter plusieurs aspects, constituer plusieurs délits, et n'avoir été envisagés que sous un seul de ces rapports dans la première poursuite. Doit-on admettre dans l'une et l'autre hypothèse l'antorité de la chose jugée?

La première question n'est pas difficile. Du moment que les faits sont distincts et séparés, en général, nonobstant la communauté de but, l'instantanéité de la perpétration, il n'y a aucune raison plausible pour qu'ils ne puissent donner lieu à plusieurs poursuites successives, et pour que le jugement de l'un puisse, par suite de la maxime *non bis in idem,* mettre obstacle à celui des autres. En effet, il n'y a pas ici *un même fait,* puisqu'ils sont séparés, par conséquent le texte même de l'article 360 s'oppose à l'exception de chose jugée. Telle est également la décision du Droit Romain : *Nunquam plura delicta concurrentia faciunt ut ullius impunitas detur,* dit la L. 2, D. *de privatis delictis,* (XLVII, 1). Pour mieux nous faire comprendre et élucider davantage notre proposition, prenons quelques exemples. Supposons que Jeanne soit acquittée de l'accusation de complicité de vol par recel, elle pourra être poursuivie à raison du fait de recel commis postérieurement à l'acquittement, bien qu'il s'agisse du même vol. C'est ce qu'a jugé la Cour de cassation, par arrêt du 29 décembre 1814 (Bull. n° 47) : « Attendu que la disposition de l'article 360 est restreinte au fait sur lequel l'acquittement a été prononcé, que le recel n'est pas un fait moral indivisible, qui, relativement au vol auquel il se rattache, se consomme sans pouvoir se renouveler ; que c'est un fait matériel caractérisé par l'intention qui peut exister et se reproduire par différents actes. Que si l'accusée a été acquittée par l'ordonnance du président des assises, rendue d'après la déclaration du jury, de l'accusation de complicité par recel du vol commis par son mari, cet acquittement n'a porté et n'a pu porter que sur des faits qui lui étaient antérieurs ; qu'elle est aujourd'hui prévenue d'avoir, postérieurement à cet acquittement, recélé d'autres objets volés par son mari, sachant que ces objets avaient été volés ; que si cette prévention porte encore sur un recel qui se rattache au même vol, elle n'a pas pour base le même fait que celui qui a été l'objet du premier débat, que les deux faits sont distincts et indépendants ; que l'accusée peut avoir été justement acquittée sur le premier, sans qu'il puisse en résulter qu'elle ne soit pas devenue coupable sur le second. » Autre exemple : Paul est poursuivi et condamné pour dénonciation calomnieuse contre Pierre. A l'audience, Paul répète comme témoin les faits contenus dans sa dénonciation ; postérieurement à la condamnation pour le délit, il pourra être poursuivi comme coupable de faux témoignage ; car, si le fait, sur lequel a porté la déposition, est le même que celui contenu dans la dénonciation jugée calomnieuse, cette dénonciation reçue sans prestation de serment dans le cabinet du maire, par exemple, est un autre fait qu'une déposition reçue à l'audience publique et sous la foi du serment. C'est ce que dit formellement, dans un de ses considérants, un arrêt de la Cour suprême du 31 juillet 1823 (J. du P., XVIII, p. 81). C'est ainsi encore que, si un individu, accusé du crime de banqueroute frauduleuse, est déclaré non-coupable et acquitté, rien ne s'oppose à ce qu'il ne soit ultérieurement poursuivi pour banqueroute simple, ou escroquerie, ou abus de confiance, car les faits, qui motivent une poursuite en banqueroute simple, ou en escroquerie, ou en abus de confiance, sont entièrement distincts de ceux ayant pu motiver une poursuite en banqueroute frauduleuse. Pour l'abus de confiance, il n'en est ainsi que depuis la loi du 28 mai 1838, qui a, dans son article 571, rayé l'abus de confiance du nombre des faits constitutifs de la banqueroute frauduleuse, d'après l'ancien article 593 Co. Crim., cass., 7 juin 1845. D. P. 45. 1. 354. Toutefois, n'allons pas trop loin, si l'abus de confiance avait entraîné la dissimulation de tout ou partie de l'actif ou du passif, cet abus de confiance pourrait constituer un élément du crime défini par l'art. 591 du Code de Commerce, et, par suite, l'autorité de la chose jugée mettrait un obtacle insurmontable aux poursuites ultérieures.

Nous n'avons parlé, jusqu'à présent, que de faits distincts et séparés, quoique présentant une communauté de but, ou une instantanéité de perpétration avec ceux objets d'une première poursuite; nous arrivons maintenant à la deuxième des hypothèses dont nous avons parlé plus haut, celle où il s'agit de faits qui sont légalement connexes. En ce cas, quoiqu'il y ait nécessité de joindre les procédures, en général, on ne pourra pas invoquer l'autorité de la chose jugée, puisque la connexité ne suppose pas *ipso jure* l'indivisibilité. Des exemples aideront à mieux faire comprendre cette proposition. Un individu est accusé d'avoir accompli un attentat à la pudeur au moyen de violences; pourra-t-il, après acquittement sur le crime, être poursuivi pour mauvais traitements? Ici on serait tenté de faire une réponse négative, car les mauvais traitements ont beaucoup de rapports avec les violences qui auraient dû accompagner le prétendu attentat à la pudeur sur lequel a porté l'acquittement, et qu'il semble difficile de distinguer si les premiers sont ou non intimement et nécessairement liés avec les dernières. Néanmoins nous croyons qu'il faut, avec la Cour de cassation, faire cette distinction. Si on peut séparer les mauvais traitements des violences qui ont accompagné l'attentat à la pudeur, on pourra faire une poursuite séparée pour les mauvais traitements; au cas contraire, on pourra opposer l'exception de chose jugée, ce qui, croyons-nous, sera le cas le plus général. Deuxième exemple : un orfèvre est poursuivi pour des faits connexes de recel de bijoux volés et de non inscription desdits bijoux sur son registre. Il peut, après avoir été acquitté des faits de vol, être recherché de nouveau pour contravention à la loi du 19 brumaire an VI. Crim. cass. 7 décembre 1832 (*J. crim.* IV p. 321). Enfin, un notaire accusé d'avoir fait un faux dans un acte d'adjudication peut, après avoir été acquitté, être poursuivi pour le fait connexe d'avoir pris un intérêt dans l'adjudication. Crim. rej. 8 mars 1868 D. P. 68. 1. 284.

La règle que nous venons de poser, qu'en général la connexité des faits formant l'objet de deux poursuites n'empêche pas, après l'acquittement sur l'un d'eux, la poursuite des autres faits, reçoit trois exceptions. On ne peut plus faire de poursuites : 1° Lorsque les faits ultérieurement poursuivis ne sont que des circonstances accessoires du premier fait ; 2° lorsque ces faits ne sont que la répétition, antérieure à la première poursuite, du même délit ; 3° lorsqu'ils forment avec le premier fait un tout indivisible. Ces trois exceptions exigent quelques développements.

La première exception, avons-nous dit, concerne le cas où les faits ultérieurement poursuivis ne sont que les circonstances accessoires d'un fait sur lequel est intervenu un jugement. C'est ainsi que, si un individu a été acquitté à raison d'un crime de vol, on ne pourra diriger contre lui des poursuites isolées à raison des violences, des voies de fait, des bris de serrures ou de clôtures qui lui ont facilité l'accomplissement du vol. C'est ainsi encore qu'en cas d'attentat à la pudeur commis avec violences, s'il est intervenu un acquittement à raison de l'attentat, on ne pourra poursuivre ultérieurement pour lesdites violences. Il s'agit, en effet, ici d'une circonstance qui, par son union avec un autre fait, en modifie ou en aggrave le caractère. En effet, le vol simple, c'est-à-dire sans bris de clôture, violences, voies de fait, ou effractions et sans circonstance de nuit, n'est qu'un simple délit puni de un à cinq ans d'emprisonnement, tandis que si les faits de violences, d'effractions, de nuit viennent s'ajouter à la soustraction frauduleuse, le fait ainsi envisagé constituera un crime justiciable de la Cour d'assises et punissable de 5 à 20 ans de travaux forcés, aux termes de l'article 382 du Code pénal. Or un fait qui, ajouté à un autre, en modifie ou en aggrave le caractère, n'est qu'un élément du fait principal. La loi, en les réunissant, en fait un tout indivisible qui ne peut être poursuivi que dans son ensemble et que l'action publique ne peut isoler pour en faire autant de crimes distincts. De plus ces éléments isolés n'ont plus la même gravité, puisque, d'un côté, les violences ou voies de fait, par exemple, ne sont punies que d'un emprisonnement de 6 jours à 2 ans, d'après l'article 311 du Code pénal, lorsqu'elles ne sont accompagnées d'aucune autre circonstance et que, d'un autre côté, le bris de clôture n'est puni que d'un emprisonnement de 1 mois à 1 an, d'après l'article 456 du même Code. Autre chose est l'introduction furtive dans une maison pour commettre un vol, autre chose la violation du domicile. Admettre la séparation ici, ce serait forger, qu'on nous passe l'expression, une accusation mensongère en imputant à l'accusé d'autres faits que ceux qu'il a commis. Un pareil système conduirait à encourager le ministère public à omettre à dessein quelques circonstances du fait principal, pour faire passer l'accusé par deux épreuves au lieu d'une et empirer, par suite, sa position. En effet, supposons qu'il s'agisse d'un vol qualifié, c'est-à-dire, accompagné de circonstances aggravantes, par exemple, d'un vol suivi ou précédé d'assassinat, ou accompagné de violences, si l'accusé était acquitté sur l'assassinat, si on admettait le système que nous combattons, le ministère public pourrait le poursuivre pour vol simple, ou, s'il était acquitté sur la soustraction frauduleuse, il serait admis à le rechercher à raison des violences. L'accusé aurait donc d'abord et séparément à se défendre sur le fait principal, et plus tard sur les moyens. On arriverait ainsi à porter atteinte à l'autorité de la chose jugée et même à l'anéantir complètement, un fait se composant de tous les éléments que la loi pénale a associés pour les incriminer collectivement et à raison de leur réunion et, par suite, l'acquittement sur le fait principal devant s'étendre virtuellement à tous les faits accessoires qui s'y rattachent; la poursuite de tout fait réprimé par la loi pénale est indivisible; le ministère public doit donc réunir dans l'accusation toutes ces circonstances, puisque le Code pénal les comprend dans une seule et même qualification. Tant pis pour le ministère public qui a commis des omissions dans ses poursuites, l'accusé doit en profiter, d'après la maxime *omnia in favorem rei*. La théorie que nous venons d'exposer est, en général, celle de la Cour de cassation. Crim. cass. 30 mars 1812 (J. du P. X. 433); 5 février 1830 (J. crim. 1, 140). Mais c'est à tort, selon nous, qu'elle s'en est écartée dans son arrêt du 8 novembre 1828. Un jury, auquel était soumise une accusation de meurtre suivi de vol, avait répondu négativement sur le meurtre et déclaré n'y avoir lieu à statuer sur le vol. A la suite de cet acquittement, le ministère public recherchu l'accusé à raison du vol devant la juridiction correctionnelle et le fit condamner. Pourvoi du prévenu invoquant l'exception de chose jugée que la Cour suprême rejette le 8 novembre 1828 en ces termes : « Attendu qu'il n'était intervenue aucune décision du jury sur le vol proprement dit, fait entièrement distinct du meurtre; que, par suite, les deux faits n'étant pas indivisibles, le fait du vol pouvait donner lieu à des poursuites correctionnelles. » Cette décision est doublement vicieuse 1° la cour d'assises et, par suite, le jury avait été saisi de l'accusation de vol, sa décision régulière ou irrégulière purgeait donc cette accusation, du moment qu'elle n'avait pas été attaquée dans les délais, car, ainsi que nous l'avons démontré dans la Première Section du présent Chapitre, pages 202 à 208, il n'est pas nécessaire, pour qu'il y ait chose jugée, qu'il y ait eu une décision régulière, l'article 400, qui a dérogé à l'article 360, n'exigeant pas un acquittement légal ; il suffit que la décision émane d'une juridiction légalement instituée ; or le jury se trouve dans ces conditions. 2° Le fait de vol connexe au meurtre était ici une circonstance aggravante de ce crime, puisqu'il en modifiait le caractère en substituant la peine de mort, en l'absence de circonstances atténuantes, à celle des travaux forcés à perpétuité que l'accusé aurait encourue dans les mêmes circonstances, si le vol n'eût pas existé, et que, par suite, cette soustraction frauduleuse formait un élément indispensable et inséparable du crime complexe prévu et puni par l'article 304 du Code pénal. C'était, en un mot, l'une des parties de l'action que la loi avait prise dans son ensemble, un des faits accessoires du fait principal dont il venait augmenter la criminalité; ce fait ne pouvait donc être détaché pour faire l'objet d'une poursuite distincte, il fallait donc appliquer ici la maxime *accessorium sequitur principale.*

Nous arrivons maintenant à la seconde des exceptions que comporte la règle que les faits connexes peuvent former l'objet de deux poursuites. Cette exception concerne le cas où les faits ultérieurement poursuivis, quoique matériellement distincts, ne sont que la répétition, antérieure à la première poursuite, du même délit et ne forment, par suite, avec le premier fait qu'une seule et même action. Autrement dit, nous supposons unité de fait moral, mais diversité d'exécution, soit quant aux objets, soit quant au temps, soit quant au lieu. C'est ainsi qu'un individu qui soustrait frauduleusement, dans un même lieu et en même temps, plusieurs objets, par exemple, des montres, des mouchoirs, etc., ne commet qu'un seul et même vol. Il en serait encore de même si la soustraction des différents objets avait eu lieu dans une succession de temps, mais en ce cas, il faut qu'aucun intervalle n'ait été mis dans l'accomplissement du crime ou du délit. Dans le cas que nous venons de citer il y a identité d'action, malgré la diversité des corps de délit; un fait moral unique, malgré la multiplicité des faits d'exécution. Chacun des faits est une des parties constitutives du délit, puisqu'ils se confondent en un seul et même acte, par suite, la maxime *non bis in idem* met un obstacle à la poursuite des autres faits, s'il est intervenu un jugement sur l'un des faits du même crime. Ainsi donc, si un individu, poursuivi pour un vol d'un ou plusieurs objets déterminés, est acquitté, il ne pourra plus tard être poursuivi pour d'autres objets provenant du même vol, quoiqu'appartenant à d'autres propriétaires; en ce cas là, il pourra seulement y avoir plusieurs actions civiles; mais l'action publique ne saurait diviser le fait criminel qui est unique, et, celle-ci une fois exercée, la juridiction repressive devient incompétente. Il en serait de même, si le délit était complexe et supposait une réunion de plusieurs faits, comme le délit d'excitation à la débauche prévu par l'art. 334 du Code pénal. Si un individu prévenu d'un semblable délit est acquitté ou condamné, l'acquittement ou la condamnation aura l'autorité de la chose jugée, même à l'égard des faits qui, quoiqu'antérieurs à la première poursuite, n'ont été connus que postérieurement, ces faits formant un élément du délit et servant à constater l'habitude. La Cour de cassation avait jugé le contraire le 3 août 1826 (Bull. n° 152), en se fondant sur ce que les faits, base de la seconde poursuite, n'avaient pas été connus lors de la première poursuite, mais, par arrêt du 5 août 1866 (Bull. n° 288), la Cour suprême est revenue aux vrais principes en décidant qu'une condamnation pour habitude d'usure réprime nécessairement tous les faits antérieurs constitutifs de cette habitude, même ceux non compris distinctement dans le jugement qui l'a punie.

La troisième exception concerne les faits qui, quoique distincts, sont unis d'une manière tellement indivisible que la criminalité de l'un est subordonnée complètement à l'existence de l'autre. Des exemples feront mieux saisir notre pensée. Un huissier était poursuivi pour avoir, dans un procès-verbal de vente mobilière, commis un faux moyennant lequel il aurait commis des concussions. Il fut acquitté sur le fait principal de faux. Ici se pose la question de savoir si le ministère public était recevable à exercer plus tard des pousuites pour concussions. La Cour de Cassation, par arrêt du 23 frimaire an XIII (Bull. n° 43), admit, avec raison, la négative, et voici sur quoi elle s'est fondée : « Attendu que l'acquittement sur le faux portait nécessairement sur la concussion, dont il aurait pu être le moyen ; que cette application était d'autant plus évidente et nécessaire dans l'espèce que la Cour impériale avait déclaré que l'accusé, dans le faux dont elle le déclarait convaincu, avait agi *sans dessein de crime et plutôt par erreur ou par ignorance que par malice;* que l'accusé ainsi acquitté ne pouvait plus être poursuivi sur les mêmes faits ; qu'une qualification différente donnée à ces faits ne pouvait justifier les nouvelles poursuites. » Autre exemple : un individu est poursuivi pour escroquerie commise au moyen d'un faux certificat. Il est acquitté sur l'escroquerie. Là-dessus le ministère public exerce de nouvelles poursuites à raison de la falsification du certificat. Le tribunal correctionnel, saisi de la prévention, se déclare incompétent, en se fondant sur ce que l'objet de la prévention était le même matériellement que celui pour lequel le prévenu avait été traduit en police correctionnelle. A la suite de la confirmation du jugement par appel, pourvoi du ministère public, sur lequel intervint l'arrêt du rejet suivant de la chambre criminelle de la Cour de cassation, arrêt en date du 10 juillet 1806, Sir. 2. 265. « Attendu qu'il est de maxime certaine que l'action publique ne peut être poursuivie devant deux tribunaux contre le même individu, pour le même fait, d'après la maxime *non bis in idem.* » On voit par ces deux espèces que, dans la première, la criminalité de la concussion dépendait de l'existence du faux, puisque ce dernier avait été le seul moyen employé pour la commettre ; que, dans la seconde, la criminalité du faux était intimement liée à l'existence de l'escroquerie; que si, dans le premier cas, le faux disparaissait, la concussion s'évanouissait; que, dans la deuxième, l'escroquerie n'existant pas, il n'y avait pas non plus de faux. Ces deux exemples prouvent donc péremptoirement que si les faits, objets de deux poursuites, tout en étant matériellement distincts, forment un tout indivisible, en ce sens que l'appréciation de l'un exerce une influence sur celle de l'autre, de façon à ce que, tout en étant séparés dans l'instruction, ils doivent être réunis dans le jugement, et que la décision intervenue sur l'un des faits a l'autorité de la chose jugée quant aux autres. Qu'on n'aille pas croire que ce soient les seuls exemples qu'on puisse citer à l'appui de notre proposition. C'est ainsi que les blessures et coups volontaires commis dans une réunion séditieuse, et dont l'article 313 du Code pénal rend les chefs et instigateurs responsables, ne peuvent plus être imputés à ces derniers, s'il a été jugé à leur profit qu'il n'y a pas eu réunion séditieuse avec rébellion et pillage. De même, en cas de délit de recel d'un jeune soldat insoumis, le délit disparaît, si l'insoumis est acquitté par le conseil de guerre devant lequel il a été traduit. Dans ces deux espèces les deux faits sont tellement subordonnés l'un à l'autre qu'il est impossible que l'un conserve le caractère délictueux, si l'autre perd ce caractère ; si, par suite, l'un est couvert par un acquittement, la poursuite de l'autre devient impossible. En effet, l'autorité de la chose jugée s'applique aux deux faits ou n'existe pas.

Les trois exceptions que nous venons d'examiner sont les seules que comporte la règle générale que la connexité des faits n'empêche pas la poursuite séparée des faits connexes, mais de façon cependant à éviter la contrariété des jugements. En dehors de ces trois exceptions, cette règle reprend son empire. On a pu voir, en rapprochant ensemble les trois exceptions précitées, qu'en réalité elles n'en forment qu'une, l'indivisibilité. En effet, si, lorsque le fait, objet de la deuxième poursuite, n'est qu'une circonstance modificative du fait, objet de la première, ou sa reproduction antérieure, ou forme un tout indivisible, une seule poursuite est recevable, c'est qu'il n'y a qu'une seule et même action, un seul et même fait ; les faits se confondent en un seul, de façon à ce qu'on ne puisse les séparer, même intellectuellement. Il en résulte nécessairement que, dès que la séparation est possible, l'exception doit cesser, en vertu de la règle *cessante causa, cessat effectus*. L'exception de chose jugée ne peut être étendue qu'aux faits formant les éléments d'un même délit, mais non à ceux qui engendrent une action distincte. Telle est la jurisprudence à peu près constante de la Cour de cassation, crim. rej. 27 décembre 1849, Sir. 50. 5. 64; 21 novembre 1851 (Bull. n° 491); 6 décembre 1851, D. P. 52. 1. 180; 8 avril 1852, D. P. 52. 5. 98; crim. cass. 27 novembre 1852, D. P. 53. 1. 317; crim. rej. 21 mai 1853, D. P. 53. 5. 21; 28 janvier 1853, D. P. 53. 5. 135; 19 avril 1861, D. P. 61. 5. 5 ou 318; 22 avril 1864 (Bull. n° 112); 8 mai 1868, D. P. 68. 1. 283. Nous appliquerons *a fortiori* la solution que nous venons de donner, et, par suite, nous n'accorderons pas l'exception de chose jugée pour les faits nouveaux et de même nature, mais qui se sont produits postérieurement à la poursuite des premiers. La Cour de cassation adopte cette manière de voir. Crim. cass. 14 avril 1855, D. P. 55. 1. 186; crim. rej. 19 avril 1861 (Bull. n° 86; 17 janvier 1867, D. P. 67. 1. 557.

M. Faustin Hélie prétend toutefois que la Cour suprême, par son arrêt du 18 avril 1839, Sir. 39. 1. 890, a dévié de la doctrine que nous venons d'exposer et admis à tort l'autorité de la chose jugée. Voici l'espèce prévue par cet arrêt. Un sieur Gavarini, réfugié italien, poursuivi pour exercice illégal de la médecine, fut renvoyé de la prévention par un arrêt de la Cour de Grenoble, du 21 décembre 1836, fondé sur ce que le prévenu était autorisé à exercer la profession de médecin en France, en vertu d'une lettre du ministre de l'intérieur du 27 juillet 1832, portant que Gavarini devait recevoir, comme réfugié, l'indemnité du Gouvernement, jusqu'à ce qu'il pût se créer des ressources assurées au moyen de sa profession de chirurgien. Le ministère public ne se pourvut pas contre cet arrêt. Plus tard néanmoins, il dirigea de nouvelles poursuites, prétendant que la lettre ministérielle ne contenait pas autorisation. Le prévenu opposa l'exception de chose jugée que le tribunal de Grenoble accueillit en ces termes par jugement du 13 février 1839 : « Attendu que le respect dû à la chose jugée ne permet pas d'imprimer à la lettre ministérielle un autre caractère que celui qui lui a été reconnu par les termes de l'arrêt du 21 décembre et d'y attacher des conséquences différentes ; que cette décision est fondée sur les termes mêmes de l'art. 360, c. inst. crim., parce que le délit, objet de la prévention, se compose à la fois de la pratique illégale de la profession et du défaut d'autorisation. » En conséquence, ledit jugement renvoya le prévenu Gavarini des fins de la prévention. Sur l'appel du ministère public, confirmation pure et simple du jugement par arrêt du 8 mars 1839 de la Cour de Grenoble. Pourvoi du ministère public en la personne du procureur général de ladite Cour, pour fausse application de l'art. 360 du Code d'instruction criminelle. La Cour de cassation rendit l'arrêt de rejet suivant, le 18 avril 1839. Cet arrêt, qui est l'objet des critiques de M. Faustin Hélie, est ainsi conçu : « Attendu que l'arrêt du 21 décembre 1836, par lequel la Cour royale de Grenoble a acquitté Gavarini de la prévention d'exercice illégal de la médecine et de la chirurgie, est fondé sur ce que la lettre du ministre de l'intérieur au préfet de l'Allier, du 27 juillet 1832, contient autorisation en faveur dudit Gavarini ; qu'en cet état, la nouvelle poursuite intentée contre lui pour exercice illégal de la médecine pendant les années 1837, 1838 et 1839, a pu être écartée par l'autorité de la chose jugée, et qu'en le décidant ainsi, l'arrêt attaqué n'a fait qu'une juste application de l'article 360 ; par ces motifs, rejette le pourvoi. » C'est cet arrêt que M. Faustin Hélie blâme, en soutenant qu'il s'agit ici d'un fait nouveau, postérieur au premier jugement, dépourvu dès lors de l'autorité de la chose jugée. Mais cet auteur ne s'aperçoit pas qu'il est complètement en contradiction avec ce qu'il dit immédiatement après : ce savant criminaliste ajoute en effet, n° 1009, T. II, p. 604 : « A la vérité ce fait était identique avec le précédent, il pouvait dès lors y avoir même raison de décider. » Mais si le fait était identique et s'il y avait même raison de décider, répondrons-nous, ce fait constituait donc un tout indivisible, et, par suite, nous rentrons dans la troisième exception, et, par suite, il y avait chose jugée ; l'arrêt de la Cour suprême se trouve donc justifié. Bien plus, il n'y avait pas seulement un précédent, mais encore chose jugée sur le fait, décision sur la même affaire, car l'objet du délit était dans l'arrêt du 21 décembre 1836 et dans celui du 8 mars 1839, l'absence d'autorisation. Si le ministère public fit de nouvelles poursuites, c'est que la deuxième fois il ne voyait pas dans la lettre du ministre une autorisation qu'il avait si bien comprise y être la première fois, qu'il ne s'était pas pourvu en cassation, de sorte qu'à son égard l'arrêt était devenu irrévocable. Il résulte du jugement lui-même que cette autorisation formait un élément du délit et qu'elle existait. Cette autorisation ressortait clairement au surplus de la lettre ministérielle, puisque le ministre de l'intérieur disait que les subsides ne seraient accordés à Gavarini *que jusqu'à ce qu'il pût se créer des ressources assurées au moyen de sa profession de chirurgien*. Le droit du prévenu se trouvait donc par là implicitement reconnu.

En vain M. Faustin Hélie nous oppose-t-il un arrêt de la Cour suprême, qui décide que l'exploitation d'un établissement insalubre, quoique déjà poursuivie et déclarée non punissable, peut être poursuivie de nouveau, parceque cette exploitation constitue, chaque fois qu'elle se renouvelle au mépris des règlements, un fait nouveau dont la poursuite doit entraîner la répression. En effet la Cour de cassation a, avec raison adopté cette solution dans cette dernière espèce, tout en ayant, avec autant de raison, adopté une décision contraire en ce qui concerne l'affaire Cavarini. Qu'on se reporte en conséquence avec nous à l'arrêt du 28 janvier 1832, Crim. cass. 28 janvier 1832, Sir. 32. 1. 308. On verra que, dans cet arrêt qui nous est opposé, il s'agissait d'une exploitation réellement illégale, car il était constant qu'il n'y avait pas d'autorisation, tandis que dans l'espèce de l'arrêt du 18 avril 1830 il y avait autorisation. Cette différence ressort des termes « au mépris des règlements » qui se trouvent dans l'arrêt du 28 janvier 1832. Bien plus, dans l'espèce de cet arrêt, non seulement il n'y avait pas d'autorisation, mais le Préfet l'avait refusée et il y avait eu continuation malgré ce refus et on avait dû dresser procès-verbal. «Attendu, dit l'arrêt de la Cour suprême, que, par arrêté du 8 juillet 1831, le Préfet du département d'Ille-et-Vilaine *a rejeté la demande formée par Pierre Piédel, à l'effet d'obtenir l'autorisation d'établir une fabrique de chapeaux* à Rennes, rue Ste Héloïse, n° 6 ; que cet arrêté fut notifié le 12 du même mois ; que, par *procès-verbal régulier* du 25 octobre suivant, il a été constaté qu'au *mépris de cette décision* et des *injonctions multipliées* à lui adressées, Piedel a enlevé ses chaudières, *qu'il a continué* à exercer un travail insalubre sur les fourneaux, qu'il n'a cessé d'étendre ses peaux dans la cour de la maison sus-désignée et que *l'odeur insalubre existe comme avant l'enlèvement des chaudières*, ce qui force les voisins à tenir toujours leurs fenêtres fermées, que le jugement, sans entrer dans les détails, a renvoyé le prévenu hors d'assignation. » Cet exposé montre combien cette espèce est différente de l'affaire Gavarini, et que la Cour de cassation a, avec beaucoup de raison, admis le pourvoi dans l'affaire Piedel en le rejettant dans l'affaire Gavarini. Il n'y avait pas de doute possible : dans la première, l'autorisation n'existait pas, mais avait été réellement accordée dans la seconde, car nous ne croyons pas qu'on eût pu, si le Ministre était réellement et en personne intervenu dans l'affaire et eût prononcé les paroles que nous avons rapportées plus haut, nous ne croyons pas, disons nous, qu'en ce cas on aurait pu ne pas voir une autorisation. Ce que nous venons de dire de l'arrêt de 1832, s'applique également à ceux du 14 décembre 1833 (Bull. n° 507), 29 novembre 1838 (n° 371), 23 juillet 1836 (n° 420); Crim. rej. 27 décembre 1849, D. P. 50. 5. 64; 7 décembre 1855, D. P. 57. 5. 53; Crim. cass. 10 janvier 1857, D. P. 57. 1. 128; 25 juillet 1854 (Bull. n° 245); Crim. rej. 3 septembre 1858, D. P. 58. 5. 82, qui décident que, si les jugements définitifs rendus en faveur des prévenus sont irrévocables sur les faits auxquels ils s'appliquent, ils ne peuvent empêcher la poursuite ni la répression de chaque nouvelle infraction à la loi pénale. Le principe établi par ces arrêts est parfaitement juste, mais ces décisions néanmoins ne portent aucune atteinte à ce que nous avons dit en ce qui concerne l'affaire Gavarini. L'arrêt du 14 décembre 1833, (Bull. 507), sur lequel nous attirerons spécialement l'attention, s'exprime ainsi : « Attendu que, si cet acquittement (l'acquittement d'un individu prévenu d'une contravention de police) était un obstacle, d'après l'art. 360, à toute recherche sur le fait auquel il s'applique, aucune fin de non-recevoir ne pouvait résulter à l'égard du *fait nouveau* dont il s'agit dans l'espèce. » Or, dans l'espèce Gavarini, il n'y avait pas de faits nouveau, puisque c'était le prétendu défaut d'autorisation qui constituait le délit dans les deux poursuites. C'est donc, avec raison, que nous avons soutenu que la Cour suprême s'était conformée aux principes et avait rendu un arrêt différent que dans les espèces citées par M. Faustin, Hélie, dont l'objection croule de toutes parts faute de bases.

SECTION IV.

DEUX POURSUITES A RAISON DU MÊME FAIT.

Dans cette Section nous allons examiner ce qu'il faut décider, en ce qui concerne la chose jugée, du cas où la deuxième poursuite porte sur un fait qui n'est qu'une modification de celui qui a été l'objet d'une première poursuite. Autrement dit, il s'agit de savoir si, pour qu'il y ait identité des faits incriminés, on exige qu'il y ait la *même incrimination*, ou bien si, au contraire, le *même fait* désigne le *même acte matériel* avec toutes ses conséquences. Est-ce le même crime, ou bien la même action? Ces diverses questions ne concernent que le Droit postérieur à 1789, car, comme nous l'avons vu dans le Chapitre IV de la Première Partie, et dans le Premier Livre de la Partie actuelle de notre étude, en Droit Romain et dans notre Ancien Droit, lorsqu'un même fait pouvait donner lieu à plusieurs crimes ou délits, il était admis que l'on pouvait poursuivre l'accusé pour chacun de ces crimes ou délits, sans que cet accusé pût invoquer la maxime *non bis in idem*, seulement, nous l'avons vu, en Droit Romain, lorsqu'un même fait se trouvait dans les conditions que nous venons d'énoncer, la partie qui exerçait l'action populaire devait comprendre toutes ces incriminations dans une même poursuite, et même le juge devait, dès que le fait était susceptiple de plusieurs inculpations, statuer sur toutes les incriminations qui lui semblaient résulter du fait et cela par un seul et même jugement.

Aujourd'hui la question se trouve toute entière dans l'interprétation de l'article 360 du Code d'instruction criminelle qui prohibe une deuxième poursuite à raison du même fait. Il s'agit de savoir ce que ces dernières expressions signifient. En effet, d'un même fait matériel, la mort d'un homme, par exemple, peuvent naître plusieurs crimes, d'un côté, un homicide volontaire, de l'autre, un homicide involontaire, ou par imprudence, un empoisonnement et un avortement; il en est de même en ce qui concerne certains attouchements, par exemple, ils pourront donner lieu à un viol ou à un attentat à la pudeur. La question est donc de savoir si l'acquittement sur l'homicide volontaire (meurtre, assassinat, infanticide, empoisonnement) ou sur le viol ne s'opposera pas à la poursuite pour homicide par imprudence, avortement ou attentat à la pudeur. Comme nous l'avons dit plus haut, la formule de l'article 360 est empruntée à la Constitution de 1791. Elle passa de là dans l'article 3, titre VIII de la loi des 16-29 septembre 1791, reproduite à son tour, par le Code du 3 brumaire, an IV, d'où elle est arrivée dans notre article 360. De cette filiation historique, il ressort que, pour résoudre la question que nous avons posée en tête de cette Section, il faut voir le sens que cette formule avait dans la Constitution et la loi qui l'ont pour la première fois consacrée.

Tout le monde s'accorde à dire que, sous la Constitution et la loi de 1791, les mots, *le même fait*, s'entendaient *du fait tel qu'il s'était passé*, c'est-à-dire, avec ses éléments principaux et accessoires et *non pas seulement de l'incrimination*. C'est ce qui résulte au surplus d'un Décret de la Convention en date du 21 prairial, an II. Le Tribunal de Chaumont consulta l'Assemblé sur le point de savoir si, lorsque le jury d'accusation a déclaré qu'il n'y avait lieu à accusation, le tribunal de district peut renvoyer le prévenu en police correctionnelle à raison d'une prévention résultant du même fait. Le comité de législation de l'assemblée fit un rapport sur la question et, la Convention, « Considérant qu'aux termes de l'article 28 du titre premier de la deuxième partie de la loi des 16-29 septembre 1791, lorsque les jurés prononcent qu'il n'y a pas lieu à accusation, le prévenu doit être mis en liberté et ne peut plus être poursuivi en raison du même fait, à moins qu'il ne survienne contre lui de nouvelles charges; que le tribunal de district ne peut se rendre juge de la déclaration du jury, ni, par conséquent, décider qu'elle n'a pas été motivée soit

sur ce que le fait n'est pas, soit sur ce que le prévenu était absolument irréprochable...................
Déclare qu'il n'y a lieu à délibérer. » Il résulte clairement de cette décision que, sous la loi de 1791, il fallait donner l'interprétation la plus favorable et la plus étendue à la déclaration du jury ; qu'on ne pouvait rechercher les motifs qui avaient guidé ce dernier et que son verdict mettait *le même fait* à l'abri de toutes nouvelles poursuites. Cette décision qui ne concernait textuellement que le jury d'accusation devait *a fortiori* être admise en ce qui touche le jury de jugement.

Sous l'empire du Code de Brumaire, an IV, cette solution fut non-seulement maintenue mais reçue presque de l'extension ; c'est ainsi que, par arrêt du 14 pluviôse an II, *Jur. gén. v° chose jugée, article 3, sec. II, p.* 418, *n°* 46, *note* 1, la Cour de cassation annula des poursuites pour avortement faites contre un individu acquitté du crime d'empoisonnement. Voici l'espèce : l'accusé Stein avait été poursuivi une première fois pour avoir fait prendre à sa femme un breuvage qui l'avait mise en danger de mort et lui avait procuré l'avortement. Acquitté sur l'accusation d'empoisonnement, il fut poursuivi par le ministère public à raison de l'avortement et condamné à vingt ans de fers. Le sieur Stein se pourvut contre l'arrêt et la Cour de cassation, comme nous l'avons dit, fit droit à ce pourvoi. Voici les motifs : « Attendu qu'aux termes du Code des délits et peines, dans son article 427, l'accusé acquitté du fait porté dans l'acte d'accusation ne peut être soumis à une nouvelle instruction que sur des faits nouveaux autres que ceux énoncés au premier acte d'accusation. » Voici un arrêt de la même Cour qui est encore plus explicite. Il est en date du 21 thermidor an VII, Sir. 1. 234. Jean-Pierre Cordey, prévenu d'un homicide volontaire et qui avait obtenu du jury d'accusation le bénéfice d'une déclaration de non-lieu, fut l'objet d'une citation directe en police correctionnelle, de la part du plaignant. Un jugement de ce tribunal intervint, et, sur l'appel, le tribunal criminel du département de la Seine condamna Jean-Pierre Cordey à 500 francs d'amende, un mois de prison et 4000 francs de dommages et intérêts pour homicide par imprudence. Pourvoi du sieur Cordey, à la suite duquel la Cour suprême cassa le jugement : «Attendu que, si, d'après les dispositions de l'article 241 du Code des délits et peines, les jurés d'accusation ne peuvent examiner de quel genre de peines le fait de l'accusation est de nature à être puni, il s'en suit que la déclaration du jury d'accusation embrasse indéfiniment le fait sur lequel il prononce, que, par conséquent, les dispositions de l'article 255 du Code ci-dessus cité ne peuvent être restreintes à la seule poursuite criminelle, mais qu'elles comprennent aussi toutes les poursuites correctionnelles et de simple police. » On peut conclure des arrêts qui précèdent et de plusieurs autres dont l'analyse détaillée nous entraînerait trop loin (Crim. cass. 5 février 1808, Sir. 2, 484 ; 11 brumaire an VII, 26 ventôse an XI ; 10 ventôse an XII ; 23 frimaire an XIII ; 27 octobre 1809, Sir. 10. 1. 262., que, sous le Code de Brumaire an IV, l'acquittement ou l'absolution de l'accusé mettait un terme non-seulement à l'accusation, telle qu'elle avait été portée devant le tribunal criminel, mais encore à toutes celles qui pouvaient naître de ce fait.

Nous arrivons maintenant au Code d'instruction criminelle. La question est maintenant de savoir si ce Code, en reproduisant, comme la loi des 16-29 septembre 1791 et le Code de Brumaire an IV, les expressions textuelles de la Constitution de 1791, en a modifié la valeur. Les changements apportés à la procédure criminelle ont-ils pu modifier et restreindre la règle adoptée encore sous le Code de Brumaire, c'est ce que pensent la Cour de cassation et avec elle MM. Mangin, *De l'action publique et de l'action civile,* Legraverend, *Législation criminelle,* et Dalloz, *Jurisprudence générale.* En ce qui touche la Cour de cassation, ce n'est qu'après plusieurs hésitations qu'elle a adopté, d'une façon constante, une solution complétement contraire à celle admise sous le Code de Brumaire.

Pour justifier ce changement, la Cour suprême et ses adeptes se fondent sur ce que le Code de 1808 aurait modifié et même changé tout à fait le mode de position des questions aux jurés. D'après le Code de Brumaire, le Président de la Cour d'assises devait interroger les jurés d'abord sur la matérialité du fait et sur la participation de l'accusé à ce fait, ensuite sur la moralité de ce fait, enfin sur le plus ou moins de gravité du délit résultant de l'acte d'accusation, de la défense de l'accusé et des débats. Le jury examinait, par conséquent, fait-on observer, le fait sous toutes ses faces et dans ses rapports avec les lois pénales, et il n'était pas rare de voir ses déclarations porter sur des circonstances qui devaient ne faire condamner l'accusé qu'à des peines correctionnelles ou même de simple police. Le fait qui avait donné lieu à une accusation ne pouvait donc plus être reproduit sous une autre qualification, soit par le ministère public, soit par la partie civile, car, par cela même que le jury pouvait être et n'avait pas été appelé à statuer sur cette qualification, il y avait présomption légale que le fait ne comportait pas cette qualification. D'après la Cour de cassation, ce système aurait été abrogé par le Code d'instruction criminelle et la mission du jury restreinte à l'examen du fait tel qu'il est qualifié par l'acte d'accusation. Les jurés n'auraient qu'à délibérer sur l'accusation qui leur est soumise. Elle invoque l'article 337 du dit Code, qui, au lieu d'ordonner que l'on pose aux jurés des questions sur le plus ou moins de gravité du délit, tel qu'il ressort de l'acte d'accusation, de la défense et des débats, ne prescrit que la position des questions résultant de l'acte d'accusation; l'article 339, ne déroge, selon elle, ainsi que l'article 338, qu'en ce qui concerne *les circonstances aggravantes mentionnées dans l'acte d'accusation et les faits d'excuse légale proposés par l'accusé*. De cette différence d'interrogation, la Cour de cassation et ceux qui adoptent son opinion ont tiré la conséquence que, sous l'empire du Code actuel, l'acquittement ou l'absolution de l'accusé ne concernait que l'accusation sur laquelle le jury a statué et non les autres accusations ou préventions qui ne lui ont pas été soumises, quoiqu'elles eussent pour origine le même fait.

C'est en conformité de ces principes que la Cour régulatrice a admis que l'accusé acquitté du crime de meurtre peut être traduit en police correctionnelle sous prévention d'homicide par imprudence. Voici le motif qu'elle invoque notamment dans son arrêt du 29 octobre 1812, Sir. 13. 1. 242 et celui du 16 juillet 1842, Sir. 42. 1. 734 : « Attendu que, d'après les articles 337, 338, 339, le Président n'est tenu de soumettre au jury comme questions principales que le fait de l'accusation sous le caractère et avec les circonstances aggravantes qui auraient pu naître des débats et les faits d'excuse, proposés par l'accusé et admis comme tels par la loi ; que lorsque le Président, se conformant à cette disposition du Code, n'a point interrogé les jurés sur des circonstances non portées dans le résumé de l'acte d'accusation et qui pouvaient donner aux faits un caractère différent de celui sous lequel l'accusation était intentée, ce serait évidemment contrarier l'esprit de la loi et faussement appliquer l'article 360 que d'en étendre le principe indistinctement à tous les caractères de criminalité sous lesquels le fait de l'accusation est caractérisé par la loi et sur lesquels il n'y a eu ni accusation, ni décision du jury. C'est par le même motif que la Cour de cassation a jugé que la fille acquittée par la Cour d'assises sur l'inculpation d'infanticide peut être poursuivie pour le même fait devant la juridiction correctionnelle comme prévenue d'homicide involontaire commis par imprudence ou négligence. Crim. cass. 24 octobre 1811, 30 janvier 1840, 18 mars 1840, 5 février 1841, 25 novembre 1841 (Bull. n° 332), 6 mars 1845, D. P. 45. 4. 84 ; 14 avril 1848, D. P. 48. 5. 50 ; 27 décembre 1850, D. P. 51. 5. 82 ; 9 juin 1854, D. P. 55. 5. 73 ; 3 août 1855, D. P. 55. 1. 308. C'est en se fondant sur cette même distinction que la Cour de cassation décide qu'un individu acquitté du crime de viol ou de celui d'attentat à la pudeur, peut être poursuivi correctionnellement pour délit d'outrages publics à la pudeur, crim. rej. 8 février 1851, D. P. 51. 5. 83; crim. cass. 17 mars 1853, D. P. 53. 1. 113. chamb. réun. cass. 3 novembre 1855, D. P. 55. 1. 441; crim. rej. 3 septembre 1858, D. P. 58. 5. 63; 5 février 1863, D. P. 64. 1. 324; 18 janvier 1863, D. P. 64. 1. 324; 23 juillet 1863, D. P. 64. 1. 324; 28 août 1863, D. P. 64. 1. 324. On le voit, c'est une jurisprudence constante qu'admet la Cour suprême. Les auteurs que nous avons cités plus haut comme partageant cette opinion ont été entraînés à admettre cette solution, en partie par suite de cette fixité de jurisprudence, et en partie aussi parce qu'ils la considèrent comme une conséquence nécessaire des dispositions du Code d'instruction criminelle.

Pour nous, nous ne saurions adopter cette manière de voir car, ainsi que nous le démontrerons plus loin, cette jurisprudence est, en quelque sorte, une protestation des juges des tribunaux correctionnels, des Présidents et assesseurs des Cours d'assises ainsi que du Ministère public contre les décisions du jury. Nous nous bornerons à indiquer ici comme preuve la sévérité des condamnations prononcées par les tribunaux correctionnels contre les personnes acquittées par le jury, condamnations qui sont généralement le *maximum* de la peine portée par la loi. Ceci dit en passant, nous allons indiquer les raisons qui nous font rejeter la jurisprudence de la Cour suprême. Pour cela, il faut examiner avant tout si la distinction sur laquelle repose tout son système est admissible.

D'abord est-il exact de dire que le Code de 1808 a changé le système de celui de Brumaire an IV et restreint le pouvoir d'examen du jury dans les limites de l'acte d'accusation. Poser ainsi la question c'est la résoudre. En effet, les articles 374 et 379 de ce dernier Code posaient deux règles sur la manière d'interroger le jury. Ils séparaient nettement les questions se rapportant à l'existence, à la moralité et aux circonstances accessoires du fait, objet de l'acte d'accusation, mais qui n'avaient pas pour but de changer le caractère du délit et celles, d'autre part, qui, non comprises dans l'acte d'accusation et survenues dans le cours des débats, changeaient les caractères du délit. Les premières devaient être posées par le président, *à peine de nullité*. La position des secondes *était simplement facultative*. Le Président pouvait les poser ou ne pas les poser, suivant qu'il le jugeait convenable. Pour se convaincre de cette différence, il suffit de se reporter au texte de l'art. 379, qui dit : « Les jurés *peuvent être interrogés* sur une ou plusieurs circonstances non mentionnées dans l'acte d'accusation quand même elles changeraient le caractère du délit résultant du fait qui y est porté. Ainsi, sur l'accusation d'un acte de violences envers une personne, le Président *peut*, *d'après les débats*, poser la question de savoir si cet acte de violence a été commis à dessein de tuer. » Cet article ni aucun autre n'ouvrait d'action en nullité en ce qui concerne cette disposition. Il pouvait donc se faire que, soit par la volonté, soit par la négligence du Président, le jury n'eut été interrogé sur aucune circonstance modificative du fait à lui posé, bien que la position d'une semblable question eût pu faire condamner le prévenu à une peine correctionnelle, ce qui n'empêchait pas la Cour de cassation de rejeter toute poursuite ultérieure, sans aucune distinction entre le cas où les poursuites avaient pour objet la même accusation, et celui où elles tiraient du même fait une accusation nouvelle, car la Cour de cassation faisait une application absolue de la règle, que l'accusé ne peut être repris *à raison du même fait*.

Maintenant que nous avons replacé les choses dans l'état où elles se trouvaient réellement sous le Code de Brumaire an IV, nous devons examiner si le Code de 1808 lui a substitué un système de procédure différent. Il faut l'avouer, le Code d'instruction criminelle a profondément remanié les dispositions de celui de Brumaire an IV, mais faut-il conclure de là que ce dernier système a été complétement abrogé? Non certes, et c'est là une profonde erreur dans laquelle sont tombés la Cour de cassation ainsi que les auteurs qui adoptent sa manière de voir. Aujourd'hui, comme en l'an IV, il existe deux ordres de questions, les unes, prescrites *à peine de nullité*, ce sont celles résultant de l'acte d'accusation, les circonstances aggravantes résultant des débats et les faits d'excuse légale proposés par l'accusé; les autres, *simplement abandonnées au pouvoir discrétionnaire* du Président, ce sont celles qui modifient le caractère du fait, en le soumettant sous un autre point de vue à l'appréciation du jury, et plaçant une accusation accessoire à côté de la première. La loi ne parle pas, il est vrai, explicitement de la position des questions subsidiaires, mais elle n'a pas défendu de les poser, et ce qui n'est pas défendu est nécessairement permis. La preuve, que, loin d'avoir fait la défense d'interroger dessus le jury, la loi a implicitement prévu de semblables questions, résulte de la combinaison de l'art. 337 et de l'art. 365 du Code d'instruction criminelle et de celle de l'art. 268 avec l'art. 341 du même Code. L'art. 337 n'est qu'indicatif de la manière dont les questions doivent être posées et l'art. 365 dit : «Si le fait est défendu, la Cour (d'assises) prononcera la peine établie par la loi, *même dans le cas où, d'après les débats, il se trouverait n'être plus de la compétence de la Cour d'assises.*» Or la Cour ne peut statuer que d'après la déclaration du jury, donc ce dernier peut être appelé à apprécier le fait lors-même que, d'après les débats, il ne constituerait plus qu'un délit ou une contravention, ce qui ne peut arriver que par la position d'une question subsidiaire. Ce qui édifiera nos lecteurs c'est que c'est précisément de la jurisprudence de la Cour de cassation que nous tirons notre interprétation en ce qui touche la position de ces questions. C'est ainsi que, par arrêts du 10 juillet 1817, (J. du P. 1817, T. XIV, p. 343,) 10 juin 1830, (J. du P. XXIII p. 564,) la Cour de cassation a décidé que, dans une accusation d'attentat à la pudeur, on peut poser, comme question subsidiaire, la question de tentative : « Attendu que la disposition de l'article 337 du Code d'instruction criminelle n'étant pas prescrite à peine de nullité, elle n'est qu'indicative de la manière dont la question doit être posée, que cette question est régulière et légale, lorsqu'elle présente à la déclaration du jury soit le fait seulement tel qu'il résulte de l'acte d'accusation, soit le fait de l'acte d'accusation modifié d'après le résultat des débats ; que quand la question énonce des circonstances qui ne se trouvent pas dans l'acte d'accusation, ces circonstances sont présumées de droit être résultées des débats ; que, dès qu'elles se rattachent au fait principal de l'accusation, elles ont dû être soumises au jury, puisqu'elles devaient déterminer la véritable nature du crime et mettre la Cour d'assises à portée d'appliquer au coupable la peine portée par la loi. » La Cour régulatrice a également reconnu, par arrêt du 16 janvier 1818, (J. du P. T. XIV, p. 580), que, dans une accusation de viol, il est loisible au Président de poser, comme résultant des débats, une question d'attentat à la pudeur, consommé ou tenté avec violences. Voici les motifs de l'arrêt : « Attendu que l'art. 337 n'est pas prescrit à peine de nullité, et qu'il n'est qu'indicatif de la manière dont les questions doivent être posées ; que l'art. 338 veut que les circonstances qui résulteraient des débats soient, quoique non-mentionnées dans l'acte d'accusation, soumises à la décision des jurés ; que lorsque, par le résultat des débats, le fait mentionné dans l'acte d'accusation parait recevoir une modification dans son caractère, le Président de la Cour d'assises *peut et doit* poser une question secondaire sur ce même fait qui n'est que modifié et qui, par conséquent, se rattache toujours essentiellement à celui de l'accusation. » C'est ainsi encore que, par arrêt du 10 juin 1845, (Bull. n° 199) ; du 18 juin 1846, D. P. 46. 4. 835 ; 9 septembre 1853, D. P. 53. 5. 138, la Cour de cassation a jugé que, dans une accusation en extorsion de signatures, le Président peut poser la question de coups et blessures volontaires. Voici comme elle s'exprime dans l'arrêt du 10 juin 1845 : « Attendu que les faits de violences qui accompagnaient l'extorsion de signatures étant essentiellement connexes au crime, objet de l'accusation, puisqu'ils constituaient les moyens employés pour le commettre, la Cour d'assises a pu légalement soumettre au jury une question spéciale de coups et blessures avec préméditation, lesquels étaient implicitement compris dans l'accusation, de même que, sur une accusation semblable, une question pourrait être posée à raison du délit de menaces avec ordre ou condition, si les faits qui caractérisent ce délit paraissaient à la Cour d'assises résulter des débats.» La Cour de cassation admet comme règle générale «qu'une Cour d'assises a le droit de poser comme résultant des débats non seulement toute circonstance aggravante non mentionnée dans l'acte d'accusation, mais encore toute question qui, quoique formulant une accusation différente que la première, en ce sens qu'elle est prévue par une autre disposition de la loi, n'est toutefois que la reproduction du fait primitif envisagé sous un autre point de vue et présentant un autre caractère pénal.» C'est ce que dit cette Cour dans son arrêt du 16 mars 1840, (Bull. n° 138).

Il résulte de ce que nous venons de dire que le premier argument invoqué par la jurisprudence pour appuyer la distinction, qu'on veut introduire dans l'art. 360, et qui consiste à invoquer la prétendue différence qui existerait entre la manière de poser les questions aux jurés sous le Code d'instruction criminelle et celle de le faire sous le Code du 3 Brumaire an IV, manque complètement de fondement. En effet, s'il existe réellement des différences, elles portent, comme nous venons de le voir, plutôt sur la forme que sur le fond ; elles laissent intactes la compétence de la Cour d'assises et celle du jury, et, par suite aussi, l'effet des déclarations de non-culpabilité. Aujourd'hui, comme alors, l'appréciation peut porter non-seulement sur le fait tel que l'avait caractérisé l'acte d'accusation, mais encore, sous un autre point de vue, si les débats lui ont donné un autre caractère. Dans les deux Codes il est admis que l'acquittement intervenu sur une accusation, met l'accusé à l'abri des accusations nouvelles portant sur le même fait.

Comme on voit que le premier argument n'est pas soutenable, on nous fait l'objection suivante : «Ce que vous venez de dire serait fort bien, si le Code d'instruction criminelle imposait, comme celui de l'an IV, au Président, à peine de nullité, d'appeler le jury à se prononcer en même temps sur tous les crimes et sur tous les délits qui peuvent résulter du fait et de ses circonstances, mais malheureusement, dit-on, aujourd'hui il n'en est plus ainsi, le Président n'a qu'une simple *faculté* et, par suite, a le droit de s'abstenir de poser les questions subsidiaires. Elles sont abandonnées à son pouvoir discrétionnaire ; l'omission ne peut avoir pour effet de donner l'autorité de la chose jugée à la décision vis-à-vis d'une nouvelle accusation, quant au fait de la première. Cette objection est basée sur une erreur. Comme nous l'avons démontré en citant le texte de l'art. 379, du Code de Brumaire, il est inexact que, sous ce Code, le Président *fût tenu, sous peine de nullité*, de faire statuer le jury sur tous les caractères que le fait pouvait présenter d'après la loi pénale. Il n'avait à cet égard qu'une *simple faculté*. Nous avons également dit qu'aucun texte n'attachait la nullité aux dispositions de l'art. 379. Il était impossible qu'il en fût autrement, ajouterons-nous, car la position des questions subsidiaires, comme le fait remarquer, avec beaucoup de raison, M. Faustin Hélie, *op. cit. II*, n° 1014, dépend d'une appréciation de faits livrée à la conscience et à l'honneur du Président ou, en cas de contestation, de la Cour d'assises ; si cette obligation d'apprécier les faits pour savoir s'il y a lieu de poser la question subsidiaire est admise, il ne peut y avoir, par suite, *nécessité* de poser la question, car, sans cela, il eût été inutile, absurde même de soumettre la position de la question à l'appréciation du Président ou de la Cour. En admettant même que cette *faculté* ne date que du Code d'instruction criminelle, on sera cependant forcé de convenir que cette faculté est une attribution, par suite un pouvoir, par suite enfin une compétence. Ceci une fois admis, ne faut-il pas admettre également que toute compétence donne le devoir et l'obligation de l'appliquer lorsque les circonstances requises par la loi pour son application se rencontrent dans la cause. Si la loi a armé le Président des assises d'un pouvoir discrétionnaire, ce n'est pas pour qu'il en use arbitrairement, selon son caprice, son bon plaisir, mais, au contraire, *pour qu'il fit tout son possible pour faire éclater la vérité*. C'est ce que dit formellement l'article 268, du Code d'instruction criminelle : « Le Président est investi d'un pouvoir discrétionnaire, « en vertu duquel il pourra prendre sur lui tout ce « qu'il croira utile pour découvrir la vérité ; et la loi « charge son honneur et sa conscience d'employer « tous ses efforts pour en favoriser la manifestation. »

Ici vient une objection qui met complétement à nu le mobile qui a fait admettre par la Cour de cassation la jurisprudence que nous combattons en ce moment. On prétend que, si dans maintes hypothèses, le Président ou la Cour ne posent pas la question subsidiaire, c'est qu'ils craignent que cette dernière n'énerve l'accusation principale et ne paraisse aux yeux du jury un appel à son indulgence. En d'autres termes, l'élément magistral de la Cour d'assises se défie du jury et cherche à lui tendre des piéges au lieu de les lui faire éviter. Lorsque le jury a rendu un verdict de non-culpabilité en faveur d'un accusé, on reprend le dit accusé devant la juridiction correctionnelle en raison d'un délit résultant du même fait et on lui applique généralement une peine plus forte que celle qu'on lui eut infligée, s'il avait directement été cité en police correctionnelle, cette peine le plus souvent est le *maximum* de celle portée par la loi; les magistrats cherchent ainsi à protester contre la décision du jury. Une autre preuve de ce que nous avançons est la suivante. Très-souvent dans son résumé, le Président des assises contrevient à l'esprit de la loi aussi bien qu'à son texte en produisant des arguments nouveaux pour rétorquer ceux de la défense, quoique celle-ci doive avoir la parole la dernière, souvent même il ne la mentionne même pas, malgré la disposition formelle de l'article 336; on en a même vu engager le jury à ne pas admettre de circonstances atténuantes et, si ce dernier néanmoins en avait admis, la Cour appliquerait le *maximum* de la peine portée par la loi en ce cas, tandis que, si le verdict de culpabilité eût été pur et simple, l'accusé aurait eu le *minimum*. Nous pourrions citer plusieurs arrêts à l'appui de ce que nous disons de la sévérité des condamnations prononcées par la juridiction correctionnelle contre des individus acquittés par le jury et recherchés ensuite pour un délit naissant du même fait; contentons-nous d'indiquer un arrêt de la Cour de Colmar, de l'année 1868, qui a réduit, de deux ans, à six mois, une peine d'emprisonnement prononcée par le tribunal correctionnel de Strasbourg contre un individu en faveur duquel le jury avait rendu un verdict de non-culpabilité sur une accusation d'attentat à la pudeur, et recherché ensuite pour le même fait comme constituant le délit d'outrage public à la pudeur; la Cour, pour abaisser la peine, s'est entre autres fondée sur ce que la peine énorme de deux ans de prison n'avait été évidemment prononcée que pour protester contre la décision du jury. Ajoutons que cet arrêt n'a pas été attaqué par le ministère public. Quoique cet arrêt n'aille pas assez loin, il mérite néanmoins d'être signalé et cité à l'appui de notre opinion. Quoiqu'il en soit, l'inquiétude et la défiance manifestées par la magistrature contre les décisions du jury ne sauraient prévaloir sur la loi. Or celle-ci veut que le jury puisse examiner sous tous les rapports le fait soumis à la Cour d'assises. S'il faut pour cela des jurés intelligents et consciencieux, c'est au Président à leur faciliter la tâche en les éclairant sur les points de leur mission qui pourraient présenter des difficultés, et non pas à rendre leur tâche plus périlleuse, en multipliant les écueils, déjà trop nombreux, qu'elle présente. Ajoutons, pour terminer sur ce point, que ce sentiment de défiance, dont nous avons parlé plus haut, ne doit son origine qu'aux Présidents des assises ou des Cours impériales, en effet, si les premiers s'étaient, malgré toutes remontrances de leurs supérieurs, donné la peine de se conformer à la loi, en posant plus souvent des questions subsidiaires, la justice eût été mieux et plus économiquement rendue ; le ministère public eût en effet regardé à deux fois avant de faire des poursuites contre un individu acquitté par le jury et eût ainsi diminué les frais de justice au profit du Trésor et des justiciables. D'un autre côté, le jury, continuellement instruit de ce qu'il pouvait faire, n'eût pas rendu au profit de certains individus des acquittements qu'on peut, à bon droit, appeler honteux ; le sentiment de défiance eût ainsi disparu et la répression n'en fût devenue que plus efficace. L'objection qu'on nous a faite étant ainsi victorieusement écartée, nous sommes forcément amené à conclure que, du moment qu'aucune question subsidiaire n'a été posée soit à la requête du ministère public, soit à celle de la défense, il faut en conclure, disons-nous, de deux choses l'une, ou bien que la première accusation a absorbé toute incrimination ultérieure du même fait, ou bien que cette incrimination a été jugée sans fondement.

Nous avons dit plus haut que l'art. 360 reproduisait textuellement l'art. 3, titre VIII de la loi des 16-29 septembre 1791 et de l'art. 426 du Code de Brumaire an IV. Ces trois articles s'opposent à ce qu'une personne acquittée soit reprise et accusée à *raison du même fait*. Ces dernières expressions doivent avoir la même signification dans les trois législations puisque nous ne trouvons pas de trace d'une autre signification dans les travaux préparatoires du Code d'instruction criminelle, ce qui aurait dû se rencontrer, si ses rédacteurs avaient voulu modifier le sens de ces expressions. Il est bien plus probable qu'on se serait gardé d'employer les mêmes expressions et, par suite, leur conservation, sans indication d'un autre sens, nous amène à admettre qu'aujourd'hui encore elles ont la même valeur. De plus, notre interprétation se fonde sur le sens qu'on donne généralement à l'expression le *même fait*. *Un fait*, d'après la langue vulgaire, indique nécessairement *un fait, un acte* matériel et non *une accusation*, c'est-à-dire la qualification donnée par l'acte d'accusation, qualification que les débats ont pu changer. Un fait d'ailleurs est susceptible de plusieurs qualifications, et de plusieurs accusations, par suite. La combinaison de l'art. 360 avec l'art. 246 nous offre un argument péremptoire. Cet dernier article emploie les mêmes expressions que l'art. 360 et prohibe toute poursuite ultérieure, à moins qu'il ne survienne des charges nouvelles. Il est ainsi conçu : « Le prévenu à l'égard duquel la Cour impériale aura décidé qu'il n'y a pas lieu au renvoi à la Cour d'assises, ne pourra plus y être traduit *à raison du même fait*, à moins qu'il ne survienne de nouvelles charges. » On ne pourra pas vouloir prétendre ici qu'il n'est question que de la même pévention, du même délit et non du fait matériel, puisque la chambre des mises en accusation avait le pouvoir de prononcer le renvoi en police correctionnelle, ou en police simple, si la première qualification ne lui paraissait pas fondée et, par suite, on est forcé d'admettre que le même fait ne pourra plus être l'objet d'aucune autre incrimination. Il serait difficile d'admettre que dans ces deux articles le mot fait a deux significations différentes ; que, dans le premier, il signifierait *accusation*, et, dans l'autre, *fait matériel*. Ce qui vient corroborer cet argument c'est la combinaison du même article 360 avec l'art. 361. Ce dernier article porte : « lorsque, dans le cours des débats, l'accusé aura été inculpé sur *un autre fait*, soit par des pièces, soit par les dépositions des témoins, le Président, après avoir prononcé qu'il est acquitté de l'accusation, ordonnera qu'il soit poursuivi à raison du *nouveau fait*. » Il ne peut s'agir ici d'un fait qualifié, puisque le Président ordonnant des poursuites, c'est qu'il n'est pas intervenu de décision définitive et que la qualification ne peut résulter que d'une semblable décision. Le juge d'instruction n'est pas saisi et le Président n'a le droit que de lancer un mandat de comparution ou d'amener. Il n'est donc question ici que *d'un fait matériel* qu'ont révélé les débats, qui semble pouvoir entraîner une peine, mais dont on n'a pu déterminer le caractère pénal, et qui peut, par suite, donner lieu à plusieurs qualifications. Le législateur, à moins d'une disposition formelle, n'a pas pu donner aux mêmes mots deux interprétations si différentes, dans deux articles aussi rapprochés. On commettrait du reste un véritable contre-sens en faisant du mot *fait* le synonyme *d'accusation*.

De plus, notre interprétation part du principe général que la décision du jury est inviolable d'après le prescrit de l'art. 350 du Code. En effet il est impossible de sonder la conscience des jurés pour connaître les motifs de leur verdict, qui n'est pas motivé, sans risquer de se mettre en contradiction avec lui et méconnaître la chose jugée. Ce dernier argument est tellement puissant que jusqu'ici, du moins à notre connaissance, il n'a été l'objet d'aucune réfutation. Nous devons ici mentionner une concession inattendue qui nous est faite par Merlin, le promoteur de l'interprétation que nous combattons, concession qui anéantit tous son système. Jean Diffis fut traduit en Cour d'assises sous l'accusation de meurtre commis sur le gendarme Mermet. Déclaré non-coupable de meurtre par le jury et acquitté en conséquence par le Président des assises, l'accusé fut poursuivi ultérieurement en police correctionnelle pour homicide par imprudence. D'après M. Merlin, cette poursuite était illégale : « Le jury, dit cet éminent jurisconsulte, n'a eu à délibérer, d'après la manière dont l'avait interrogé le Président, que sur une seule question, celle de savoir si Jean Diffis était coupable du meurtre du gendarme. Il a répondu qu'il n'était pas coupable, dès-lors qui nous assurera que le jury n'a pas entendu décider que ce n'était pas Jean Diffis qui avait tué le gendarme, et, si l'on répugne à présumer une pareille décision dans la circonstance où l'accusé avouait le fait de l'homicide, qui nous assurera du moins que le jury n'a pas entendu décider que Jean Diffis avait commis l'homicide avec l'intention bien fondée qu'il le commettait dans une légitime défense ? Et que ferait-on aujourd'hui en le poursuivant comme prévenu d'un homicide commis par imprudence ? Evidemment, on s'exposerait à le faire condamner correctionnellement soit pour un fait qu'il aurait été jugé n'avoir pas commis, soit pour un fait qu'il aurait été jugé avoir commis légitimement. Pourquoi, sous le Code du 3 Brumaire an IV, jugiez-vous constamment qu'après une déclaration du jury d'accusation on ne pouvait plus poursuivre correctionnellement ce prévenu comme coupable d'homicide commis par imprudence? Parce que, comme l'avait proclamé le décret du 21 Prairial an II, les tribunaux correctionnels *ne pouvaient se rendre juges de la déclaration du jury ni, par conséquent, décider qu'elle n'avait pas été motivée, soit sur ce que le fait n'était pas constant, soit sur ce que le prévenu était absolument irréprochable.* Et bien ici c'est la même chose. D'après la manière dont est rédigée la déclaration du jury, il est impossible à tout tribunal correctionnel de décider ou que le jury n'a pas déclaré que Jean Difflis n'était pas l'auteur de l'homicide, ou que le jury, en le reconnaissant auteur de l'homicide, n'a pas déclaré qu'il l'avait commis légitimement. » Ce réquisitoire et surtout sa dernière partie impressionna la Cour de cassation qui rejeta le pourvoi formé par le Ministère public contre l'arrêt de la Cour impériale de Toulouse, qui avait déclaré l'action publique non-recevable, en se fondant sur ce que la maxime *non bis in idem* s'opposait à ce qu'un individu acquitté d'une accusation de meurtre puisse jamais être repris à raison du même fait que l'on convertirait en homicide par imprudence; la Cour suprême, en rejetant le pourvoi, déclara la seconde poursuite nulle: « Attendu que la déclaration du jury, d'après la généralité de ses expressions et l'interprétation qu'exige la faveur de tout accusé, doit être censée porter tant sur le fait d'homicide en lui même ou sa légitimité que sur l'absence de volonté, que dès-lors il n'existe plus de base à une poursuite quelconque contre l'accusé à raison du fait qui a formé l'objet de l'accusation.» Crim. rej. 20 octobre 1812, Sir. 13. 1. 242. Comme on peut facilement s'en apercevoir, les raisons invoquées dans cet arrêt doivent nécessairement s'appliquer à la plupart des déclarations de non-culpabilité et le système de la Cour suprême, qui ne s'appuyait déjà que sur des arguments spécieux ou érronés, s'écroule de fond en comble. On ne fera pas en effet facilement comprendre qu'une seconde accusation puisse être dirigée à raison du même fait matériel, alors qu'on admet, d'un autre coté, que la déclaration du jury par ses termes éteint, comme dans l'espèce précédente, toutes les accusations auxquelles un même fait peut donner lieu.

Enfin le système que nous adoptons se fonde sur le principe même de la chose jugée. N'est-il pas de la plus haute inconvenance et n'est ce pas violer le respect dû à la justice, lorsqu'après avoir soumis un accusé aux épreuves solennelles des débats en Cour d'assises et lorsqu'il a été déclaré non-coupable par le jury, de le reprendre à raison du même fait devant une juridiction inférieure. Est-il donc régulier, nous ne saurions trop insister la dessus, que le Ministère public puisse trainer l'accusé de juridiction en juridiction, en considérant le fait tantôt comme un crime, tantôt comme un délit, tantôt comme une contravention? Ainsi donc serait-il régulier, après une accusation de meurtre suivie d'un acquittement, de poursuivre l'individu comme coupable de coups et blessures volontaires ayant entraîné la mort sans intention de la donner; après l'acquittement, pourrait-on le poursuivre comme coupable de coups et blessures simples, puis ensuite pour voies de faits légères? Personne, nous le croyons, n'oserait le soutenir et cependant c'est là une conséquence logique, nécessaire du système de la Cour de cassation! On nous objectera peut-être qu'un même fait peut être soumis au jury avec le double caractère de crime et de délit; oui certainement, mais, en ce cas, la double appréciation est portée devant les mêmes juges qui pourront alors librement déterminer le véritable caractère du fait. Étant forcé d'exprimer toute leur pensée d'une façon nette, il n'y aura pas à craindre de la part des jurés de contradiction entre la négation du crime et l'affirmation du délit, leurs réponses s'interprétant l'une par l'autre. Ils examineront le fait sous toutes ses faces et il n'y aura qu'une seule décision.

La justice au surplus ne sera pas désarmée, car, si le fait peut donner lieu à plusieurs qualifications, il est du devoir du Président des assises de poser aux jurés des questions subsidiaires, si, d'après les débats, il les croit fondées, c'est ce que dit nettement l'arrêt rendu par la Cour de cassation le 16 janvier 1818 (J. du P. XIV, p. 580), dont nous avons cité le texte plus haut. Il n'y a entre notre système et celui de la Cour régulatrice que la différence suivante : d'après nous, les diverses incriminations qui peuvent naître d'un même fait doivent être portées devant les mêmes juges, tandis que, d'après le système que nous combattons, elles doivent être portées devant des juges différents. Mais il faut, pour que les diverses incriminations puissent être portées, d'après nous, devant les mêmes juges, qu'elles ne soient que des modifications du fait, objet de la première qualification. Si, au contraire, la deuxième ou ultérieure incrimination porte sur un autre fait, principal et distinct, qui constitue un crime séparé, la poursuite de ce nouveau fait ne rencontrera pas d'obstacles. Nous pouvons invoquer à l'appui un arrêt de la Cour de cassation du 10 avril 1830 (Bull. n° 131), suivant lequel, « il ressort de la combinaison des articles 337, 338, 361, que, s'il résulte des débats quelque circonstance qui aggrave le crime imputé à l'accusé ou quelque fait qui n'en soit qu'une modification, le Président est autorisé à soumettre au jury ce point nouveau dans une question ajoutée à celles qui découlent de l'acte d'accusation; mais que, lorsque le fait qui résulte dès débats, est, au contraire, un fait principal et séparé, constituant un crime distinct, on ne peut l'ajouter à l'accusation primitive; que ce cas est réglé par l'article 361, d'après lequel le Président doit ordonner de nouvelles poursuites. » Ainsi, par exemple, s'il s'agit d'un crime d'infanticide et que, dans les débats, se revèle celui de suppression d'enfant, ce second fait doit être considéré comme constituant *un fait nouveau*. De même, dans une accusation de meurtre, le crime de port d'armes de guerre ne doit pas être considéré comme ayant pour objet le même fait; de même, dans le cas de fabrication de billets faux, on doit considérer comme *nouveau le fait* d'escroquerie. Nous conclurons de là que l'exception de chose jugée suppose deux actions intentées séparément à raison du même fait. Libre à l'accusation de multiplier ses chefs, pourvu qu'elle les comprenne dans une seule et même action, dans une seule et même poursuite portée devant les mêmes juges. Que si, au contraire, elle intente des actions séparées pour chacun de ces chefs, l'acquittement prononcé pour l'un s'étend nécessairement aux autres qui sont supposés ne pas exister, par cela même que l'accusation s'est bornée à un seul des chefs. Nous venons donc de démontrer le bien fondé de notre système, en nous appuyant d'abord sur les textes de la loi (articles 246, 268, 337, 338, 350, 360, 361 et 365 instr. cr.); nous avons prouvé qu'il est conforme à la jurisprudence antérieure au Code d'instruction criminelle qui avait fixé le sens des mots *le même fait*; nous avons établi qu'il repose sur le principe, qui sert de base à l'autorité de la chose jugée et sur la faveur due à la défense, lorsque les droits de la société sont sauvegardés.

En résumé donc, il demeure établi que, pour l'interprétation de l'article 360, il faut distinguer le cas où le fait, objet de la nouvelle poursuite, n'est que la modification de celui servant de base à la première et celui où il s'agit d'un fait principal et séparé donnant lieu à un crime distinct. Au premier cas, la nouvelle poursuite doit être repoussée par l'exception de chose jugée. Au second, on peut faire de nouvelles poursuites. Cette opinion est aussi celle de M. Faustin Hélie, *Traité de l'instruction criminelle, édition de* 1866, *t. II, ch. XXI, n*[os] 1010 1018, *p.* 605 à 620. Elle a beaucoup d'adeptes tant dans la doctrine que dans la jurisprudence. Carnot, *De l'inst. crim. tome* II, *sur l'article* 360; M. Achille Morin, *Journ. du Droit crim. tome X, p.* 142. Riom, 2 janvier 1829, Sir. 29. 2. 54. Colmar, 5 janvier 1831, D. P. 31. 2 39. Grenoble, 31 janvier 1833, Poitiers, 28 mars 1840, D. 41. 2. 50, etc.

Dans le Premier Chapitre nous avons vu le caractère général de la chose jugée dans notre Droit actuel; dans le deuxième nous avons examiné les trois conditions requises pour constituer cette autorité : 1° *une décision judiciaire*; 2° *une décision irrévocable*; 3° *identité des faits incriminés*; nous allons dans le Chapitre suivant, qui sera le dernier, examiner quels actes peuvent produire l'exception de chose jugée.

CHAPITRE III.

Quels actes peuvent produire l'exception de chose jugée.

Sous cette rubrique nous aurons à examiner : 1° l'effet des ordonnances du juge d'instruction et des arrêts des chambres de mise en accusation; 2° l'effet des arrêts et jugements des Cours et Tribunaux en matière criminelle, correctionnelle ou de simple police; 3° l'effet des annulations prononcées en vertu des articles 441 et 442 du Code d'instruction criminelle; 4° l'effet des jugements rendus en pays étrangers; 5° l'influence des jugements civils sur l'action publique; 6° enfin l'influence des jugements criminels *sensu lato* sur l'action civile. Une Section sera consacrée à l'examen de chacun de ces points.

SECTION PREMIÈRE.

DE L'EFFET DES ORDONNANCES DU JUGE D'INSTRUCTION ET DES ARRÊTS DES CHAMBRES DES MISES EN ACCUSATION.

L'article 246 du Code d'instruction criminelle est ainsi conçu : « Le prévenu, à l'égard duquel la Cour impériale aura décidé qu'il n'y a pas lieu au renvoi à la Cour d'assises, ne pourra plus y être traduit à raison du même fait, à moins qu'il ne survienne de nouvelles charges. »

Il résulte de cet article que les arrêts des chambres de mise en accusation qui déclarent n'y avoir lieu au renvoi en Cour d'assises ont l'autorité de la chose jugée et qu'ils ne la perdent que par la découverte de nouvelles charges.

L'article 246 doit-il être interprété restrictivement, ou bien faut-il l'étendre à tous les arrêts rendus par la chambre des mises en accusation en matière correctionnelle ou de simple police? Le simple bon sens indique qu'il faut donner la préférence à la dernière interprétation, car il y a identité de raisons, et il serait singulier que des arrêts émanant de la même juridiction et rendus dans les mêmes circonstances eussent l'autorité de la chose jugée dans une matière et en fussent privés dans une autre de moindre importance. Il y a de plus un argument de texte. Si l'article 246 avait voulu refuser cette autorité aux arrêts dont nous parlons, il se serait servi d'une disposition formelle pour leur attribuer un effet différent. Dans les premiers temps de la publication du Code, on avait voulu refuser à ces arrêts l'autorité de la chose jugée, parce que l'on croyait que le Code refusait la voie de l'opposition contre les ordonnances des chambres du conseil, aujourd'hui celles du juge d'instrution, prononçant le renvoi en police simple ou correctionnelle; mais, dès que l'on reconnut que cette voie de recours était ouverte, on admit, par voie de conséquence, que les arrêts statuant sur ce recours devaient avoir la même autorité que les arrêts rendus dans les affaires de la compétence des Cours d'assises. Il est donc certain que les arrêts rendus en matière correctionnelle et de simple police ont également l'autorité de la chose jugée lorsqu'ils émanent des chambres de mises en accusation.

Les arrês de non-lieu, car c'est ainsi qu'on appelle les arrêts qui prononcent qu'il n'y a lieu à accusation, c'est-à-dire renvoi à la Cour d'assises, ou à prévention, c'est-à-dire renvoi en police simple ou correctionnelle, ont-ils l'autorité de la chose jugée lors même que le *non-lieu* ne porte que sur un chef et que le renvoi est prononcé sur les autres ? La question doit être résolue affirmativement. Il y aura chose jugée quant au chef sur lequel l'arrêt déclare n'y avoir lieu à suivre. Pour mieux nous faire comprendre, nous allons poser des espèces. Ainsi, par exemple, lorsqu'une chambre de mises en accusation est saisie à la fois d'une inculpation de crime d'attentat à la pudeur avec violences et du délit d'habitude d'excitation à la débauche, et qu'elle prononce le renvoi en police correctionnelle pour le délit et déclare n'y avoir lieu de suivre quant au crime, d'après ce que nous venons de dire, il y aura chose jugée quant à l'attentat à la pudeur sur lequel a porté l'arrêt de non-lieu. C'est ce qu'a décidé la Cour de cassation, par arrêt de rejet, du 28 avril 1842, du pourvoi du ministère public contre le jugement d'un tribunal correctionnel, *Jur. gén. v° chose jugée, art. 3, T. VIII, p.* 394. Voici les principaux considérants de cet arrêt : « Attendu que, suivant l'article 246, le prévenu à l'égard duquel la chambre d'accusation a déclaré qu'il n'y avait lieu au renvoi à la Cour d'assises, ne peut plus y être traduit à raison du même fait, à moins qu'il ne survienne des charges nouvelles ; que cette disposition est générale et doit être appliquée même lorsque le prévenu a été renvoyé devant le tribunal correctionnel à raison d'un autre fait ; et attendu en fait que le crime d'attentat à la pudeur avec violences avait été examiné et écarté par l'arrêt de la chambre d'accusation ; qu'aucun fait nouveau relatif à cette inculpation ne s'était produit devant le tribunal correctionnel ; que dès lors ce tribunal n'avait pas à s'occuper de l'inculpation de crime souverainement jugée par la chambre d'accusation et qui ne pouvait ni ne devait lui être soumise. » La Cour de Montpellier s'est également prononcée en ce sens par arrêt du 8 avril 1859, D. P. 59. 2. 139. Mais il en serait autrement si les faits étaient connexes et n'avaient été retenus qu'à cause de la connexité. En ce cas, le silence de la chambre des mises en accusation ne lierait pas le ministère public qui pourrait poursuivre nonobstant l'absence de charges nouvelles. Crim. rej. 11 octobre 1855, D. P. 55. 1. 446. Si la chambre des mises en accusation est saisie de deux ordres de faits, les uns, constituant des crimes, les autres, des délits, d'après la loi pénale, si le ministère public fait des réserves quant aux seconds, et que la Cour rende un arrêt de non-lieu quant aux premiers et donne acte de ses réserves au ministère public quant aux seconds, l'autorité de la chose jugée ne met aucun obstacle à la poursuite des faits, objets des réserves.

Nous arrivons maintenant à une question très-délicate, celle de savoir si, en l'absence d'un texte et en observant que l'art. 246 ne statue expressément que sur les arrêts des chambres des mises en accusation, si, disons-nous, cet article concerne également les ordonnances rendues par les juges d'instruction portant qu'il n'y a lieu de suivre. Autrement dit, faut-il, par voie d'interprétation extensive, appliquer l'article 246 auxdites ordonnances et les assimiler ainsi, lorsqu'elles n'ont point été attaquées dans les délais, aux arrêts des chambres de mises en accusation?

Cette difficulté, à vrai dire, n'en est pas une quand on remonte aux principes généraux de notre Droit pénal, principes qui servent de base à l'article 246; ces principes peuvent se formuler par cet adage : *in dubio in favorem rei pœnalia interpretentur*, ou bien encore ainsi : « toutes les dispositions du Droit pénal fondées sur la faveur due aux accusés, doivent être interprétées de la façon la plus large. » Or l'exception de chose jugée rentre dans cette catégorie. Ajoutons que l'état de la procédure étant identique dans l'un et l'autre cas, la même règle doit être appliquée. Du reste, si le Code ne s'occupe pas formellement des ordonnances du juge d'instruction au point de vue où nous les examinons, les dispositions qu'il contient, quant à ces décisions, supposent implicitement qu'elles peuvent acquérir l'autorité de la chose jugée. En effet, la seule voie de recours ouverte contre elles par l'art. 135 du Code est celle de l'opposition. Cette voie de recours n'est ouverte contre les ordonnances de non-lieu qu'au procureur général, au procureur impérial et à la partie civile. Les deux derniers ne peuvent exercer leur recours que dans le délai de vingt-quatre heures qui courront, contre le procureur impérial, du jour où l'ordonnance a été rendue, et contre la partie civile, du jour de sa signification, art 135, al. 4. Quant au procureur général, d'après l'article 135, al. 8 et 9, il a dix jours pour notifier son recours. Néanmoins, l'al. 10 du même article décide que, malgré cela, l'ordonnance qui prononce la mise en liberté du prévenu, c'est-à-dire l'ordonnance de non-lieu, sera provisoirement exécutée. Cette disposition, qui a été introduite par la la loi du 17 juillet 1856 en faveur du prévenu, comme compensation du délai de dix jours accordé au procureur général, ne doit être entendue qu'en ce sens qu'elle ne sera exécutée provisoirement qu'à partir de l'expiration du délai de vingt-quatre heures accordé au procureur impérial et à la partie civile pour former opposition.

C'est par une inadvertance évidente que M. Faustin Hélie, *op. cit.* II, p. 622, après avoir rapporté en l'adoptant l'opinion de Merlin, qui n'accorde au procureur général le droit de former opposition aux ordonnances de non-lieu que comme suppléant son substitut, le procureur impérial, et ne pouvant le faire que dans le délai de vingt-quatre heures, comme ce dernier, M. Faustin Hélie ajoute, par inadvertance, disons-nous, qu'il en est ainsi même sous l'empire de la loi du 17 juillet 1856. Il faut évidemment que cet éminent publiciste n'ait pas lu l'article 135 nouveau qui dit d'abord, al. 8 : « *Dans tous les cas* le droit d'opposition *appartiendra au Procureur général* près la Cour impériale, » et ajoute al. 9 : « Il devra notifier son recours dans les *dix jours* qui suivront l'ordonnance du juge d'instruction. Cet article montre que c'est en vertu *d'un droit à lui propre* qu'agit le procureur général, qu'il a *dix jours* et non pas seulement *vingt-quatre heures* pour faire opposition, par suite, la proposition de M. Faustin Hélie tombe complètement, puisque le texte de la loi lui est littérallement contraire. Il y aura chose jugée quant au Procureur impérial et à la partie civile, quant leur délai de vingt-quatre heures sera expiré et quant au Procureur général, lorsque son délai de dix jours sera écoulé, sans qu'il ait été fait d'opposition. En effet, quoique les ordonnances du juge d'instruction ne soient pas des jugements proprements dits, elles peuvent néanmoins acquérir l'autorité de la chose jugée, en ce sens qu'on ne pourra saisir le prévenu que s'il survient de nouvelles charges, mais assurément elles n'auront pas cette autorité irrévocablement comme si c'était des jugements véritables. Ce qui prouve surtout qu'elles sont susceptibles d'avoir cette autorité, c'est que, d'un coté il eût été inutile, de fixer un délai et que, de l'autre, on serait amené à permettre, même en l'absence de charges nouvelles, la reprise d'un accusé qui a obtenu une ordonnance de non-lieu. « De plus, comme le dit fort bien M. Faustin Hélie, *op. cit.*, l'opposition est à l'ordonnance de non-lieu ce que l'appel est aux jugements, l'une est aussi nécessaire, pour faire réformer celles-là que l'autre, pour faire reformer ceux-ci.» Or, comme il est admis que le délai pour former appel étant écoulé, un jugement a l'autorité de la chose jugée, lorsqu'il n'a pas été frappé d'appel, il faut admettre que le délai d'opposition passé sans que celle-ci ait été formée, l'ordonnance est à l'abri de tout recours. C'est ainsi que la Cour de cassation a jugé par un grand nombre d'arrêts avant la loi du 17 juillet 1856, qu'une ordonnance de la chambre du conseil, non frappée d'opposition, produit l'exception de chose jugée en faveur du prévenu qui en est l'objet. Crim. rej. 13 septembre 1811, Sir. 3. 1. 106; 27 février 1812, Sir. 4. 1. 30; 10 mars 1812, Sir. 4. 1. 60; 18 avril 1812, Sir. 4. 1. 80; 27 août 1812, Sir. 4. 1. 180; 19 mars 1813, Sir. 4. 1. 307; 5 août 1813, Sir. 4. 1. 412; 18 septembre 1834, Dal. 34. 1. 426; 19 juin 1882, D. P. 83. 50. 186; Crim. Cass. 2 février 1884, D. P. 84.

I. 85 ; 22 mars 1856, Sir. 56. 1. 231 ; la même Cour applique aujourd'hui cette solution aux ordonnances des juges d'instruction. Crim. Cass. 24 mai 1867, D. P. 67. 1. 425.

Sous l'empire du Code de 1808, M. Legraverend, *Légis. crim.* I, p. 416, prétendait que l'article 135, ne parlant que de la mise en liberté, ne fixait le délai de vingt-quatre heures que pour les ordonnances de mise en liberté, d'élargissement, qui seules, selon lui, sont définitives, mais que les simples ordonnances de non-lieu qui ne prononcent pas la mise en liberté ne faisaient qu'interrompre la procédure et n'avaient pas l'autorité de la chose jugée, tandis que M. Faustin Hélie soutenait que le Procureur impérial avait ce délai pour toutes les ordonnances, que le Procureur général avait le même délai que son substitut, le Procureur impérial ; il partageait son opinion avec Merlin, *Répert. v° opposition à une ordonnance*, art. 13, Bourguignon, *Jurisprudence des Codes criminels*, I. p. 306. De plus ces auteurs disaient que l'évocation n'existait que si aucune ordonnance n'était intervenue. Mais aujourd'hui, quoiqu'en dise M. Faustin Hélie, *loc. cit.*, cette controverse ne peut plus exister depuis la loi du 17 juillet 1856. Cette loi en effet a confirmé la jurisprudence de la Cour de cassation, en déclarant d'abord que, *dans tous les cas*, le Procureur impérial peut faire opposition aux ordonnances du juge d'instruction, qui remplace maintenant cette chambre du conseil, Art. 135, al. 1 ; elle a rejeté l'opinion de M. Legraverend, en supprimant dans le 4e al. de l'article 135 les expressions *ordonnance de mise en liberté*, en disant, par suite, que le délai de vingt-quatre heures courrait contre le Procureur impérial *du jour de l'ordonnance*, sans rien ajouter. La loi du 17 juillet 1856 s'est, d'un autre côté, écartée de la jurisprudence de la Cour de cassation et de la doctrine de MM. Faustin Hélie, Bourguignon et Merlin, pour se rapprocher de celle de M. Legraverend, sans toute fois l'adopter entièrement, en accordant formellement le droit d'opposition au Procureur général contre les ordonnances du juge d'instruction et un délai de dix jours au lieu d'un de vingt-quatre heures, mais en décidant, par suite de l'adoption d'un moyen terme, que l'accusé serait mis provisoirement en liberté après vingt-quatre heures, ce qui, comme nous l'avons dit, ne doit s'entendre qu'en ce sens qu'il faut pour la mise en liberté que le délai d'opposition accordé au Procureur impérial et celui de la partie civile soient écoulés.

Nous n'avons parlé jusqu'à présent que des ordonnances de non-lieu; que décider maintenant de l'ordonnance prononçant le renvoi de l'inculpé devant la police correctionnelle, après avoir dégagé le fait des circonstances aggravantes qui en faisaient un crime; ou, s'agissant d'une ordonnance ayant à statuer sur deux ordres de faits, les uns, qualifiés crimes par la loi, les autres, délits, écarte les premiers? Nous pensons que cette ordonnance a l'autorité de la chose jugée, lorsqu'elle n'a pas été frappée d'opposition dans le délai de vingt-quatre heures à compter du jour de l'ordonnance pour le procureur impérial, c'est-à-dire que, *si elle a été rendue le* 19 *novembre* à trois heures, *l'opposition doit être formée le* 20 *au plus tard* avant trois heures; l'ordonnance de renvoi en police correctionnelle aura l'autorité de la chose jugée à l'égard de la partie civile, si elle n'a pas formé opposition dans le délai de vingt-quatre heures, à partir du jour de la signification ; à l'égard du prévenu non-détenu, si le recours n'a pas été formé dans le même délai avec le même point de départ ; pour le prévenu détenu, il faudra pour qu'il y ait chose jugée que l'opposition n'ait pas été formée dans le délai de vingt-quatre heures à compter du jour de la communication de l'ordonnance faite par le greffier ; enfin à l'égard du procureur général, il y aura chose jugée, s'il a laissé écouler le délai de dix jours à compter du jour de l'ordonnance, sans former opposition. Ce délai n'est pas franc, car l'article 135 dit que l'opposition du procureur général devra être formée *dans* les dix jours, par suite, nous ne compterons pas le *dies a quo*, mais le *dies ad quem* qui sera le dernier jour utile. C'est ainsi que l'ordonnance étant rendue le 1er décembre, ce jour ne comptera pas, mais le dernier jour pour notifier le recours sera le 10. Passé ce jour, en l'absence de charges nouvelles, le procureur général ne pourra former opposition même sous prétexte que les faits sont mal qualifiés. Il y a donc chose jugée. Le tribunal correctionnel lui-même, lorsqu'il reconnait que les faits présentent le caractère de crime, ne peut renvoyer l'affaire au juge d'instruction, il ne peut que se déclarer incompétent, le renvoi en effet n'est qu'indicatif, mais non attributif de juridiction.

Il faut nous demander maintenant sur quels points les ordonnances des juges d'instruction et les arrêts des chambres de mises en accusation ont l'autorité de la chose jugée. Ces ordonnances et ces arrêts ne constatent qu'une chose, à savoir si l'instruction présente ou non des indices suffisants de l'existence des faits qui en forment l'objet, mais il ne jugent pas si ces faits sont constants, par suite, il faut conclure qu'ils n'ont l'autorité de la chose jugée que sur le point de savoir s'il y a lieu ou non de poursuivre. Quant aux exceptions et fins de non-recevoir soulevées en cours d'instruction, pour savoir si les ordonnances du juge d'instruction et les arrêts des chambres d'accusation ont l'autorité de la chose jugée en ce qui concerne ces exceptions et fins de non-recevoir, il faut distinguer les ordonnances du juge d'instruction et les arrêts des chambres d'accusation. Quant aux premières, si le prévenu ne peut les attaquer, elles ne peuvent acquérir contre lui l'autorité de la chose jugée; s'agit-il des dernières, il faut admettre la solution inverse, pourvu que les dites exceptions et fins de non-recevoir aient été proposées devant la chambre des mises en accusations et que l'appréciation des faits servant de base à ces arrêts n'ait pas été contredite plus tard. Ils auront donc en ce cas l'autorité de la chose jugée.

Pour faire tomber l'autorité de la chose jugée attachée par la loi aux ordonnances des juges d'instruction et aux arrêts des chambres de mises en accusation, il faut, d'après l'article 246, qu'il s'élève *des charges nouvelles*. Pour savoir ce qu'il faut entendre par ces dernières expressions, il faut avoir recours à l'article 247 ainsi conçu : «Sont considérées comme *charges nouvelles*, les déclarations des témoins, pièces et procès-verbaux qui n'ayant pu être soumis à l'examen de la Cour impériale, sont cependant de nature, soit à fortifier les preuves que la Cour avait trouvées trop faibles, soit à donner aux faits de nouveaux développements utiles à la manifestation de la vérité.» Quelque complète que paraisse la définition qu'il donne, cet article ne doit pas être entendu d'une façon restrictive, il n'est que démonstratif et l'on peut trouver des *charges nouvelles* dans d'autres faits ou documents. On doit entendre par *charges nouvelles* toute preuve servant à établir la culpabilité du prévenu, résultant soit de procès-verbaux ou autres pièces inconnues lors de la première poursuite, soit de dépositions de témoins entendus dans d'autres affaires, soit d'informations faites par un officier de police judiciaire d'un autre arrondissement, soit de recherches et de poursuites contre le complice du prévenu mis en liberté. La loi au surplus confie à la sagesse des magistrats l'appréciation de tout ce qui peut constituer des charges nouvelles; dans cette appréciation ils ne relèvent que de leurs consciences.

Les charges nouvelles peuvent-elles être recherchées par le ministère public et recueillies, sur ses réquisitions, par le juge d'instruction, après l'ordonnance ou l'arrêt de non-lieu? Tel n'est pas l'avis de M. Carnot. « Si l'on autorise cette forme de procéder, dit-il, *Traité de l'instruction criminelle*, II, p. 710, il n'y aura pas de raison pour que l'instruction ne se renouvelle trois, quatre, cinq, six fois et ne se renouvelle tous les mois, tous les trois mois, jusqu'à ce qu'enfin la prescription soit acquise, car le Code d'instruction criminelle ne porte pas qu'après un second arrêt de mise en liberté, la survenance de nouvelles charges ne pourra plus être prise en considération. Si le législateur a réservé la faculté de faire de nouvelles poursuites dans le cas de survenance de nouvelles charges, il semble que c'est seulement pour le cas où il en est réellement survenu de nouvelles sans avoir été directement provoquées. » Une nouvelle plainte, dans laquelle se trouveraient rappelées des circonstances graves, ignorées lors de la première instruction, si elles n'étaient que de simples allégations sans appui dans des pièces justificatives, ne serait pas, selon M. Carnot, une charge nouvelle, lors même que la preuve de ces circonstances serait offerte avec indication de témoins. Ce savant criminaliste invoque à l'appui de ce dernier point la considération que y voir une charge nouvelle serait donner à la plainte l'effet d'anéantir l'ordonnance du juge d'instruction ou l'arrêt de la chambre d'accusation. Il voudrait que, lorsqu'après une première ordonnance ou un premier arrêt de non-lieu, il est rendu une deuxième ordonnance ou un deuxième arrêt de non-lieu à la vue de nouvelles informations, on ne pût plus du tout poursuivre un individu à raison de ce fait. De plus, il dit que la première ordonnance ou le premier arrêt de non-lieu a clos les poursuites et que, pour pouvoir reprendre le prévenu, il faut que les nouvelles preuves surviennent d'elles mêmes et fortuitement. Il invoque à l'appui de son opinion la jurisprudence des Parlements sous l'empire de l'ordonnance 1670 en ce qui concerne les arrêts de *plus ample informé*, dont nous avons parlé au Livre Premier de cette Partie, et qui fixait à un an l'effet du plus ample informé et il assimille les arrêts et ordonnances de non-lieu aux arrêts de plus ample informé. Autrement dit, le système de M. Carnot consiste à ajouter à l'article 247 du Code que la déclaration des témoins, les pièces, etc. devront, pour constituer des charges nouvelles, avoir été recueillies dans une autre affaire ou être le résultat d'une cause accidentelle ; qu'il est interdit au ministère public et au juge d'instruction de vérifier l'exactitude des renseignements ultérieurs qui peuvent leur parvenir, d'en faire la matière d'une information.

Ce système, à notre avis, est complétement insoutenable. Et d'abord, M. Carnot commet une erreur manifeste en ce qui concerne les arrêts de plus ample informé. En effet, comme on a pu le voir dans le Premier Livre de cette Partie, « l'effet des deux espèces de plus ample informé à temps limité ou indéfini, d'après Jousse, *Justice criminelle*, II, p. 559, est que le procureur du roi est toujours en droit d'agir et de suivre le procès. Comme ce plus ample informé est en faveur de la partie publique, celui-ci, quand il survient des preuves, peut anticiper le délai, pousuivre et faire juger le procès. » Ceci doit s'appliquer aujourd'hui encore aux ordonnances et arrêts de non-lieu ; pourquoi a-t-on clos la procédure, c'est parce que les charges n'étaient pas suffisantes. Si donc on a des preuves nouvelles, si des témoins révèlent des faits inconnus ou si les faits résultent des démarches du prévenu, quelle raison aurait-on de forcer le ministère public de rester dans l'inaction ? L'ordonnance ou l'arrêt ne lie le ministère public que tant que l'affaire reste dans le *statu quo*. L'autorité de la chose jugée est donc purement conditionnelle, et le ministère public, en reprenant les poursuites, par suite de la connaissance qu'il a acquise de nouvelles preuves, loin de méconnaître l'autorité de la chose jugée, ne fait que s'y conformer, car les nouvelles pousuites impliquent l'insuffisance des charges antérieures. Comme nous venons de le voir, l'opinion de M. Carnot sur l'effet du *plus ample informé* de l'ancienne jurisprudence est complétement erronée; nous avons cité l'opinion de Jousse, Ayrault. *Lib.* III, *part.* 4, n° 10, et Muyart de Vouglans, *Institutes au Droit criminel, partie* VII, *chap.* I, *p.* 303, confirment également notre dire. Ainsi donc il faut écarter déjà sur ce point l'opinion de M. Carnot. Ses autres propositions doivent subir le même sort. En effet, tant qu'il n'existe qu'une décision qui clôt la poursuite à défaut de suffisance des charges, le devoir des officiers de police judiciaire est de continuer à veiller. Qui ne sait que les preuves d'un crime ne se manifestent souvent qu'après les décisions provisoires? Que de témoins qui avaient gardé le silence s'expriment avec franchise et abandon aussitôt qu'ils pensent qu'ils ne seront pas appelés devant le juge? Suivant M. Carnot, cependant, le juge d'instruction et le procureur impérial ne pourraient recueillir ces preuves, à moins qu'elles ne surviennent d'elles-mêmes. Ajoutons que, dans le cas que nous venons d'indiquer, le ministère public ne reprend pas la procédure qui a été close, il requiert une procédure nouvelle, car chaque nouvelle charge peut être assimilée à un fait nouveau, et l'on ne pourrait constater ce fait nouveau si le ministère public ne requérait pas une information. On ne pourrait du reste juger que les preuves se sont multipliées ou fortifiées s'il n'existait pas un nouveau réquisitoire et si l'on n'avait pas recours à une nouvelle instruction. « La garantie du prévenu, dirons-nous, avec M. Faustin Hélie, *op. cit.* II,

Liv. II, Ch. XXI, n° 1022, p. 627, in fine, réside dans la nécessité qui existe pour les juges qui se sont dessaisis de préciser les faits ou les preuves nouvelles dont ils veulent faire sortir une nouvelle culpabilité pour pouvoir se ressaisir. » Le magistrat chargé d'intenter l'action publique ne pourra pas reprendre les faits anciens, car ils sont couverts par la maxime *non bis in idem.* Mais cette maxime ne protègera pas les indices, les charges, les faits, les dépositions, les preuves n'ayant pas figuré dans la précédente procédure et le ministère public sera recevable à les rechercher pour pouvoir exercer une seconde poursuite.

L'autorité de la chose jugée des ordonnances et arrêts de non-lieu ne tombe par la survenance de nouvelles charges que si c'est à raison de l'insuffisance des preuves que l'arrêt ou l'ordonnance de non-lieu a été prononcée. Si, au contraire, l'ordonnance du juge d'instruction ou l'arrêt de la chambre des mises en accusation est fondé soit sur l'absence des éléments constitutifs de l'infraction à la loi pénale, soit sur une exception, l'autorité de la chose jugée ne s'évanouit par la survenance de nouvelles charges que si les faits, qui servaient de base à la première décision, sont modifiés. Si l'arrêt ou l'ordonnance de non-lieu est fondée sur une exception péremptoire, par exemple, sur la prescription du crime, du délit ou de la contravention, l'arrêt ou l'ordonnance a l'autorité de la chose jugée d'une façon irrévocable, et, si l'appréciation qui a fait admettre cette exception est erronée, l'erreur sera, en ce cas, irréparable. En un mot, chaque fois que la décision de la juridiction d'instruction est fondée soit sur une exception péremptoire, soit sur une appréciation erronée qui enlève aux faits toute criminalité indépendamment des charges, en les supposant même constantes, la décision est aussi irrévocable que si elle émanait d'une juridiction de jugement, d'une Cour d'assises, par exemple, comme nous le verrons dans la Section suivante, c'est ce qu'a décidé la Cour de cassation par arrêt du 9 mai 1812, Merlin, *Repert.* v° *non bis in idem*, n° 14, dans une espèce ou une première poursuite avait été repoussée par un jugement ayant accueilli l'exception de prescription : « Attendu que ce jugement n'avait pas statué sur une question relative à l'état des charges, lorsqu'il avait été rendu, et, conséquemment, sur une question dont la décision puisse être modifiée d'après les nouvelles preuves qui auraient pu être découvertes, que ledit jugement avait prononcé sur une exception péremptoire indépendante des charges produites et de celles qui pourraient l'être postérieurement, sur une exception qui anéantissait tous droits de poursuite sur le fait de la plainte et lui ôtait conséquemment la qualification de crime ; qu'il ne pouvait donc y avoir lieu à nouvelles poursuites sous prétexte de nouvelles charges. » Il en serait toutefois autrement si les nouvelles charges modifiaient le caractère des faits, fissent d'une contravention un délit, d'un délit, un crime ; car c'est, en ce cas, l'insuffisance des charges qui a fait admettre la prescription de deux ans à la place de celle de trois, et celle-ci à la place de celle de dix ; mais si l'admission d'une prescription trop courte provenait d'une appréciation erronée des faits, il faudrait admettre l'autorité de la chose jugée.

SECTION II.

EFFETS DES ARRÊTS ET JUGEMENTS EN MATIÈRE CRIMINELLE, CORRECTIONNELLE, ET DE POLICE.

Dans la précédente Section nous avons parlé des décisions des juridictions d'instruction; dans la présente nous allons examiner les décisions rendues par les juridictions de jugement, c'est-à-dire par les tribunaux des justice répressive. Les décisions rendues par ces tribunaux portent différents noms; pour les connaître, il faut distinguer les tribunaux de petit criminel, tribunaux de simple police, tribunaux de police correctionnelle et Cours impériales, de ceux de grand criminel, les Cours d'assises. Les décisions des tribunaux de petit criminel portent, comme on le sait, le nom de *jugements* s'il s'agit de celles des tribunaux de simple police ou de police correctionnelle, et celles des Cours impériales celui *d'arrêts*. Les décisions rendues au grand criminel portent le nom *d'ordonnances*, si elles émanent du président seul, et celui *d'arrêts*, si elles ont été rendues par la Cour d'assises. Ces prolégomènes posés, examinons d'abord l'effet des décisions rendues au petit criminel.

Les jugements des tribunaux de simple police et ceux des tribunaux de police correctionnelle ainsi que les arrêts rendus par la chambre des appels de police correctionnelle des Cours impériales acquièrent l'autorité de la chose jugée, s'ils sont définitifs. A vrai dire, aucun article du Code n'établit, d'une façon expresse, le principe que nous venons d'énoncer, car l'art. 360, par son texte, ne concerne que les ordonnance d'acquittement rendues par le président de la

Cour d'assises, à la suite d'un verdict de non-culpabilité apporté par le jury. Mais, comme cette disposition s'appuie sur une règle qui domine tous les jugements et qui règne en matière civile aussi bien qu'en matière criminelle, on doit en conclure que la disposition de cet article est susceptible d'interprétation extensive et peut, par suite, être appliquée aux décisions dont nous parlons en ce moment. Le principe que nous invoquons est consacré par un avis du Conseil d'État du 12 novembre 1806 : « Le Conseil d'État est d'avis que le jugement ayant force de chose jugée a tous les droits d'une vérité incontestable, *pro veritate habetur.* » La Cour de cassation a également décidé que le jugement d'un tribunal correctionnel, contre lequel aucun recours n'a été formé en temps utile a toute l'autorité de la chose irrévocablement jugée. Crim. cass. 20 mars 1817, Sir. 5. 1. 299; 1er mai 1818, (J. du P. XIV p. 784); 7 mai, 29 juillet 1819, (J. du P. XV p. 257 et 447); 26 février 1825, Sir. 25. 1. 218. Les motifs sur lesquels sont basées les décisions de la Cour de cassation sont rapportées nettement dans un arrêt du 8 septembre 1843, (Bull. n° 236) : « Attendu que les tribunaux d'appels ne peuvent réformer dans les jugements de première instance que les dispositions à l'égard desquelles il y a appel ; que celles qui ne sont attaquées par aucune des parties acquièrent l'autorité de la chose jugée ; que ce principe, conforme à l'institution des deux degrès de juridiction, est consacré par l'avis du Conseil d'État du 12 novembre 1806. »

D'après une jurisprudence constante de la même Cour, l'autorité de la chose jugée ne peut résulter que du dispositif et non pas des motifs de ce jugement. Crim. cass. 24 juillet 1863, (Bull. n° 207).

Il ne faut pas conclure néanmoins de ce que nous venons de dire que l'appel enlève toujours au jugement de première instance l'autorité de la chose jugée. La règle ainsi énoncée serait fausse, parce qu'elle serait trop absolue. Il faut distinguer à la requête de qui l'appel est formé. Si la partie civile attaque seule le jugement, l'appellant ne pouvant fonder ses griefs que sur les intrêts civils, question purement civile, la juridiction qui prononce sur l'appel ne peut dès-lors modifier, soit au profit, soit au préjudice de l'intimé, les peines contre lui prononcées, ni la qualification des faits débattus en première instance, car il y a chose jugée sur ces points. Si le prévenu attaque seul le jugement, d'après une jurisprudence de la Cour de cassation, jurisprudence tellement constante qu'il serait inutile de la combattre, la juridiction d'appel n'a le choix que de modifier la peine ou la qualification en faveur du prévenu, ou de confirmer purement et simplement le jugement de première instance, mais elle ne pourrait aggraver la peine ; il y a en effet chose jugée. Enfin si l'appel est interjeté par le Ministère public, quels que soient les griefs articulés à l'apui, serait-ce même seulement un appel *a minima*, le jugement tombe complètement, il n'y a pas chose jugée ; les juges d'appel ont, par suite, le droit d'apprécier librement tous les chefs.

Pour que les jugements et arrêts rendus en matière de police correctionnelle et de simple police aient l'autorité de la chose jugée, il faut, ou bien que les voies de recours légales aient été épuisées, ou que l'on ait laissé passer les délais assignés par la loi sans les exercer. En effet on ne peut faire réformer ou annuler les jugements *sensu lato* que par les voies de recours et dans les délais accordés par la loi. Les juges d'appel ne pourraient, s'il n'y a pas appel, ou si l'appel est non-recevable, réformer ou anéantir le jugement de première instance. Celui-ci a en effet l'autorité de la chose jugée. Crim. cass. 6 germial, an X, *Jur. gén.* VIII *v° chose jugée, sect.* 3, *art.* 1, *p.* 407.

Nous arrivons maintenant aux décisions rendues en Cours d'assises. Ces décisions, comme nous l'avons vu, se divisent en *ordonnances d'acquittement*, rendues par le Président seul et en *arrêts* rendus par la Cour toute entière. Ces derniers se subdivisent en arrêts d'*absolution* et arrêts de *condamnation*. Les premiers se rapprochent des seconds en ce qu'ils ont pour base une déclaration de culpabilité et s'en écartent parce qu'ils supposent que le fait reconnu constant n'est pas punissable d'après la loi pénale.

Les articles 350, 358, 360 et 409 se rapportent aux effets des ordonnances d'acquittement. Suivant l'article 358, lorsque l'accusé aura été déclaré non-coupable, le Président prononcera qu'il est acquitté de l'accusation. Aux termes de l'article 360, toute personne acquittée ne peut être reprise ni accusée à raison du même fait. Enfin, d'après les articles 350 et 409, la déclaration du jury ne peut former, en général, l'objet d'aucun recours et l'ordonnance d'acquittement ne peut être annulée que dans l'intérêt de la loi, sans que la personne acquittée puisse en éprouver le moindre préjudice. Cette ordonnance qui n'est autre, que la proclamation de la décision du jury, donne lieu immédiatement à l'application de la maxime *non bis in idem*.

La loi ne mentionne pas les arrêts d'absolution. Nous avons dit tout à l'heure que l'*acquittement* suppose une déclaration de *non-culpabilité* et l'*absolution* une déclaration de *culpabilite*; mais que cette dernière suppose de plus que le fait n'est pas punissable d'après la législation positive. La Cour de cassation va même plus loin et dit qu'il y a lieu d'appliquer la formule d'absolution à tous les cas où la réponse du jury n'est pas un verdict pur et simple de non-culpabilité, dans tous les cas où ce verdict donne lieu à une délibération de la Cour d'assises, soit à raison d'une question d'interprétation, soit à une question de Droit sur l'application de la loi. Ceci posé, faut-il faire une distinction entre la formule d'acquittement et celle d'absolution au point de vue de la chose jugée? Nous donnerons à cette question une réponse négative. La forme ne doit pas influer sur les effets d'un jugement. Dans l'un et l'autre cas l'accusé est renvoyé de l'accusation, et ne peut pas être repris ou accusé à raison du même fait. Seulement, à la différence de l'acquittement, l'arrêt d'absolution peut être annulé même au préjudice de l'accusé absout, mais cela n'influe en rien sur la chose jugée car, en cas d'annulation, il y aura lieu seulement à une nouvelle application de la loi pénale. Qu'on ne nous objecte pas le silence de l'article 360; si cet article ne parle pas des arrêts d'absolution, c'est que ces arrêts supposant une déclaration de culpabilité, il ne peut y avoir lieu à une nouvelle poursuite. La chose jugée porte sur le fait et non sur le Droit, la déclaration du jury reste intacte.

Les arrêts de condamnation produisent à plus forte raison l'autorité de la chose jugée, car il s'agit ici non-seulement de deux poursuites, mais encore de deux peines à appliquer à raison du même fait. La question, du reste, ne s'est présentée que dans les cas où la Cour d'assises avait prononcé une peine inférieure à celle édictée par la loi, et, comme nous l'avons dit plus haut, cette peine est irrévocablement acquise au condamné

Nous avons dit que, pour pouvoir produire l'exception de chose jugée, il faut que les jugements et arrêts soient définitifs ; mais cette condition étant réalisée, la maxime *non bis in idem* s'applique à tous les jugements, et arrêts de quelque juridiction qu'ils émanent. C'et ainsi qu'il faut décider avec la Cour de cassation, crim. cass., 12 août 1825, *Jur. gén.*, *vº*, *chose jugée, Ch.* III, *Sect.* 1, *p.* 392, *nº* 407 ; « que les décisions par lesquelles les Cours d'assises reconnaissent l'identité d'un individu condamné, évadé et repris constituent de véritables jugements et arrêts qualifiés tels par les art. 519 et 520 du Code ; que ces décisions en ont d'ailleurs le caractère, puisqu'elles prononcent des peines (art. 518) ; qu'elles sont précédées de débats publics ; et, qu'intervenues en dernier ressort, elles ne peuvent être attaquées que par la voie de la cassation, en conséquence, lorsqu'une Cour d'assises a déclaré que l'identité d'une personne avec un condamné évadé n'est pas constante, la même Cour ne peut plus ensuite déclarer plus tard constante cette même identité. » C'est en s'appuyant sur ces motifs que l'arrêt cité plus haut a cassé, pour violation de la chose jugée, l'arrêt de la Cour d'assises du Jura, qui, après avoir déclaré que le demandeur en cassation n'était pas le même que Claude-Louis Rosuy, condamné aux travaux forcés à perpétuité et avoir ordonné la mise en liberté du demandeur le 20 septembre 1824, avait, sur de nouvelles poursuites du ministère public, déclaré le 7 juillet 1825 que cette identité était constante.

Ce que nous venons de dire des arrêts et jugements reconnaissant ou déniant l'identité d'un individu s'applique également aux jugements rendus par des conseils de guerre, par des tribunaux maritimes et des juridictions disciplinaires, qu'il s'agisse de jugements pareils à ceux que nous venons de citer en dernier lieu, ou de tout autre espèce de jugements, car il est de l'essence des juridictions que leurs décisions aient de l'autorité. « Or qu'est-ce que cette autorité, dit M. Faustin Hélie. *op. cit.* II, *n°* 1027, *p.* 633, sinon le maintien et le respect de la chose jugée. » La Cour de cassation a décidé, par application de ces principes, « que la législation militaire n'a pas dérogé aux principes du Droit commun qui ne permettent pas de remettre en jugement les personnes acquittées des accusations portées contre elles ; qu'en attaquant sa condamnation devant le conseil de révision, Fabus n'a pas remis en question les chefs d'accusation dont il avait été reconnu non-coupable ; que l'officier rapporteur et le commissaire du roi n'avaient point exercé de recours, et qu'ainsi le jugement avait acquis l'autorité de la chose jugée ; que le conseil de révision n'a donc pu, sur le recours de Fabus, faire revivre ces accusations; qu'en condamnant ultérieurement Fabus sur deux de ces accusations éteintes par l'acquittement, le conseil de guerre a commis un excès de pouvoir, violé l'autorité de la chose irrévocablement jugée, l'art. 1351 du Code civil et les principes de Droit commun consacrés par les articles 360 et 409 du Code d'instruction criminelle. » Crim. cass. 17 novembre 1842, Sir. 43. 1. 91.

SECTION III.

DES EFFETS DES CASSATIONS PRONONCÉES EN VERTU DES ARTICLES 441 ET 442 DU CODE D'INSTRUCTION CRIMINELLE.

Nous allons, sous cette rubrique, examiner la question de savoir si le principe posé par nous précédemment, d'après lequel les jugements, les arrêts et les ordonnances d'acquittement acquièrent l'autorité de la chose jugée, en l'absence d'un recours ordinaire exercé en temps utile, nous devons voir, disons-nous, si ce principe reçoit ou non exception dans la loi et s'il existe contre ces derniers une voie de recours extraordinaire. Cette question est tellement importante par les difficultés qu'elle peut faire naître et les conséquences auxquelles sa solution dans un sens ou dans un autre peut donner naissance, que nous serons obligés d'entrer dans des détails, dont on nous pardonnera, nous l'espérons, la longueur.

La Constitution de 1791, art. 27, titre III, ch. V, et, après elle, les art. 242 et 243 de la Constitution du 5 fructidor an III, portaient : « Le ministre de la justice dénoncera au Tribunal de cassation, par la voie du commissaire du roi, *et sans préjudice du droit des parties intéressées,* les actes par lesquels les juges auraient excédé leurs pouvoirs. Le Tribunal les annulera ; et s'ils donnent lieu à la forfaiture, le fait sera dénoncé au Corps législatif. » Mais ces deux Constitutions étaient muettes sur le sort de ces actes en ce qui concerne les parties intéressées, lorsqu'elles ne les avaient point attaqués elles-mêmes. La loi du 27 novembre 1790 avait été plus explicite. Cette loi, qui, la première, avait donné au commissaire près le Tribunal de cassation le droit de dénoncer a ce Tribunal les jugements en dernier ressort directement contraires aux lois et aux formes de procéder, portait dans son article 25 que « les jugements seraient cassés, sans que les parties pussent s'en prévaloir pour en éluder les dispositions. » Mais la Constitution de 1791 et celle de l'an III ne reproduisirent pas cette disposition. Arriva alors la loi du 27 ventôse an VIII, qui, dans ses articles 80 et 88, porte ce qui suit, art. 80 : « Le Gouvernement, par la voie de son commissaire, *et sans préjudice du droit des parties intéressées*, dénoncera au Tribunal de cassation, section des requêtes, les actes par lesquels les juges auraient excédé leurs pouvoirs, ou les délits par eux commis relativement à leurs fonctions. La section des requêtes annulera ces actes, s'il y a lieu, et dénoncera les juges à la section civile, pour faire à leur égard les fonctions de jury d'accusation. » — Article 88 : « Si le commissaire du gouvernement apprend qu'il a été rendu en dernier ressort un jugement contraire aux lois ou aux formes de procéder, ou dans lequel un juge ait excédé ses pouvoirs, et contre lequel cependant aucune des parties n'ait réclamé dans le délai fixé, après le délai expiré, il en donnera connaissance au Tribunal de cassation, et, si les formes ou les lois ont été violées, le jugement sera cassé, *sans que les parties puissent se prévaloir de la cassation pour éluder les dispositions du jugement.* »

Mettons maintenant en regard de ces deux articles les articles 441 et 442 du Code d'instruction criminelle. Art. 441 : « Lorsque, sur l'exhibition d'un ordre formel à lui donné par le ministre de la justice, le procureur général près la Cour de cassation dénoncera à la section criminelle des actes judiciaires, arrêts ou jugements contraires à la loi, ces actes, arrêts ou jugements pourront être annulés, et les officiers de police ou les juges poursuivis, s'il y a lieu, de la manière exprimée au chapitre III du titre IV du présent livre. » — Art. 442 : « Lorsqu'il aura été rendu par une Cour impériale ou d'assises, ou par un tribunal correctionnel ou de police, un arrêt ou un jugement en dernier ressort, sujet à cassation, et contre lequel néanmoins aucune des parties n'aurait réclamé dans le délai déterminé, le procureur général près la Cour de cassation pourra aussi d'office, et nonobstant l'expiration du délai, en donner connaissance à la Cour de cassation : l'arrêt ou le jugement sera cassé, *sans que les parties puissent s'en prévaloir pour s'opposer à son exécution.* » La question à résoudre est celle de savoir si le pourvoi formé en vertu de l'art. 80 de la loi du 27 ventôse an VIII, est le même que celui formé en vertu de l'art. 88 de la même loi ; d'un autre côté, si celui formé en vertu de l'article 441 du Code d'instruction criminelle produit les mêmes effets que celui formé en vertu de l'article 442 du même Code. En d'autres termes, il s'agit de savoir si les articles 80 et 88 de la loi du 27 ventôse an VIII et les articles 441 et 442 du Code d'instruction criminelle n'ont en vue que le pourvoi dans le seul intérêt de la loi, ou bien si, au contraire, il y a lieu d'admettre certaines distinctions et de décider que la chose jugée fléchira dans tels cas, et que dans tels autres on restera dans le Droit commun. Pour pouvoir résoudre cette question, il s'agit d'abord de voir si les articles 441 et 442 ne sont que la reproduction en d'autres termes des articles 80 et 88 de loi du 27 ventôse an VIII, et, pour cela, il faut voir d'abord si l'article 80 de cette loi a trait aux mêmes objets que l'article 88 de la même loi.

Un point sur lequel tout le monde est d'accord, c'est que, sous la loi de 1791, des doutes pouvaient s'élever sur le point de savoir si l'annulation des actes dénoncés au Tribunal de cassation devaient ou non profiter aux parties intéressées, ou même leur nuire. La principale difficulté portait sur les mots *sans préjudice du droit des parties intéressées*, la loi étant muette sur ce point. Ces expressions voulaient-elles dire que les parties intéressées pouvaient former leur recours en cassation, quand même le ministre de la justice aurait, par la voie du commissaire du roi, dénoncé les actes par lesquels les juges auraient excédé leurs pouvoirs, ou bien signifiaient-elles que le recours formé par le ministre laissait subsister à leur égard le jugement. Suivant M. Faustin Hélie, *op. cit.* II, p. 635, n° 1029, le dernier sens semblerait préférable, parce que, selon lui, il n'est pas besoin de réserver à ces parties (les parties intéressées) un droit que la loi leur a conféré. « Est-ce que leur droit de recours, dit cet auteur, n'est pas toujours indépendant de celui du ministère public? En se pénétrant de l'esprit de cette disposition, du but qu'elle voulait atteindre, des intérêts qu'elle se proposait de garantir, on est porté à penser qu'elle s'est servie d'une expression vicieuse pour énoncer une proposition qui semble le corollaire de tous ces termes, et que ce qu'elle voulait réserver, ce n'était pas un droit de recours incontesté, mais bien le droit acquis par la chose jugée. »

Pour nous, nous croyons devoir admettre plutôt le premier sens, la réserve du droit de recours. Nous nous fondons pour cela sur la construction grammaticale de l'art. 27, *sect.* III, *tit.* III, *chap.* V de la Constitution du 3 septembre 1791. En effet, si cet article avait le sens que lui attribue M. Faustin Hélie, les mots *sans préjudice du droit des parties intéressées* se trouveraient non après ceux-ci : *dénoncera au Tribunal de cassation, par la voie du commissaire du roi,* mais plutôt après ceux-là : *le Tribunal annulera.* Ce qui nous confirme dans cette manière de voir, c'est que l'art. 25 de la loi du 27 novembre 1790 portait *in fine* ce qui suit : « Les jugements seront cassés, sans que les parties puissent s'en prévaloir pour éluder ses dispositions. » Si donc la Constitution de 1791 n'a pas reproduit cette partie finale, c'est qu'elle l'a abrogée et que les mots « sans préjudice » se rapportent à l'ouverture du recours en cassation.

Quoiqu'il en soit, sous la Constitution de 1791 la question était tout au moins douteuse. Que décider maintenant des articles 80 et 88 de la loi du 27 ventôse an VIII ? Est-il question dans ces deux articles du recours dans le seul intérêt de la loi et du maintien de la chose jugée ? La question est controversée.

Selon M. Faustin Hélie, *loc. cit.*, il faudrait interpréter l'art. 80 dans le même sens que l'article 27 de la loi du 3 septembre 1791, et décider que, dans le cas de l'article 80 de la loi du 27 ventôse an VIII, il est question du maintien de la chose jugée et non du droit de recours réservé aux parties, autrement dit, que dans le cas de dénonciation sur l'ordre du ministre de la justice, la chose jugée restait intacte, et que la sentence ne pouvait être annulée que dans l'intérêt de la loi.

Au contraire, MM. Mangin, Merlin, Legraverend, Carnot et la Cour de cassation, dans un arrêt de cassation du 24 messidor an XI, soutiennent qu'il s'agit dans l'article 80 d'une cassation devant profiter aux parties, tandis que dans l'article 88 la cassation est restreinte au seul intérêt de la loi et que les expressions «sans préjudice du droit des parties intéressées» ne sont pas synonymes de celles-ci «sans que les parties puissent s'en prévaloir.» Ces auteurs invoquent les différences suivantes, que présentent les articles 80 et 88 de la loi du 27 ventôse an VIII. Dans le cas du dernier de ces articles, le Procureur général près le Tribunal de cassation agit de son propre mouvement; dans le cas du premier, son action doit être provoquée par le Gouvernement; dans le cas de l'art. 88 le Procureur général ne peut agir que si les délais sont expirés sans qu'aucun recours ait été formé, soit par les parties, soit par le Ministère public; dans le cas de l'art. 80, au contraire, l'ordre d'agir peut être donné au Procureur général du Tribunal de cassation, dès que le Gouvernement a connaissance des actes constituant des excès de pouvoir de la part des juges, lors même que les délais ne seraient pas expirés. De plus l'art. 88 se termine par les expressions suivantes : «sans que les parties puissent se prévaloir de la cassation,» tandis que l'on ne trouve rien de semblable dans l'article 80 qui se borne à dire «que la section des requêtes annulera ces actes, s'il y a lieu.» M. Mangin, *De l'action publique et de l'action civile*, II, n° 377 p. 64, ajoute : «Il ne tombe sous les sens ni que la loi ait considérée comme une seule et même chose, comme ne produisant que des effets de doctrine, une cassation que le Gouvernement s'est reservé le droit exclusif de provoquer, une cassation dirigée contre des actes qui peuvent constituer des délits et amener la mise en accusation des juges et une cassation provoquée par le Procureur général de son propre mouvement ; ni que la loi ait voulu conserver à des actes, criminels peut-être, leurs effets légaux, comme s'ils étaient le résultat d'erreurs ordinaires.» Cette opinion, qui se fonde sur les différences profondes qui séparent l'art. 80 de l'art. 88, nous semble préférable. A cet argument des différences on peut ajouter celui-ci, c'est que, si le législateur de l'an VIII avait eu l'intention que lui prête M. Faustin Hélie, il aurait mis dans l'article 80 les mots *sans préjudice aux droits des parties intéressées*, après ceux-ci : *La section des requêtes annulera*, mais non après ceux-ci : *Le Gouvernement, par la voie de son commissaire*, ou les eût remplacés par ceux qui se terminent l'art. 88. On peut même aller plus loin et dire que, dans ce cas, le législateur aurait attribué, sans aucune distinction, le droit de provocation au Procureur général de la Cour de cassation et que, tout au moins, il n'aurait fait qu'un seul article.

Nous savons bien que, pour combattre l'argument des différences que présentent les articles précités, M. Faustin Hélie, tout en ne niant pas ces différences, cherche à leur assigner une autre signification, en prétendant que les deux articles ont chacun un autre but; que l'article 80 a voulu atteindre principalement les faits personnels des juges, poursuivre les excès de pouvoir et les délits par eux commis relativement à leurs fonctions; qu'il règle la procédure à suivre contre eux et qu'il ne s'occupe que secondairement de leurs actes, tandis que l'article 88 laisse complètement la personne des juges de côté ainsi que leurs délits, pour ne s'occuper que de leurs jugements et de la conformité des dits actes avec les lois et les formes de procéder; il ne s'occuperait que de la fausse interprétation judiciairement constatée. La loi, dans l'article 80, a, avec raison, suivant cet éminent criminaliste, décidé que ses dispositions seraient exécutées *sans préjudice du droit des parties intéressées*, puisqu'il ne s'occupe que des personnes; dans l'art. 88, au contraire, s'occupant des actes, il a dû entrer dans des détails et refuser aux parties le droit de se prévaloir de la cassation. Cette argumentation nous semble spécieuse et ne nous touche pas. Où Monsieur Faustin Hélie voit-il que ce n'est que secondairement que l'article 80 s'occupe des actes des juges et que le but principal de cet article a trait aux faits personnels de ces derniers? Cet article dit plutôt le contraire. C'est ce que prouve le contexte de cet article. Il ne dit pas : le Gouvernement dénoncera *les excès de pouvoir des juges*, mais bien *les actes par lesquels les juges auraient excédé leurs pouvoirs;* les délits ne sont placés qu'à la suite des actes et non pas avant et la loi se contente de dire : « La section des requêtes *annulera ces actes*, s'il y a lieu » sans rien ajouter de plus. Si on adoptait l'opinion que nous combattons, on devrait considérer les actes des juges comme des actes accessoires; seulement on peut faire observer que ce serait un accessoire qui, par son importance, se rapprocherait singulièrement d'une chose principale; qu'il serait étonnant que le législateur, tenant compte des intérêts engagés dans une pareille question, eût omis de faire une restriction de la nature de celle dont parle M. Faustin Hélie. Ce que cet auteur dit de l'article 88 est exact; mais, comme on peut facilement s'en apercevoir, il ne répond pas sérieusement à l'argument que nous puisons dans la combinaison de l'article 80 avec l'article 88, car, de ce qu'un article ne s'occupe que secondairement d'une chose, il n'en résulte pas moins qu'il s'en occupe. Mais un argument auquel cet éminent jurisconsulte ne répond, pour ainsi dire, pas, c'est celui résultant des différences signalées plus haut; pourquoi ces différences, si dans l'un et l'autre articles il ne s'agit que du pourvoi dans l'intérêt de la loi? Notre savant contradicteur ne répond pas davantage à ce point de l'argumentation qui consiste à dire qu'il n'est pas facile de faire comprendre que la loi ait voulu conserver à des actes annulés, sur la demande formelle du Pouvoir exécutif, à des actes criminels peut-être, comme le dit M. Mangin *loc. cit.*, leurs effets légaux à l'égard des parties, comme s'il ne s'agissait que d'une erreur ordinaire. Ainsi donc il est certain que, dans le cas de l'article 80 de la loi du 27 Ventôse an VIII, celui du pourvoi formé par le Gouvernement, la cassation intervenue à la suite n'était pas restreinte au seul intérêt de la loi, à la différence de celui formé *proprio motu* par le Procureur général près la Cour de Cassation dans le cas de l'article 88 de la même loi. Pour que le premier de ces articles fût applicable, il fallait qu'il y eût excès de pouvoirs ou délits commis par les juges à raison de leurs fonctions et, pour qu'il y eût lieu d'invoquer le second, il suffisait d'une contravention quelconque aux lois ou aux formes de procéder.

Arrivons maintenant aux articles 441 et 442 du Code d'instruction criminelle. Ces articles sont-ils oui ou non introductifs d'un Droit nouveau, ou bien faut-il distinguer entre les deux articles? Cette question est vivement controversée, même de la part de ceux qui adoptent notre opinion en ce qui concerne la loi du 27 Ventôse an VIII. Mais ce qui est incontestable et incontesté, c'est que l'article 441 a apporté des modifications à l'article 80 de la loi du 27 Ventôse an VIII. Il a supprimé les mots *sans préjudice du droit des parties intéressées* et cela, avec raison, puisqu'ils donnaient lieu à un doute dont nous avons parlé tout à l'heure; la rédaction a donc gagné en clarté. De plus, en ce qui concerne les affaires criminelles, la connaissance du recours exercé de l'ordre du Gouvernement a été déférée à la Chambre criminelle au lieu et place de la Chambre des requêtes. Le nouvel article a étendu les cas de dénonciation du Gouvernement en la confiant en même temps au Garde des Sceaux, Ministre de la Justice. De restreinte qu'était cette dénonciation aux excès de pouvoirs et aux délits commis par les juges, elle s'applique maintenant à *tous les actes, jugements et arrêts contraires à la loi*. Mais n'allez pas croire que le nouvel article laisse de côté les excès de pouvoirs commis par les juges; ils sont compris dans les expressions que nous venons de mettre en italiques et en tous cas dans les termes suivants : *Les officiers de police et les juges poursuivis, s'il y a lieu, etc.*, qui seraient dépourvus sans cela de sens. Enfin ces derniers mots se lient à ceux par lesquels la Cour de Cassation est chargée d'annuler les actes de ces magistrats et rendent ainsi notre proposition évidente. Comme de plus l'art. 441 exige l'exhibition d'un ordre formel du Ministre de la Justice, il en résulte que cette cassation ne peut avoir lieu que dans des cas fort graves.

A part donc cette pureté de rédaction, la compétence de la chambre criminelle, la nécessité d'exhiber un ordre formel, et par suite écrit, du ministre de la justice, l'extension des cas de dénonciation, l'art. 441 n'est, à notre avis, que la reproduction de l'article 80 de la loi du 27 Ventôse, an VIII. Quant à l'article 442 personne ne conteste, qu'il est la reproduction à peu près textuelle de l'article 88 de la même loi.

Quoi qu'il en soit en ce qui concerne le point de savoir si l'article 441 est ou non introductif d'un Droit nouveau, nous devons voir si la cassation faite en vertu de cet article produit les mêmes effets que celle prononcée à la suite d'un pourvoi fait en vertu de l'article 442, et si, par suite, la cassation est, dans l'un et l'autre cas, restreinte au seul intérêt de la loi.

Suivant Merlin, *Questions de Droit v° ministère pu-*

blic § 10, les articles 441 et 442 ne concerneraient l'un et l'autre que la cassation dans l'intérêt de la loi et ne seraient que la répétition des articles 80 et 88 de la loi du 27 Ventôse an VIII, « suivant lesquels, dit cet éminent jurisconsulte, la cassation ne pouvait jamais nuire ni profiter aux parties. Qu'importe que l'article 441 ne renouvelle pas la clause *de non-préjudice aux droits des parties intéressées* de la loi du 27 Ventôse an VIII? Ne pas la renouveler ce n'est pas l'abroger, c'est, au contraire, la maintenir implicitement, d'après la célèbre maxime *posteriores leges ad priores pertinent, nisi contrariæ sint.* L. 28, D. *de legibus* (I, 3.) D'ailleurs quelle raison y aurait-il, pour que cette clause qui se trouve dans l'article 442 ne se rapportât pas à l'article 441? Dans le cas de l'un comme dans le cas de l'autre, c'est toujours le procureur général qui agit. Or conçoit-on que son action eût plus d'effet sur les intérêts personnels des parties, lorsqu'il l'intente par ordre du gouvernement que lors qu'il l'intente d'office? Lorsqu'il agit d'office, il exerce un ministère indépendant; il n'a d'autre moteur que l'intérêt de la loi; son action tout à fait impartiale est celle d'un véritable magistrat, et cependant la loi ne veut pas que le résultat de cette action puisse réfléchir sur les parties privées. Comment donc les parties privées pourraient-elles souffrir ou profiter de l'action qu'il intente, non en magistrat proprement dit, mais en instrument passif du gouvernement? Ne serait-ce pas mettre à la discrétion du gouvernement des intérêts qui en sont indépendants, par cela seul qu'ils ne dépendent que du pouvoir judiciaire? »

En examinant attentivement ces arguments de Merlin, il est facile de voir qu'en somme cet auteur, au lieu de critiquer l'application de l'article 441, adresse plutôt ses objections à l'article lui-même, au législateur et qu'il s'attache à résoudre une question tout autre que celle proposée. Il ne s'agit pas en effet de savoir si le pouvoir conféré au ministre de la justice est ou non exorbitant, mais bien si ce pouvoir existe réellement et comment il doit être appliqué. Ce droit serait-il excessif qu'on ne pourrait néanmoins en contester l'existence et, s'il y a quelque chose à regretter, c'est que le législateur n'en ait pas posé les limites et précisé les effets; c'est cette lacune qu'il appartient à l'interprétation de combler. Disons le de suite, Merlin n'a pas toujours professé cette opinion. Comme preuves citons d'abord son réquisitoire du 24 Messidor, an XI, en ce qui concerne l'article 80 de la loi du 27 Ventôse an VIII, où il dit que « la cassation ne doit pas seulement être prononcée dans l'intérêt de la loi, elle doit l'être avec renvoi», ce qui serait impossible si elle était restreinte au seul intérêt de la loi; cet auteur se met ainsi en contradiction formelle avec l'interprétation qu'il donne du même article 80 quand il l'invoque à l'instant à l'appui de son explication de l'article 441. Cet auteur oublie encore que, sous l'empire de l'article 441, dans l'affaire Mariette, du 20 Mai 1813, il a lui-même conclu à la cassation avec effet au préjudice de cet accusé d'une ordonnance rendue à son profit. Il y a mieux au passage que nous avons cité de lui, il critique l'arrêt rendu par la Cour de cassation en conformité de son réquisitoire en date du 30 janvier précédent où il s'exprime notamment ainsi : « Qui ne voit que si un pareil jugement (un jugement rendu par une commission militaire qui avait fait enlever de force l'accusé se trouvant dans les prisons civiles et devant être jugé par une Cour spéciale) pouvait ne pas être annulé purement et simplement et à tous effets, rien ne serait plus aisé à un grand coupable, qui aurait de puissantes protections, que de se faire enlever par la force des prisons de la justice compétente pour le juger, de se faire traduire précipitamment devant une commission composée d'hommes qui lui seraient dévoués, au risque, peu important pour lui, de voir casser, dans le seul intérêt de la loi, le jugement qui l'aurait innocenté. Ce serait un moyen indirect de transporter dans certains tribunaux d'exceptions la prérogative Royale du droit de faire grâce. » Merlin sentant que cet argument *ad hominem* est péremptoire prétend « qu'il s'agit dans l'espèce d'un jugement qui n'en avait que le nom......... d'un jugement rendu au profit de deux accusés qui, enlevés par la force des prisons de la Cour spéciale ordinaire, n'avaient été traduits devant le conseil de guerre que par une voie de fait répréhensible. » Mais cette réponse achèverait de démontrer, s'il en était encore besoin, que son système ne saurait se soutenir, car Merlin reconnaît par là implicitement que, quand le jugement passé en force de chose jugée est le résultat d'un abus de pouvoir, il peut être cassé avec effet en vertu de l'article 441. Le même auteur, en approuvant un arrêt de la Cour suprême cassant le 12 Octobre 1815, avec effet et avec annulation de l'instruction, un jugement d'une commission militaire crée par un chef d'armée, l'éminent procureur général, en approuvant cet arrêt par ce que la commission n'avait pas d'existence légale, reconnait par là, en second lieu, que, si un jugement est rendu par une juridiction illégalement instituée, l'arrêt qui vise l'article 441 peut casser avec effet le dit jugement; ce magistrat est donc réduit à ne plus faire de son argumentation qu'une question d'étendue, mais il se trouve par là forcé de reconnaître que la cassation faite en vertu de l'article 441 est différente de celle basée sur l'article 442.

Suivant MM. Carnot, Legraverend, Favard de Langlade, Mangin et Faustin Hélie, il faut admettre comme certain que la cassation prononcée en vertu de l'article 441 doit l'être avec effet. Seulement ces auteurs sont en désaccord sur l'étendue de cet effet.

M. Carnot, qui, *tome III, p.* 221, disait que cette cassation ne devait avoir lieu que dans l'intérêt de la loi, parce que, disait-il, il serait contre toutes les idées reçues, contre toutes les lois, contre toute raison, qu'on pût revenir ainsi sur ce qui aurait été irrévocablement jugé; le même auteur, disons-nous, modifie ainsi qu'il suit son opinion, *tome III, p.* 226, c'est-à-dire seulement cinq pages après sa première proposition. D'après lui il faut distinguer le cas où l'annulation porte sur des actes ou des jugements intervenus dans un procès qui a été jugé en dernier ressort de celui où elle porte sur des actes ou des jugements intervenus dans un procès encore indécis. Dans le premier cas, en l'absence d'un recours exercé contre l'acte ou le jugement définitif et en dernier ressort, l'annulation des actes et jugemenss préparatoires et d'instruction ne peut profiter aux parties dont les droits devront être réglés d'après l'article 442. Dans la deuxième hypothèse, au contraire, si le jugement ou l'arrêt définitif n'est pas encore rendu, l'annulation des actes et jugements préparatoires ou d'instruction profitera aux parties, et l'acte ou le jugement sera à considérer comme non avenu; « car ce serait une chose monstrueuse qu'un acte annulé, qui donnerait lieu à des poursuites contre l'officier de police ou le juge qui l'aurait fait, pût servir de base à un arrêt de condamnation, et que, sans avoir égard à l'annulation de ces actes, l'arrêt de condamnation, qui serait intervenu depuis et qui en aurait été le résultat, pût être exécuté. »

Suivant M. Legraverend, qui adopte, au surplus, la manière de voir de M. Carnot en ce qui concerne les jugements et actes préparatoires, il faut aller plus loin et décider, d'un côté, que la cassation des jugements et arrêts définitifs de condamnation doit profiter aux condamnés; mais que, d'autre part, les jugements et arrêts d'absolution ne peuvent être cassés au préjudice des parties absoutes. Ces deux auteurs fondent leurs solutions, M. Carnot, en ce qui concerne l'annulation des actes et jugements préparatoires non encore suivis de jugements définitifs, et M. Legraverend, pour les jugements et arrêts définitifs de condamnation, ces auteurs fondent leurs solutions sur l'article 441.

M. Mangin combat l'opinion de M. Carnot et celle de M. Legraverend, comme tendant l'une et l'autre à établir des distinctions que la généralité de la disposition de l'article 441 repousse par son texte et par son esprit; par son texte, cet article dit en effet : « Le procureur général près la Cour de cassation dénoncera les actes judiciaires, arrêts ou jugements contraires a la loi, » et voilà tout. « Il n'est pas question, dit

M. Mangin, *De l'action publique et de l'action civile*, II, n° 378, d'un côté, que l'article soit restreint aux jugements et arrêts non définitifs, ni, d'un autre côté, que la loi distingue les jugements et arrêts de condamnation des jugements et arrêts d'absolution. Ces auteurs mutilent ou changent l'article 441, mais ne le discutent ni ne l'expliquent. Il serait monstrueux d'exécuter l'arrêt de condamnation, après qu'il aurait été annulé, sur la dénonciation du Ministre de la justice, en l'absence d'un pourvoi et lorsque l'arrêt donnerait lieu à des poursuites contre les juges; mais, lorsqu'un jugement d'absolution ne doit son existence qu'à un délit du juge ou à la violence exercée contre lui, serait-ce une chose moins monstrueuse que de laisser le coupable jouir de l'impunité? » M. Mangin conclut de là que, dans le cas de l'article 441, l'annulation peut profiter ou nuire aux parties intéressées. C'est à raison de la gravité des intérêts engagés et comme contrepoids du pouvoir extraordinaire, nous dirions même discrétionnaire de la Cour de cassation, qu'il dit que la loi exige l'intervention du Ministre de la justice et l'exhibition d'un ordre formel dudit Ministre. « Il y a lieu de penser, dit en terminant cet auteur, qu'entre les mains du Gouvernement, cette voie de recours ne sera exercée que dans les cas d'une gravité extraordinaire.

M. Favard de Langlade, *Répert, de la nouv. législ.* I, *p.* 412, adopte le système de M. Mangin.

Quant à M. Faustin Hélie, *Inst. crim.* II n° 1031 *et suiv. p.* 615 *et suiv.*, après avoir combattu le système de Merlin et prouvé que, dans le cas de l'art. 441, la cassation n'est pas restreinte au seul intérêt de la loi, après avoir examiné la jurisprudence de la Cour de cassation dans ses quatre phases, dont nous nous occuperons plus loin, ce criminaliste conclut que l'attribution conférée par l'art. 441 à la Cour de cassation l'autorise à casser, avec effet utile, les actes, jugements ou arrêts à elle dénoncés, de l'ordre du Ministre de la justice. Il argumente de la différence de rédaction de l'art. 441 et de l'art. 442; de ce que l'article 441 a pour but d'empêcher, ou, au moins, de rendre plus rares, les erreurs judiciaires, lorsque l'incurie des parties a laissé écouler les délais sans exercer de voies de recours; de mettre obstacle à l'application de peines arbitraires, de punir les abus et prévarications, les dénis de justice, de s'opposer à la répression d'un fait innocenté. Cet article a encore en vue, dans le cas où l'intérêt de la justice est gravement compromis, de suppléer, suivant M. Faustin Hélie, *loc. cit.*, à l'omission ou à l'impossibilité d'exercer un pourvoi. Seulement, et c'est ici où cet auteur s'écarte de l'opinion de M. Mangin pour se rapprocher de celle de M. Legraverend, la cassation prononcée en vertu de l'art. 441 peut profiter aux parties intéressées autres que l'Etat, mais elle ne peut jamais leur nuire. « L'Etat, dit-il, n'attaque pas la chose jugée, il en provoque seulement la suspension dans des cas graves où ce principe n'aurait pour effet que de consacrer l'erreur ou d'arrêter le cours de la justice. Il renonce au droit qu'il avait acquis, parce qu'un intérêt plus grand, celui de la justice elle même, lui commande cette renonciation. Mais il est évident que cet abandon ne saurait s'étendre aux droits que la chose jugée a acquis aux parties. Ces droits sont irrévocables. Il importe peu que l'art. 441 ait gardé le silence sur le maintien de cette partie du jugement. Il n'avait pas le pouvoir de la briser, car les droits légalement acquis par un jugement définitif sont au-dessus de la loi elle même.» Cet éminent jurisconsulte fait ressortir la contradiction qu'il y aurait à admettre, d'un côté, qu'un jugement d'acquittement rendu en faveur d'un accusé ne peut être cassé que dans l'intérêt de la loi (art. 409) et à soutenir, de l'autre, que, si le Ministre de la justice dénonce le même jugement après l'expiration des délais, la cassation puisse nuire à l'accusé. De plus il faudrait, suivant cet auteur, en ce cas-là, admettre que les jugements demeureraient perpétuellement incertains, le recours du Ministre n'étant restreint à aucun délai. «Que si, dit-il, on recule devant ces conséquences, il faut s'arrêter à une limite, et il n'en n'est pas d'autre que la chose jugée.

Arrivons maintenant à la jurisprudence de la Cour de cassation. Cette jurisprudence comprend quatre périodes ou phases. La première va de la promulgation du Code jusqu'à l'arrêt du 15 Juillet 1819 exclusivement; la deuxième va de cet arrêt inclusivement à celui du 2 Avril 1831 exclusivement; la troisième part du même arrêt inclusivement pour aboutir à celui du 25 Mars 1836 exclusivement; la quatrième, enfin, commence à cet arrêt inclusivement et forme encore aujourd'hui sa jurisprudence.

Dans la première période, la Cour de cassation a restreint l'application de l'art. 441 à l'annulation des actes judiciaires ou des jugements émanant de juges incompétents, ou dans lesquels la peine avait été faussement appliquée. Dans tous les arrêts rendus pendant cette période, à l'exception d'un seul qui cassait un acte qui n'avait pas les caractères d'un jugement (affaire Mariette citée plus haut), la cassation avec effet n'eut lieu qu'au profit des parties et non à leur préjudice. Parmi ces arrêts nous citerons les suivants : Crim. cass. 12 février 1813, Merlin, *Quest. de Droit v° ministère public* § 10; 21 mai 1813 Sir. 20. 1. 502; 12 octobre 1815, Sir. 16. 1. 53; 8 août 1816, (Bull. n° 120); 5 février 1818, Sir. 18. 1. 113; 26 février 1818, Sir. 18. 1. 186; 18 août 1818, Sir. 18. 1. 388. Nous appellerons plus spécialement l'attention sur l'arrêt du 12 février 1813. Voici l'espèce de cet arrêt. Un arrêt de la Cour Impériale de Liège avait mis en accusation et renvoyé devant la Cour spéciale trois officiers de santé attachés à un hôpital militaire, comme prévenus du crime de rébellion. Le Commandant de la 25° division militaire fit enlever nuitamment et de vive force ces individus; il convoqua le 1er Conseil de guerre de la division et les y fit juger. Le Conseil acquitta l'un des accusés et condamna les deux autres à un emprisonnement correctionnel. Il n'y eut pas de recours de la part des parties, ni de celle du ministère public. Mais le Procureur général de la Cour de cassation, de l'ordre du Ministre de la Justice, déféra à la Cour de cassation le jugement qui était passé en force de chose jugée. La Cour suprême, conformément au réquisitoire de son Procureur général Merlin, réquisitoire que nous avons analysé plus haut, cassa avec effet le jugement en vertu de l'article 441 pour incompétence et comme ne constituant même pas un jugement. Voici les motifs qu'elle donna à l'appui de cet arrêt : « Attendu que, sous le rapport de cette première nullité, le vice d'incompétence, la cassation ne pourrait être prononcée, sans doute, que dans l'intérêt de la loi, sans que le ministère public, ni les parties intéressées pussent se prévaloir de cette cassation, ni prétendre en tirer avantage ; mais qu'outre le vice d'incompétence, dont il est frappé, il est encore infecté d'un vice beaucoup plus grave et tel qu'on ne peut même pas le considérer comme un véritable jugement ; qu'il est plutôt un acte illégal et arbitraire qui ne tient son existence que de l'abus du pouvoir et de la force, et qu'il n'a été que le complément de la voie de fait que s'est permise le Commandant de la 25e Division militaire en faisant enlever nuitamment et de vive force de la maison d'arrêt de Munster les trois prévenus qui étaient placés sous l'égide de la loi et sous la juridiction de la Cour spéciale ; que le prétendu jugement est donc dépourvu de tout caractère légal ; que néanmoins l'art. 360 c. inst. crim., en prohibant de poursuivre un individu quelconque sur le fait à l'égard duquel cet individu a été acquitté, subordonne cette prohibition au cas où l'acquittement aurait été légalement prononcé ; que la cassation du jugement du 1er Conseil de guerre permanent doit donc être absolue. »

Dans la deuxième phase de sa jurisprudence, c'est-à-dire à partir de l'arrêt du 15 juillet 1810 jusqu'à celui du 2 avril 1831, la Cour de cassation a donné à l'attribution qu'elle tient de l'art. 441 un développement nouveau et établi en règle que, lorsqu'elle annule des actes, jugements ou arrêts en vertu de cet article, la cassation n'est pas restreinte au seul intérêt de la loi, mais qu'elle peut produire de l'effet à l'égard des parties. Les principaux arrêts de cette période sont les suivants. Crim. cass. 15 juillet 1819, Sir. 19. 1. 371; 27 janvier 1820, Sir. 20. 1. 147; 1er juillet 1820, (Bull. p. 274); 9 mai 1822, Sir. 22. 1. 266; 27 juin 1822, (Bull. p. 269); 5 juin 1823, Sir. 23. 1. 361; 5 février 1824, Sir. 24. 1. 430; 9 septembre 1824. Sir. 25. 1. 66; 21 avril 1827, Sir. 27. 1. 516; 11 août 1827, Sir. 28. 1. 25; 11 juin 1830, Sir. 30. 1. 366; l'arrêt qui pose le plus clairement le principe est celui du 15 juillet 1819. Voici l'espèce de cet arrêt. Par ordre du Ministre de la justice, et en exécution de l'art. 441, le Procureur général près la Cour de cassation présenta un réquisitoire par lequel il demandait l'annulation de trois jugements rendus contre un nommé Fabry, par des conseils de guerre et de révision, se fondant 1° sur ce qu'un premier jugement d'un conseil de révision avait renvoyé le prévenu devant le même conseil de guerre que celui dont était émané le jugement qu'il venait d'annuler; 2° parce que le jugement intervenu en vertu de ce renvoi avait déclaré le prévenu coupable de dilapidations de deniers publics, avant que l'autorité compétente eût préalablement déclaré qu'il était reliquataire; 3° enfin parceque, par un troisième jugement, le conseil de révision avait statué sur le pourvoi du prévenu, bien que le pourvoi portât qu'il était adressé à la Cour de cassation et non au conseil de révision. Dès le 4 juillet le pourvoi en cassation avait été déclaré non-recevable de la part de Fabry, par la Cour suprême. Elle n'était donc saisie qu'en vertu de l'art. 441. Fabry alors se porta partie intervenante sur le pourvoi d'office et voici les motifs par lesquels la Cour admit son intervention : « Attendu que, par les ordres du Garde des Sceaux et par le réquisitoire du Procureur général, la demande en cassation n'est pas restreinte au seul intérêt de la loi; que, dès-lors, l'annulation peut être prononcée par la Cour dans l'intérêt du sieur Fabry; que celui-ci a donc intérêt à appuyer la demande du Procureur général et que, dans cette circonstance, il a qualité pour intervenir. » Mais, comme le sieur Fabry ne se bornait pas à appuyer le réquisitoire, mais demandait personnellement la cassation d'un autre jugement que le Procureur général n'avait pas dénoncé à la Cour, le même arrêt repoussa cette demande : « Attendu que l'attribution conférée à la Cour de cassation par l'art. 441 du Code d'instruction criminelle est une attribution extraordinaire; qu'elle ne peut donc être exercée que dans le sens et sous les conditions de cet article; que l'annulation qu'il prononce ne peut être étendue au-delà des réquisitions du Procureur général et des ordres qui lui ont été transmis par le Garde des Sceaux, Ministre de la justice. » En conséquence, les trois jugements furent annulés et Fabry renvoyé devant un autre conseil de guerre, « pour être statué de nouveau, sur la plainte sur laquelle ont été rendus les divers jugements ».

Dans la troisième période de sa jurisprudence, c'est-à-dire depuis l'arrêt du 2 avril 1831 jusqu'à celui du 25 mars 1836, la Cour de cassation revient tout d'un coup et sur sa jurisprudence antérieure à l'arrêt de 1819 et sur celle postérieure à cet arrêt, renferme dans d'étroites limites le droit qu'elle tient de l'article 441, et décide que la cassation prononcée en vertu de cet article ne peut ni changer l'état des parties, ni leur porter préjudice ; que cette cassation ne peut avoir d'effet que lorsqu'aucun errement en dernier ressort n'est contracté, que lorsque le cours de la justice s'est fourvoyé devant une juridiction incompétente, ou demeure interrompu par suite de quelque conflit. Les principaux arrêts rendus en vertu de cette distinction sont les suivants: Crim. cass. 2 avril 1831, Sir. 31. 1. 377 ; 20 décembre 1832, Sir. 33. 1. 146 ; 9 mai 1835, Sir. 35. 1. 869. Nous appellerons plus spécialement l'attention sur l'arrêt du 2 avril 1831, que nous transcrirons à peu près *in extenso*, parce qu'il établit le mieux la nouvelle jurisprudence. « Attendu, est-il dit dans ce dernier arrêt, que si la faculté conférée au procureur général près la Cour de cassation par l'article 442, confirmatif en cette partie des articles 25 de la loi du 27 novembre-1er décembre 1790 et 88 de celle du 27 ventôse an VIII, de dénoncer à la chambre criminelle de cette Cour les arrêts et jugements en dernier ressort sujets à cassation et contre lesquels aucune des parties n'aurait réclamé dans le délai déterminé et d'en requérir la cassation nonobstant l'expiration du délai, l'arrêt ou le jugement en dernier ressort dénoncé ne peut être cassé, s'il y a lieu, que dans l'intérêt de la loi, sans que les parties puissent s'en prévaloir pour s'opposer à son exécution ; que si l'article 441 confère au Ministre de la justice le pouvoir de donner au procureur général de la Cour de cassation l'ordre de former la demande en cassation des actes judiciaires, arrêts et jugements contraires à la loi, cet article ne porte pas que les cassations qui seraient prononcées changeraient l'état des parties fixé par lesdits jugements et arrêts passés en force de chose jugée, que, dès-lors, elles ne peuvent leur porter aucun préjudice; que si le législateur avait eu une autre intention, il aurait nécessairement, par analogie de l'article 205 du même Code, fixé un délai quelconque pour requérir cette cassation, après lequel la réquisition ne serait plus recevable, parce qu'il est impossible de supposer qu'il eût voulu laisser les parties pendant un temps indéterminé, même de plusieurs années, dans l'incertitude d'une situation toute précaire; qu'indépendamment de ce délai, il aurait ordonné encore, par analogie de l'article 418, la notification de ce pourvoi aux individus contre lesquels il serait dirigé pour qu'ils pussent y défendre; que la doctrine contraire serait subversive des principes si lumineusement établis et consacrés par l'avis du Conseil d'Etat du 12 novembre 1806, qu'il en serait autrement si la juridiction compétente n'était pas fixée et qu'il s'agît de régler de juges, parce que, en cas de conflit il n'y a aucun errement en dernier ressort contracté dont les parties puissent s'approprier le bénéfice, et qu'il importe à l'ordre public, comme à l'administration régulière de la justice, dont la haute surveillance est confiée au Ministre de ce département, que les parties pousuivies pour crimes ou délits soient jugées et le soient par des juges compétents. »

Enfin, dans la quatrième et dernière période de sa jurisprudence, qui commence avec l'arrêt du 25 mars 1836, la Cour de cassation, dont c'est encore la jurisprudence actuelle, tout en conservant la distinction qui sert de base aux arrêts rendus dans la troisième période et la règle d'interprétation d'où elle découle, a apporté quelques modifications à leurs termes, en étendant peu à peu les effets de la cassation, en décidant que la haute attribution qui lui est conférée est un moyen extraodinaire de cassation, pouvant être utile aux intérêts de la justice, sans préjudicier aux intérêts des parties, qui débarasse la marche des procédures criminelles des actes qui l'entravent ou la font dévier du droit chemin, tout en laissant intacts les droits acquis aux parties par la chose jugée. Autrement dit, la cassation prononcée en vertu de l'article 441 peut profiter aux parties, mais ne peut leur nuire. Les principaux arrêts de cette période sont : Crim. cass. 25 mars 1836, Sir. 36. 1. 395; 29 juin 1837 (Bull. n° 190); 7 décembre 1837 (Bull. n° 421); 5 janvier 1838 (Bull, n° 4); 19 avril 1839, Sir. 38. 1. 325; 10 décembre 1841 (*J. du Droit crim.*, T. XIV, p. 66); 18 mars 1842, Sir. 42. 1. 706 ; 7 novembre 1842, Sir. 43. 1. 91 ; Crim. rej. 8 août 1850, D. P. 50. 1. 286 et 288; 20 juin 1851, 51. 1. 213 ; 10 juin 1857, D. P. 57. 1. 180 ; 6 février 1858, D. P. 58. 1. 187 ; 9 juillet 1863, D. P. 67. 5. 213 ; 7 avril 1867, D. P. 67. 5. 275. Nous insisterons principalement sur l'arrêt du 19 avril 1839. Voici l'espèce de cet arrêt remarquable. Des personnes furent poursuivies, traduites en Cour d'assises et condamnées à raison de faits incriminés comme faux témoignage. La Cour de cassation, saisie conformément à l'art. 441, cassa cet arrêt parce que les faits ne présentaient pas les éléments de ce crime, les témoins s'étant rétractés avant la clôture des débats ; et, sur la question de savoir si la cassation prononcée en vertu de l'art. 441 doit profiter au condamné, la Cour décida qu'il n'y avait lieu à aucun renvoi « Attendu que l'article 441 C. inst. crim. a eu pour objet, de la part du législateur, d'ouvrir au Ministre de la justice une voie pour faire annuler par la Cour de cassation les actes judiciaires, arrêts ou jugements contraires à la loi et qui, ayant acquis la force de chose jugée, ne seraient plus susceptibles d'aucun recours, soit de la part des condamnés, soit de la part du ministère public; attendu que cet article a remplacé, pour les matières criminelles, l'article 80 de la loi du 27 ventôse an VIII, qui n'avait autorisé le pourvoi que dans l'intérêt de la loi ; qu'il n'a pas maintenu cette restriction, qu'il l'a donc exclue ; que cet article, en modifiant l'article 80 de la loi du 27 ventôse an VIII, a introduit dans le Code d'instruction criminelle une disposition d'ordre public qui doit être appliquée dans la généralité de sa disposition ; attendu qu'il résulte des principes ci-dessus posés que la cassation prononcée en vertu de l'article 441 C. inst. crim. ne peut jamais préjudicier aux condamnés, ni aggraver leur situation, puisqu'il n'y a dans ce cas aucun pourvoi formé par eux, ni par le procureur général de la Cour, dans le ressort de laquelle l'arrêt attaqué a été rendu ; mais que néanmoins il est conforme à l'esprit qui a dicté l'art. 441, ainsi qu'aux principes généraux du Droit criminel, en vertu desquels les dispositions favorables sont susceptibles d'extension, que les cassations prononcées sur un pourvoi formé en vertu de l'article précité profitent aux condamnés, afin qu'ils ne demeurent pas sous le coup d'une condamnation qui aurait été reconnue et déclarée par la Cour de cassation n'être le résultat que d'une application fausse et erronée de la loi pénale.» En conséquence de ces motifs, la Cour de cassation, comme les faits ne tombaient pas sous la loi pénale, déclara qu'il n'y avait lieu à renvoi et ordonna, par suite, que les individus seraient sur le champ mis en liberté.

Résumons maintenant, en peu de mots, les diverses variations de la Cour suprême dans sa jurisprudence. Dans la première période, elle a limité l'application de l'article 441 à l'annulation des actes judiciaires ou jugements émanés de juges incompétents et au cas de fausse application de la loi pénale. Dans cette période, elle a généralement annulé dans l'intérêt des parties. Seulement cette jurisprudence avait le tort de faire une distinction que la généralité des termes de l'article 441 repoussait ainsi que les principes généraux. Dans la deuxième période, la Cour de cassation a étendu au delà des limites légales l'article précité, en décidant que l'annulation pouvait avoir lieu aussi bien au préjudice des parties qu'à leur profit. Elle appliquait donc cet article d'une manière trop absolue et rendait par là illusoires les effets de l'exception de chose jugée, privait de fixité les jugements et rendait incertaine la position des personnes acquittées et des personnes condamnées. C'est probablement, frappée des effets dangereux de sa jurisprudence que la Cour de cassation fit un pas en arrrière et, pour éviter un mal, tomba dans l'excès contraire. Restreignant son pouvoir, et le frappant d'une stérilité presque entière, elle décida, dans la troisième phase de sa jurisprudence, que la cassation prononcée en vertu de l'article 441 ne peut changer l'état des parties, ni leur porter préjudice ; elle borna la cassation avec effet utile au cas où il n'existait qu'un jugement en premier ressort, à celui de conflit de juridiction et à celui d'incompétence. Elle revenait, comme on le voit, presque à sa première jurisprudence. La Cour se fondait, pour refuser l'effet utile, sur le silence de notre article, l'absence de délai, de notification aux parties, sur ce que la cassation avec effet était contraire à tous les principes et à l'avis du Conseil d'Etat du 12 Novembre 1806. Ces arguments étaient spécieux et le premier contient une pétition de principes. En effet de ce que l'exercice du droit, dont la Cour s'était reconnue investie, n'est pas suffisamment réglée, on ne peut conclure qu'il n'existe pas. L'argument tiré du silence de la loi sur l'intervention des parties n'était pas plus fondé, puisque la jurisprudence admettait l'intervention. L'argument tiré de l'avis du Conseil d'Etat de 1806 ne porte pas d'avantage, puisque le Code n'a été publié qu'en 1808. En fin de compte, nous sommes donc amenés à dire que l'arrêt du 10 avril 1830 principalement, ainsi que tous ceux de la quatrième période sont les seuls qui se soient conformés aux vrais principes, en recherchant dans la chose jugée et le Droit commun l'interprétation de l'article 441, et qu'ils ont raison de décider que cet article confère à la Cour suprême un moyen extraordinaire de cassation, qui peut être utile aux intérêts de la justice, comme aux parties, sans pouvoir néanmoins préjudicier à ces dernières, tout en dégageant la marche des procédures criminelles des actes qui l'entravent ou l'égarent, et sans porter atteinte aux droits acquis par la chose jugée.

Toutefois, tout en adoptant la doctrine des arrêts rendus dans cette dernière période, nous n'admettons pas certains motifs de l'arrêt de 1839, parce qu'ils nous semblent érronés. Cette observation concerne notamment l'argument tiré du rapprochement de notre article avec l'article 80 de la loi du 27 Ventôse, an VIII. Il est en effet inexact de dire, comme nous l'avons démontré en analysant l'opinion de Merlin et celle de M. Faustin Hélie, que l'article 80 de cette loi n'ouvrait qu'un recours dans l'intérêt de la loi. Nous nous contenterons ici de rappeler que les mots : « sans préjudice du droit des parties intéressées » se trouvent après ceux-ci : « Dénoncera par la voie etc. » et non après ceux-ci : « Les jugements seront cassés, » ce qui devrait avoir lieu si l'opinion de ces auteurs et de la Cour de cassation était exacte en ce qui concerne l'article 80 de la loi du 27 Ventôse, an VIII.

Ainsi donc, pour nous, l'article 441 doit être interprété conformément au système de M. Faustin Hélie et à la jurisprudence actuelle de la Cour de cassation, système et jurisprudence fondés en Droit, non moins qu'en équité, qui ont sur le système de MM. Carnot et Legraverend l'avantage de ne pas refaire la loi, de la prendre telle qu'elle est, bonne ou mauvaise, sans autres restrictions que celles résultant du Droit commun et sur celui de MM. Mangin et Favard de Langlade, le mérite de n'être pas trop absolu, de ne pas laisser incertain le sort des personnes acquittées, de ne pas léser les intérêts des parties civiles, car, ici principalement, c'est le cas de dire *summum jus, summa injuria*. Quant à celui de Merlin nous ne l'adoptons pas d'avantage, puisqu'il ne tient pas compte de la différence de rédaction des articles 441 et 442, en voulant restreindre la cassation, dans l'un comme dans l'autre cas, au seul intérêt de la loi. Ainsi donc en résumé, nous pensons que, dans le cas du pourvoi formé de l'ordre du Ministre de la justice, la cassation ne doit pas être restreinte au seul intérêt de la loi, mais peut profiter aux parties ; qu'en ce cas l'autorité de la chose jugée doit fléchir devant des intérêts beaucoup plus graves, mais que cette règle doit reprendre son empire dès que l'intérêt des parties pourrait être compromis, que par suite la cassation ne peut leur nuire.

Ainsi donc la cassation profitera aux parties sans pouvoir leur préjudicier. La raison est facile à comprendre, c'est que l'intérêt général et l'intérêt privé marchent ici de pair et l'on peut dire, avec M. Faustin Hélie, que, entendue ainsi, cette disposition de la loi au fond semble bien près de se concilier avec le principe de la chose jugée, aucun de ces effets utiles n'étant compromis, aucun intérêt froissé. L'opinion que nous adoptons ici vient de recevoir une nouvelle confirmation dans la bouche de M. Ferdinand Barrot, grand référendaire du Sénat, dans la séance du 29 janvier 1869, où il dit sur une pétition : « Que l'article 441 ouvre un droit plus étendu au ministre de la justice que l'article 442 au procureur général, car le recours du garde des sceaux couvre l'intérêt des parties aussi bien que celui de la loi. » Le Sénat adopta cette doctrine en prononçant l'ordre du jour sur la pétition qui demandait qu'en cas de condamnation à mort et de refus de se pourvoir de la part du condamné le ministère public se pourvût d'office. *En ce sens :* Dupin, *Réquisitoires du 25 Mars 1836 et du 19 Avril 1839;* Faustin Hélie, *Inst. crim. éd. de 1866, II,* n°s 1033 à 1038. *Contra :* Merlin, *Quest. de Droit v° ministère public* § 10; Bourguignon, *Jurispr. des Codes crim.* II, *p.* 346. *En sens divers :* Favard de Langlade, *Répert. v° cassation, I,* 412 ; Mangin, *De l'action publique et de l'action civile n°s* 377 *et* 378, *II, p.* 259 *et suivantes;* Le Seylier, *n°* 2430 ; Carnot, *Inst. crim.* III, *p.* 221; Legraverend, *Législ. crim.* II, *p.* 464.

Après avoir exposé les diverses opinions qui se sont produites sur cette question et avoir indiqué celle que nous adoptons, il ne sera peut être pas inutile d'indiquer les corrections que le législateur devrait, selon nous, introduire dans l'article 441. Il devrait d'abord dire que la dénonciation du Garde des Sceaux doit être notifiée aux parties intéressées avec invitation d'intervenir jusqu'à la clôture des débats, passé lequel moment, elles n'y seraient plus recevables. De plus, il serait bon d'écrire formellement dans l'art. 441 qu'en cas d'intervention la cassation sera prononcée dans l'intérêt de la partie intervenante, mais non à son préjudice ; ce n'est que pour le cas où le jugement ne réunirait pas les conditions voulues pour la chose jugée que l'intervention serait inutile et la cassation toujours prononcée même au préjudice des parties intéressées. Voici donc comment nous rédigerions l'art. 441 : « Lorsque, sur l'exhibition d'un ordre formel à lui donné par le Ministre de la Justice, le Procureur général près la Cour de cassation dénoncera à la section criminelle de cette Cour des actes judiciaires, arrêts ou jugements contraires à la loi, cette section, après avoir ordonné la notification de la lettre du Ministre aux parties intéressées avec invitation d'intervenir, si elles le jugent utile, cassera ces actes, arrêts et jugements dans l'intérêt de la loi et des parties, mais sans que la cassation puisse jamais nuire aux dites parties. Il n'en sera toutefois ainsi que si les parties sont intervenues devant la Cour avant la clôture des débats. L'intervention ne sera pas toutefois nécessaire si le jugement, l'acte ou l'arrêt ne réunit pas les conditions requises pour qu'il y ait chose jugée, cas auquel l'annulation pourra toujours être prononcée même au préjudice des parties. Dans tous les cas, les officiers de police ou les juges seront poursuivis, s'il y a lieu, de la manière exprimée au chapitre III du titre IV du présent livre. » Cette rédaction aurait pour effet, croyons-nous, d'éteindre complètement la controverse, de régler d'une façon plus efficace le pouvoir conféré par l'art. 441, de mettre un délai pour rendre moins incertain le sort des parties intéressées, de leur permettre de se faire entendre et d'empêcher le pouvoir exécutif d'abuser de l'art. 441 pour le faire servir à des vues politiques, puisque ce serait la Cour de cassation qui ordonnerait la notification aux parties.

SECTION IV.

EFFETS DES JUGEMENTS RENDUS EN PAYS ÉTRANGER.

Suivant le Droit civil, un jugement rendu en pays étranger ne peut produire d'effet en France que s'il a été déclaré exécutoire par un juge français, ou s'il provient d'un pays avec lequel la France a contracté une convention diplomatique pour l'exécution réciproque des jugements rendus par les tribunaux de l'un des pays contractants. En est-il de même en matière criminelle? Non, l'art. 5 de la loi du 27 juin 1866 s'y oppose. Aux termes de cet article, tout Français, qui, hors du territoire de la France, s'est rendu coupable d'un crime puni par la loi française peut être poursuivi et jugé en France. Art. 5, al. 1 — Tout Français, qui, hors du territoire de France, s'est rendu coupable d'un fait qualifié délit par la loi française, peut être poursuivi et jugé en France, si le fait est puni par la législation du pays où il a été commis;» même article, al. 2; et l'al. 3 ajoute: «Toutefois, qu'il s'agisse d'un crime ou d'un délit, aucune poursuite n'a lieu si l'inculpé prouve qu'il a été jugé définitivement à l'étranger», ce qui revient à dire s'il prouve qu'il y a chose jugée. Il faut en conclure que les jugements étrangers produisent l'autorité de la chose jugée en France en matière criminelle. On ne saurait être plus clair. La nouvelle loi consacre maintenant, par une disposition formelle, le principe qu'on ne tirait que par argument *a contrario* de l'art. 7 que l'art. 5 de la loi du 27 juin 1866 a remplacé et la controverse devrait, ce semble, être éteinte. En effet la nouvelle loi ne fait que consacrer ici la doctrine que professait M. Faustin Hélie, avant la loi de 1866 *op. cit.* 2ᵉ *éd.* nᵒˢ 1038 *à* 1041 *p.* 650 *à* 652 où il dit que «L'exception de chose jugée dérive de l'existence des jugements étrangers et non de leur exécution, qu'elle proclame l'existence des jugements, sans invoquer l'application de leurs dispositions, qu'elle peut donc résulter d'un jugement qui n'est pas exécutoire. L'Etat qui constate l'existence de ce jugement n'en reconnait point l'autorité, le juge se borne à constater que le prévenu a déjà été jugé en pays étranger».

Nous ajouterons que, d'après la nouvelle rédaction, le juge doit vérifier si le prévenu a été *jugé définitivement* en pays étranger. Or il suffit qu'il ait été jugé définitivement pour que la seconde poursuite soit non-recevable. Malgré le texte fort clair de l'art. 5 de la loi du 27 juin 1866, la Cour de cassation persiste dans la doctrine qu'elle a émise dans l'arrêt du 21 décembre 1861, D. P. 62. 1. 200, d'après laquelle elle décidait que les articles 5, 6, 7 du Code d'instruction criminelle, loin de reposer sur l'application de la maxime *non bis in idem* et sur la reconnaissance de l'exception de chose jugée, se fondent, au contraire, sur le principe de la souveraineté territoriale; que en effet le législateur français, qui reconnait à une souveraineté étrangère le droit de juger un Français qui a commis un crime, entend évidemment faire respecter chez lui le principe de la souveraineté territoriale. L'arrêt de rejet rendu sous les nouveaux art. 5, 6 et 7 I. cr. est du 23 novembre 1866, D. P. 67. 1. 236.

L'arrêt a été rendu sur le rapport de M. le conseiller Salneuve, rapport auquel, pour plus de détails, nous renvoyons les lecteurs. Nous avons tenu à présenter simultanément la solution admise par la Cour de cassation avant la loi du 27 juin 1866 et celle qu'elle a émise après. On comprendra, de cette façon, plus aisément la question posée et on en saisira mieux l'ensemble. La Cour suprême objecte que la maxime *non bis in idem* ne concerne que les jugements émanés d'une même souveraineté, que ce ne serait qu'à l'égard de ces jugements qu'on doit empêcher tout recours, proclamer la maxime *res judicata pro veritate habetur*. La chose jugée serait celle jugée par nos tribunaux et avec nos formes de procéder. Mais, comme le dit M. Berlier, *procès-verbal du Cons. d'Et., séance du 17 Fruct. an XII,* « on peut répondre que la maxime « *non bis in idem* appartient au Droit universel de « toutes les nations; que le principe de justice, qui « l'a fait introduire, a la même efficacité à l'égard de « tous les jugements rendus sur le même point, sur « le même fait; qu'il importe peu, à cet égard, qu'ils « proviennent des tribunaux nationaux ou des tribu- « naux étrangers. Car, si l'on méconnait la justice en « traduisant successivement le même individu devant « deux juridictions différentes et s'il est frappé de « deux condamnations différentes pour le même fait, « ce résultat se présentera, lors même que l'un des « tribunaux sera étranger et l'autre national. Si cette « double répression révolte la justice et la morale « dans un cas, le bon sens et la raison pourront-ils « saisir facilement une solution inverse dans l'autre « cas. »

On ne porte aucune atteinte à la souveraineté, puisque, encore une fois, il ne s'agit pas d'exécuter le jugement, mais d'en reconnaître l'existence en tant que fait pour empêcher une nouvelle poursuite. De ce qu'un jugement émane d'une juridiction étrangère, ce n'est pas une raison pour fermer les yeux sur son existence. On prétend, en second lieu, que, le délit ayant été commis en France, le juge du lieu du délit est le juge naturel; que là où l'ordre social a été troublé, on est le mieux en mesure de connaître l'atteinte portée à la loi ou à l'ordre et la réparation qui peut lui être dûe, que là la vérité peut le mieux se manifester. Mais nous n'avons pas à résoudre la question de préférence à donner entre le juge du domicile et celui du lieu du délit, préférence qui doit appartenir à ce dernier et que la nouvelle loi a consacrée dans son article 7, solution que nous ne contestons pas. Mais ce que nous disons, c'est que, lorsque, par suite de circonstances accidentelles, le juge du domicile a été saisi et a jugé, il serait contraire à toute justice que le juge du lieu pût reprendre le même individu à raison du même fait et que l'intérêt de la répression l'emportât sur l'exception de chose jugée. Ce serait consacrer la règle qu'il vaut mieux punir deux fois le même individu que de laisser échapper un coupable. Or il est évident que c'est le principe opposé qui doit être appliqué, à savoir qu'il vaut mieux laisser échapper un coupable que de punir un innocent et *a fortiori* une seconde fois un condamné. On argumente contre nous, en troisième lieu, de l'incertitude de la chose jugée à l'étranger, des faibles garanties, du peu d'impartialité des juges étrangers disposés plutôt à l'indulgence et, par suite, de l'impunité scandaleuse qui peut en résulter dans des circonstances données d'une certaine gravité. Ceci est la clef de tout le système de la Cour suprême.

Mais cette objection est loin d'être sans réponse. En effet, pour que cet argument fût péremptoire, il faudrait que ce fut le seul cas où l'exception de chose jugée produisit des conséquences regrettables. Il n'en n'est pas ainsi; nous avons vu, en effet, plus haut que les jugements qui émanent de juridictions illégalement composées, quoique légalement instituées, produisaient l'exception de chose jugée; qu'il en était de même de ceux rendus par des juges incompétents ou de ceux qui n'avaient pas les formes légales. Dans ces cas, l'intérêt d'utilité publique qui a fait établir l'exception l'emporte, comme nous l'avons vu, sur celui de la répression. Dans le cas que nous étudions en ce moment la situation n'est pas aussi fâcheuse que l'on veut bien le dire. Les juges devant lesquels on excipe des jugements étrangers ont le droit et le devoir d'examiner si le jugement opposé est légal, s'il émane d'une juridiction légale, s'il est définitif (art. 5 Inst. crim), la juridiction territoriale n'ayant pas à se dessaisir, s'il n'y a que des poursuites ; les juges examineront également si le tribunal étranger avait juridiction sur cet individu car, en cas qu'il en fut autrement, on n'aurait à faire qu'à une usurpation, dénuée, par suite, de toute effet légal.

Ainsi se trouvent réduits à leur juste valeur les arguments de M. Salneuve, touchant la question qui nous occupe. M. Salneuve prétend aussi que la loi de 1866 n'a pas porté atteinte à la doctrine des arrêts de 1802. Il invoque le silence de la loi à cet égard et même un fragment de l'Exposé des motifs, d'où il voudrait faire ressortir que la loi nouvelle n'a voulu appliquer la chose jugée qu'à la juridiction personnelle. Mais si, au lieu de s'arrêter après cette phrase : « Le mérite de cette combinaison est de suppléer la souveraineté dans sa défaillance, » M. Salneuve l'eût combinée avec ce qui précède et avec ce qui suit, il eût vu qu'il n'est nullement question dans, cette partie de l'Exposé des motifs, du crime commis par un étranger en France, mais bien d'une infraction commise à l'étranger par un Français. Ce qui le prouve ce sont d'abord les expressions de la partie de l'Exposé des motifs citée par M. le conseiller rapporteur. «L'unique moyen d'empêcher l'impunité et avec elle les progrès du crime, *c'était de proclamer l'empire de la loi du pays d'origine et la compétence des tribunaux de ce pays*, et c'est ce qu'ont fait résolument les législateurs modernes. On a dit aux criminels : *La loi nationale vous suivra partout*, n'espérez pas éviter le châtiment, parceque votre adresse *vous aura soustraits à la justice étrangère;* au retour, vous vous retrouverez en présence de la loi, de la justice *de votre pays*.» Et plus loin, l'Exposé des motifs continue ainsi : « *L'État du domicile* n'a pas la prétention de dessaisir l'Etat sur le sol duquel le délit a eu lieu ; le moment où *le national* tombe sous la juridiction des tribunaux *de son pays* est celui du retour dans sa patrie, où la justice étrangère n'est plus en possession que d'une impuissante autorité, ayant laissé échapper le coupable. »

C'est de l'infraction pénale commise hors de France par un Français dont il est ici question, comme on le voit, cas pour lequel l'art. 5 dit expressément qu'il admet qu'on excipe de la chose définitivement jugée. Il n'est pas question du tout du crime ou du délit commis par un étranger en France. L'Exposé des motifs porte formellement que, en ce qui concerne le crime commis par un Français à l'étranger, le jugement étranger engendre la maxime *non bis in idem* : «Si le prévenu a été *jugé, elle attribue à cette décision le caractère de la chose jugée.* » Ainsi donc, l'argument tiré de l'Exposé des motifs, loin de nous être défavorable, renverse le système que nous combattons ; l'argument tiré de la combinaison de l'art. 5 avec l'art. 7 ne sert pas mieux notre adversaire. En effet, si la loi déroge à l'exception de chose jugée dans l'art. 7, on ne peut en conclure qu'elle a entendu adopter la même solution pour l'article 5. Tout au contraire, en vertu de la règle : *Exceptio firmat regulam in casibus non exceptis*, et de celle-ci : *Exceptiones sunt stricti juris*, on doit décider que l'exception de chose jugée, qui est de Droit commun universel, doit reprendre ici son empire. Une autre erreur de M. Salneuve consiste à faire de la loi pénale un statut personnel, mais ce magistrat semble reconnaître plus loin qu'ainsi énoncée sa solution serait fausse, aussi la corrige-t-il, en disant, qu'elle tient à la fois du statut réel et du statut personnel. Cette loi est en effet territoriale, puisque les lois de police et de sûreté obligent tous ceux qui habitent le territoire (C. N. art. 3) ; elle est personnelle, en ce qu'elle saisit le régnicole en dehors du territoire, avec cette restriction toute fois que, pour pouvoir s'exercer, il faut que le régnicole soit de retour au pays d'origine.

Ainsi donc en résumé, d'après la loi de 1866, les jugements rendus en pays étranger ont l'autorité de la chose jugée en France, en matière de justice répressive, qu'il s'agisse d'un crime ou d'un délit, pourvu, dans ce dernier cas, que le fait soit puni par la loi étrangère, tandis que, pour le premier cas, il suffit que le crime soit puni par la loi française. La raison de cette différence est que les faits qualifiés crimes lèsent tellement la société qu'ils sont généralement punis par toutes les législations, tandis que les faits qualifiés délits ne portent pas tellement atteinte aux droits de cette même société qu'ils soient nécessairement punis par toutes les législations, tel est notamment le délit de contrebande. Il importe peu, pour qu'il y ait chose jugée que la victime soit un Français ou un étranger, c'est une innovation de la loi nouvelle ainsi que la poursuite pour délit. Il y a chose jugée même en ce qui concerne la juridiction territoriale. Seulement il faut distinguer entre le cas où la victime est la Nation qui saisit le coupable ou un particulier de cette Nation; au premier cas, la Nation qui a saisi le coupable peut le punir, sans qu'il puisse invoquer la maxime *non bis in idem*; la Nation use du droit de légitime défense et peut mieux appliquer la peine que le juge du pays d'origine dont l'impartialité pourrait être douteuse, et, comme ces attentats n'intéressent que la Nation lésée, l'impunité serait à craindre; au second cas, celui où la victime est un simple particulier, citoyen d'un pays étranger, la chose jugée règne sans partage. Il n'y a en effet aucune raison plausible pour qu'il en soit autrement et la Nation, sur le territoire de laquelle le crime ou le délit a été commis, ne jouit que du droit d'expulsion.

Pour que un jugement étranger ait l'autorité de la chose jugée en France, il faut qu'il émane d'une juridiction légale, qu'il soit définitif et provienne d'un pouvoir judiciaire ayant juridiction sur l'inculpé. S'il s'agit d'un délit, il faut qu'il soit puni par la législation étrangère et que la partie lésée ait porté plainte; mais pour les crimes il suffit qu'ils soient punis par les lois françaises, mais il faut de plus qu'il y ait dénonciation faite par les autorités du pays étranger pour que, en l'absence d'un jugement étranger, le coupable français puisse être saisi par la justice française. Il n'est pas nécessaire, pour que l'on puisse exciper de la chose jugée à l'étranger, que la condamnation ait été exécutée; en effet la condamnation ne pourrait recevoir d'exécution en France; il suffit, mais il faut, qu'il soit intervenu un jugement définitif d'acquittement, d'absolution ou de condamnation. Les poursuites ne suffiraient pas. Il suffit, disons-nous, qu'une sentence définitive existe pour que l'on puisse opposer l'exception de chose jugée; la compétence des tribunaux français est donc épuisée par le fait de cette existence. Il répugne en effet à la raison aussi bien qu'à la justice qu'un prévenu soit deux fois poursuivi pour le même fait. Ce que le juge français doit vérifier, c'est l'existence et l'irrévocabilité du jugement définitif pour lui reconnaître l'autorité de la chose jugée, car, encore une fois, ces conditions se trouvant réunies, tout est consommé.

SECTION V.

DES EFFETS DE LA CHOSE JUGÉE AU CIVIL SUR L'ACTION PUBLIQUE.

Nous commencerons par poser en principe général que les jugements rendus au civil n'exercent aucune influence et ne produisent pas l'exception de chose jugée à l'égard de l'action publique. D'abord il n'y a pas identité d'objet entre les deux actions; en effet, lors même qu'elles ont le même fait en vue, elles ne le considèrent pas sous le même rapport, n'en tirent pas les mêmes conséquences; en second lieu, il n'y a pas non plus identité de parties; en matière criminelle en effet, le ministère public est toujours partie principale; en matière civile, au contraire, le ministère public est la plupart du temps partie jointe, et encore seulement dans les affaires dont il prend communication. Enfin les deux actions s'appuient sur des preuves différentes, et les preuves ne sont pas produites devant les deux juridictions dans le même but. Il en résulte que le jugement civil n'exerce, comme nous l'avons dit, aucune influence sur l'action publique, et, par suite, qu'il ne saurait engendrer l'exception de chose jugée en faveur du prévenu ou contre lui. Le jugement civil ne doit donc, en général, pas plus enchaîner le juge criminel, que si la sentence n'existait pas. La règle que nous venons de poser est admise sans difficulté par la doctrine et par la jurisprudence. Toullier VII, n° 38, Legraverend *Législ. crim.* I, p. 66; Merlin, *Repert. v^is non bis in idem,* n° 15 ; Mangin, *De l'action publique et de l'action civile*, II, n° 420 ; Faustin Hélie, *De l'inst. crim.* 2e *éd.* 1866, II, n° 1013; Crim. cass. 6 Floréal an XII, *Jur. gén.* v° *chose jugée* n° 533, 28 Avril 1809 *(ib.)*; Crim. rej. 30 Janvier 1812 *(ib.)*, 10 Février 1813 *(ib.* n° 535), 8 Juillet 1813 *(ib.* n° 533), Crim. cass. 2 Janvier 1817 *(ib.* n° 530), 25 Juillet 1823 *(ib.)*, 7 novembre 1827 *(ib.* n° 534), Limoges, 14 novembre 1844, D. P. 45. 4. 84 ; Crim. rej. 3 Avril 1846, D. P. 46. 1. 163; 22 Mai 1846, D. P. 46. 1. 319; 23 Mai 1846, D. P. 46. 1. 222; Crim. Cass. 27 Avril 1848, D. P. 48. 5. 49; Crim. rej. 6 Mars 1857, D. P. 57. 1. 180; Crim. rej. 27 Février 1862, D. P. 67. 5. 69.

Nous allons maintenant analyser quelques-uns de ces arrêts. Dans celui du 6 floréal an XII, la Cour de cassation a décidé qu'il ne suffit pas qu'un jugement rendu au civil ait reconnu l'existence d'un faux pour que les juges criminels, saisis de l'accusation de faux, puissent admettre le faux comme constant, et voici les motifs qu'en donne cette Cour : « Attendu qu'en toute affaire criminelle la loi prescrit aux juges de vérifier personnellement d'abord la matérialité du fait, puis l'application du fait à l'accusé ; que l'autorité de la chose jugée ne peut être invoquée qu'entre les mêmes parties et sur la même action. » Par l'arrêt du 28 avril 1809, la Cour de cassation a décidé que le rejet d'une inscription de faux incident ne peut arrêter l'action publique en faux principal, de sorte que, si, nonobstant la poursuite en faux principal intentée par le ministère public dans le cours d'une procédure en faux incident, il arrive que les juges civils, au lieu de surseoir, comme ils le doivent, rejettent l'inscription de faux incident, les juges criminels ne peuvent se regarder comme liés jusqu'à ce que, sur l'appel, le sursis ait été prononcé. Voici les motifs qu'en donne la Cour de cassation : « Considérant que l'action publique est essentiellement séparée de l'action civile, considérant que l'action civile est suspendue de plein droit, tant qu'il n'a pas été prononcé sur l'action publique. » En troisième lieu, par son arrêt du 23 novembre 1827, la Cour de cassation a jugé que le jugement qui déclare un individu en faillite n'empêche pas que sa qualité de commerçant ne soit de nouveau mise en question devant la juridiction criminelle et résolue négativement : « Attendu que les jugements sur l'action et dans l'intérêt civil des créanciers demeurent sans influence sur l'action criminelle, et que ces décisions, dont le prévenu ne pourrait se prévaloir, ne peuvent lui être opposées. » La même Cour, par son arrêt du 6 mars 1857, a décidé, dans l'hypothèse inverse, que l'individu reconnu par la juridiction civile n'être pas en faillite, peut néanmoins être poursuivi et condamné comme coupable de banqueroute frauduleuse.

Pour que la juridiction répressive ne soit pas liée par la décision rendue au civil, il n'est pas nécessaire que le ministère public ait fait des réserves devant la juridiction civile. Les réserves en effet, du moins en général, n'ouvrent aucune action au ministère public et ne lui conservent aucun droit; elles sont, par suite, privées de toute efficacité, de toute influence sur l'exercice de l'action publique et ne sont employées, comme le fait remarquer M. Faustin Hélie, *op. cit.*, n° 1043, *p.* 661, qu'à raison de l'effet moral qu'elles peuvent produire. La jurisprudence est d'accord avec nous pour refuser toute influence juridique aux réserves du ministère public, c'est ce qu'à notamment jugé la Cour de Metz, par arrêt du 26 Mars 1821, *Jur. gén.*, *v° chose jugée*, *n°* 537 : « Attendu, porte cet arrêt, qu'aucun des articles de la loi n'a limité ni circonscrit l'exercice de l'action publique dans les recherches et les poursuites des faits qui ont le caractère d'un délit; que le ministère public a donc, dans tous les temps, la faculté de les exercer, sans qu'on puisse lui opposer le défaut de réserves qu'il n'est tenu de faire pas plus que le tribunal n'a le droit de les prononcer. »

La règle posée en tête de cette Section, à savoir, que la chose jugée au civil n'exerce aucune influence sur l'exercice de l'action publique, ne doit pas être prise d'une façon trop absolue. Elle comporte en effet une exception, unique il est vrai. Cette exception à lieu lorsqu'il existe une question préjudicielle, c'est-à-dire une exception (*hoc sensu*) qui suspend la poursuite et le jugement d'un crime, d'un délit, d'une contravention jusqu'après la vérification préalable d'un fait antérieur dont l'appréciation est une condition indispensable de cette poursuite ou de ce jugement, ce qui s'exprime par l'adage : *le civil tient le criminel en état.* Dans notre matière, pour qu'une semblable exception arrête l'action publique, il faut que le jugement de ladite question soit formellement attribué par la loi à la juridiction civile. Au nombre de ces exceptions figurent les questions d'état dans les actions en suppression d'état, de validité de mariage dans les accusations de bigamie, de droit de propriété dans les procès pour atteintes portées à la propriété immobilière. Dans tous ces cas, la juridiction civile est seule compétente pour juger la question préjudicielle. Lors donc que la question jugée par les tribunaux civils réunit les deux conditions que nous venons d'énumérer à savoir qu'elle constitue une exception arrêtant l'action publique, et que la juridiction civile peut seule la juger, les tribunaux criminels sont liés par la décision des tribunaux civils déclarant constants les faits formant l'objet de la question préjudicielle ; les juges de répression ne peuvent en contester l'existence, il y a sur ce point chose jugée ; et inversement ils ne peuvent pas davantage, pour la même raison, reconnaître l'existence de ces faits déclarés inexistants au civil. Il ne peut en être autrement, puisque, dans ce cas, le jugement émane des seuls juges qui soient compétents pour statuer sur la question, les juges de répression étant incompétents. L'appréciation des juges civils domine en effet, le jugement civil a le pas sur celui de la juridiction criminelle. C'est ainsi qu'il a été jugé que, lorsque la juridiction civile, saisie d'une question d'état, a décidé qu'un enfant, dont l'état était litigieux, est en possession de son véritable état, le ministère public doit être déclaré non-recevable dans sa poursuite en suppression d'état. De même, lorsque le tribunal civil a décidé que les terrains, sur lesquels des déprédations ont été commises, étaient la propriété du prévenu, le tribunal correctionnel, ne peut juger qu'il y a délit contre la propriété d'autrui. En effet, dans ces deux espèces, il y a chose jugée sur la filiation et sur le droit de propriété, par suite, le crime ou le délit, dont ces faits étaient l'un des éléments, n'existe plus.

SECTION VI.

DE L'EFFET DE LA CHOSE JUGÉE AU CRIMINEL SUR L'ACTION CIVILE.

Cette question, qui, comme on peut le voir, est la contre-partie de celle traitée dans la précédente Section, ne présente aucune difficulté, lorsque la personne, qui se prétend lésée et qui porte son action devant le tribunal civil, s'était constituée partie civile dans les poursuites dirigées par le ministère public à raison du délit dont elle réclame la réparation. L'article 1351 du Code Napoléon s'y oppose en effet; car le jugement de la juridiction répressive a été rendu contradictoirement avec elle, elle y a donc été partie et agit en la même qualité; le défendeur était également le même puisque c'était le même individu; il agit en la même qualité, celle de défendeur à une action civile résultant du délit par lui commis, il y a donc identité de parties; il y a identité d'objets, la réparation civile d'un dommage causé; même cause, le fait dommageable lui-même. Les identités sont donc réunies.

Mais en dehors de ce cas, lorsque la personne lésée ne s'est pas constituée partie civile, n'a pas figuré dans l'instance engagée devant la juridiction criminelle, quel doit être l'effet du jugement rendu par cette dernière juridiction par rapport à l'action que la victime du délit porterait devant les juges civils? C'est une des questions les plus graves de la procédure criminelle et du Droit civil, qui a donné lieu à de longs débats, même dans ces dernières années et qui n'est pas encore hors de controverse aujourd'hui. Pour résoudre la question, Merlin, *Répert. v° chose jugée* § 15 *v^{is} non bis in idem*, n°^s 15 et 16; *Quest. de droit v° Faux*, § 16. Toullier; VIII, 30 *et suiv.* X, 240 *et suiv.* ont voulu concentrer la question sur l'article 1351. Le premier de ces auteurs soutient que, dans tous les cas, le criminel emporte le civil, parce qu'il y a identité de cause et d'objet entre l'action publique et l'action civile et même identité de parties, car, le ministère public faisant ses poursuites aux risques, périls et fortune de tous les intéressés, la partie lésée a été représentée par lui dans les jugements rendus à sa requête.

Toullier, après avoir péremptoirement démontré qu'aucune des trois identités n'existait, les deux actions, civile et publique, différant quant à l'objet, quant à la cause et quant aux parties, en conclut qu'il n'y a jamais chose jugée du criminel quant au civil.

M. Armand Dalloz, *Jur. gén.* v° *chose jugée*, n° 531 adopte l'opinion de Merlin et soutient qu'il y a identité d'objet, l'action civile étant essentiellement subordonnée à l'action publique ; il invoque à l'appui de sa thèse l'article 3 du Code d'instrution criminelle, d'où il conclut que, quoi qu'ayant des objets directs distincts, les deux actions ont le même objet fondamental. Il invoque, par analogie, ce qui se passe lorsque l'action civile est préjudicielle à l'action publique, les juges criminels étant, en ce cas, forcés de tenir le fait civil pour constant. Il admet également qu'il y a identité de parties, le ministère public agissant au nom de la Société dont il est le mandataire, et que, par suite, ce qui a été jugé avec lui l'a été avec chacun et tous les membres de la Société et, par conséquent, avec la partie civile. Pour combattre l'objection de Toullier que le ministère public n'a pris ni pu prendre des conclusions pour la partie lésée, M. Dalloz, *loc. cit.*, fait de nouveau appel au principe que l'action publique est préjudicielle à l'action civile, le caractère de préjudicielle identifiant les parties qui ont figuré dans l'une des actions avec celles ayant figuré dans l'autre. Il rappelle de nouveau que, si le ministère public veut poursuivre le crime de suppression d'état, il ne le pourra si l'état actuel de l'enfant est reconnu être le véritable. A l'article 235 C. N., qu'invoque Toullier, pour prouver que, de ce qu'une action est préjudicielle à une autre, il n'en résulte pas que le jugement rendu sur la première exerce une influence sur la seconde, M. Dalloz répond qu'il comprend parfaitement qu'une personne puisse n'être pas passible d'une peine pour mauvais traitements envers sa femme, mais que néanmoins les mauvais traitements puissent motiver le divorce ou la séparation de corps, car il ne résulte pas nécessairement de l'acquittement que les mauvais traitements n'ont pas eu lieu, par suite, l'article 235 n'a pas de portée. Enfin l'article 463 du Code d'instruction criminelle confirmerait son opinion que ce qui est jugé vis-à-vis du ministère public l'est vis-à-vis de la partie civile.

M. Faustin Hélie prétend, au contraire, comme Toullier, qu'il n'y a jamais chose jugée par le criminel vis-à-vis du civil. Il n'y a pas identité d'objet entre l'action publique et l'action civile, puisqu'ici on demande l'application d'une peine, là, la réparation d'un dommage. « La demande est bien fondée sur le même fait, dit-il, *op. cit.* II, *n°* 4109, *p.* 740 *et suiv.*, mais ce fait a produit deux causes distinctes de demandes, car il a produit un délit et un dommage causé à autrui»; il n'y a pas non plus identité de cause, ni identité de parties. On ne pourrait, selon lui, sans étendre au-delà des bornes de la raison les fictions de Droit, dire que le ministère public a été le mandataire de la partie lésée; il agit, sans doute, pour la partie lésée, comme ayant, à titre de membre de la Société, intérêt à la répression des infractions à la loi pénale, mais non pour faire déclarer l'existence d'un fait dommageable. « Il se peut, continue cet auteur, que les mêmes preuves puissent constater le délit et le dommage, mais tel n'était pas le but du ministère public, il ne le poursuivait pas, il ne pouvait être le représentant de la partie lésée. » De ces arguments l'auteur du *Traité d'instruction criminelle* tire la conclusion que le jugement sur l'action publique n'exerce aucune influence sur celui de l'action civile. Ceci fait, il critique la distinction qu'établit la jurisprudence de la Cour de cassation, comme nous le verrons plus loin, entre le cas d'acquittement et celui de condamnation, jurisprudence qui admet que, dans le premier cas, la juridiction civile peut examiner les motifs du jugement, et que, dans le second, cette même juridiction est liée par le jugement criminel. Il blâme également la distinction que la Cour suprême établit entre le cas où l'acquittement est fondé sur la non-existence du fait ou la non-coopération du prévenu au délit et celui où l'acquittement se base seulement sur la non-culpabilité. Pour combattre cette distinction, ce savant publiciste dit qu'elle attribue l'autorité de la chose jugée aux motifs au lieu de l'accorder uniquement au dispositif. Cette double distinction viole, selon lui, la règle qui veut qu'on maintienne aux diverses juridictions leur compétence respective, la justice civile ayant reçu mission de statuer sur l'action civile en l'appréciant elle-même, sans renvoyer l'examen des éléments, sur lesquels elle repose, à une autre juridiction. Il ne nie pas que la décision criminelle puisse exercer une influence morale sur la décision des juges civils, mais il conteste que le jugement de la juridiction répressive puisse exercer une influence juridique sur le jugement civil. Il ne croit pas qu'on violerait la chose jugée en condamnant un prévenu à des dommages et intérêts, si le fait est déclaré non-existant ou en les refusant si la juridiction répressive a rendu un jugement de condamnation. Il repousse l'argument tiré de l'article 232 du Code Napoléon, dans lequel il ne s'agirait que du fait de la condamnation et de l'infamie en résultant, mais non du jugement. L'article 198 du même Code ne lui paraît pas non plus concluant, parce que, selon lui, il n'en résulterait pas que le jugement criminel, qui assurerait au mariage les effets civils, ait été rendu en l'absence des parties, et que cet effet pût être produit si le jugement avait été rendu hors de leur présence. Quant à l'art. 359 du Code d'instruction criminelle, qui accorde à la partie acquittée le droit de réclamer des dommages et intérêts à son dénonciateur, cet auteur l'écarte, parce qu'il ne porte pas que le jugement puisse être rendu en l'absence de ce dernier. L'art. 463 du même Code est explicite, de l'aveu de M. Faustin Hélie, cet article porte en effet : « Lorsque des actes authentiques auront été déclarés faux en tout ou en partie, la Cour ou le tribunal qui aura connu du faux ordonnera qu'ils soient *rétablis, rayés* ou *réformés*, et du tout il sera dressé procès-verbal. » Ici on voit cet éminent criminaliste fléchir et réduire son argumentation à une simple discussion de mots. Il dit, que l'on pourrait bien considérer le faux comme constant à l'égard de la partie civile, par cela seul qu'il l'est vis-à-vis du ministère public, mais il faudrait pour cela que la loi portât que les actes seront *lacérés* ou *supprimés*, mais que, comme ils doivent être *rayés, rétablis* ou *réformés* et qu'il doit être dressé procès-verbal, il ne s'agit là que d'une simple mesure conservatoire empêchant le faux de produire son effet par cela seul qu'on ne peut plus délivrer expédition de l'acte authentique déclaré faux. De plus cet article ne concernerait que les actes authentiques.

M. Mangin, *De l'action publique et de l'action civile*, II n° 422 *et suiv.*, distingue trois hypothèses : 1° le jugement criminel déclare le *fait constant* et *l'accusé coupable*; 2° le jugement criminel déclare que le *fait n'existe pas* ou que *l'accusé ne l'a pas commis;* 3° le jugement déclare que le fait *n'est pas constant* ou que *l'accusé n'est pas coupable.*

Dans la première hypothèse, suivant cet auteur, l'existence du fait et la culpabilité *sont jugées* contre l'accusé *au profit de tous les intéressés.* Ces points ne peuvent être remis en question, car l'instance criminelle ayant été préjudicielle à l'instance civile, cette dernière lui est subordonnée ; il s'approprie l'idée de M. Mourre, en disant que « le jugement de condamnation est un monument élevé dans le sein de la Société, qui doit fixer tous les regards, toutes les pensées, un monument sur lequel doit s'imprimer une vérité publique et que, si, sous le prétexte que l'action publique et l'intérêt privé ne sont pas la même chose, le juge civil ne devait pas tenir compte du jugement criminel, on ferait dire au juge civil, qu'un homme ayant péri sur l'échafaud n'est pas coupable. » Il invoque l'article 463 du Code d'instruction criminelle, dont nous avons déjà parlé, et se demande comment on peut accorder une force quelconque à un acte *rayé, réformé* ou à la partie *réformée* ou *rayée,* car elle est anéantie. Quant à l'argument de Toullier, que l'accusé ou le prévenu a pu, dans l'intervalle des instances, trouver des preuves de son innocence, cet argument ne prouve rien, dit-il, car il prouve trop, la conséquence nécessaire de cet argument étant que le ministère public pouvant trouver des preuves de culpabilité dans l'intervalle, il n'y aurait pas même chose jugée quant à l'action publique.

Dans la deuxième hypothèse, celle où le jugement criminel déclare que le fait délictueux n'existe pas ou que l'accusé ou le prévenu ne l'a pas commis, dans ces deux cas, suivant M. Mangin, l'innocence de l'accusé ou du prévenu étant proclamée, la partie lésée ne pourrait remettre ces points en question. Il invoque à l'appui le mandat légal du Ministère public, l'art. 3 du Code d'instruction criminelle et le caractère préjudiciel de l'action publique qui établissent l'identité de partie du Ministère public et de la partie lésée. L'art. 214 du Code de procédure civile, qui s'oppose à l'inscription de faux, lorsque l'acte a été vérifié avec le défendeur dans une poursuite en faux principal, met obstacle, selon lui, à l'admissibilité de l'argumentation de M. Faustin Hélie, l'acte qui a été déclaré n'être pas faux ayant été vérifié dans une procédure en faux principal, un jugement étant, par suite, intervenu au criminel en ce qui concerne ce faux. M. Mangin refuse même aux tiers, dans ce cas là, la voie de l'inscription de faux, il invoque l'identité de parties, le Ministère public étant mandataire de tous les intéressés. L'action criminelle, selon ce jurisconsulte, est, de sa nature et de par la loi, préjudicielle à l'action civile. Il invoque les articles 241 du Code de procédure civile et 463 du Code d'instruction criminelle qui veulent que les actes faux soient *rayés, rétablis, réformés, lacérés* ou *supprimés*. Il y a donc obstacle légal et physique à l'admission de l'action civile.

Dans la troisième et dernière hypothèse, le fait étant seulement déclaré ne pas être constant ou l'accusé ne pas être coupable, le juge civil n'est pas nécessairement lié par la décision criminelle. Il se peut en effet que, sans y avoir intention criminelle, il y ait une faute, un délit civil ou un quasi-délit. Les juges civils ne sont pas nécessairement privés du droit de rechercher la vérité. M. Mangin termine en disant que les art. 358, 359, et 360 du Code d'instruction criminelle sont fondés sur l'application des règles par lui énoncées pour chacune de ces trois hypothèses. Le premier de ces articles dit que l'accusé acquitté pourra réclamer des dommages intérêts de ses dénonciateurs, pour cause de calomnie. C'est l'accusé acquitté, qui seul jouit de ce bénéfice, et il faut que la calomnie soit prouvée, le seul fait de l'acquittement et de l'absolution n'excluant pas la bonne foi, ce qui prouverait bien que, si le fait est déclaré inexistant ou l'accusé n'en n'être pas l'auteur, la dénonciation prend déjà le caractère de calomnieuse. L'art. 359 serait également fondé sur ces principes. Il porte que la demande en dommages intérêts formée par l'accusé contre ses dénonciateurs, s'il ne les a connus que depuis le jugement mais avant la fin de la session, sera portée à la Cour d'assises, et qu'il en sera de même de la demande formée par l'accusé contre ses dénonciateurs qu'il aura connus avant le jugement et de celle de la partie civile contre l'accusé acquitté ou condamné, pourvu, dans ces deux derniers cas, que la demande ait été formée avant le jugement. La Cour d'assises, dit M. Mangin, *loc. cit.*, peut condamner à des dommages intérêts l'individu acquitté ou absout, parce que la déclaration du jury peut n'avoir enlevé au fait de l'accusé que le caractère délictueux, sans lui enlever celui de fait dommageable et n'exclut pas toujours l'existence du fait. Inversement, la Cour d'assises n'est pas tenue d'accorder des dommages et intérêts contre le condamné, parce que la partie qui se prétend dûment lésée peut ne pas avoir éprouvé de préjudice sérieux par cela seul que l'accusé a commis le fait. Quand à l'art. 366 du même Code, il étend ce qui concerne l'acquittement au cas d'absolution. Si l'action est portée devant les juges civils après le jugement de l'action publique les mêmes règles doivent être observées.

M. Lagrange, président de la Chambre de la Cour impériale de Lyon, n'admet aucun des systèmes que nous venons d'analyser. Voici celui qu'il propose dans la *Revue critique de législation, année* 1856, *tome* VIII, *p.* 31 *et suiv.* Suivant ce magistrat, il faut établir, avant tout, une distinction entre les jugements de condamnation et les jugements d'acquittement. Les premiers auraient toujours l'autorité de la chose jugée au civil. Si le législateur ne l'a pas dit d'une façon explicite, c'est qu'il aura pensé que cela allait de soi. M. Lagrange invoque d'abord la solennité des débats, les grandes garanties données à la défense devant la juridiction répressive, circonstances qui empêcheraient l'accusé défendeur de contester sa culpabilité à propos d'un simple intérêt civil, de dommages et intérêts. Ce même jurisconsulte argumente des articles 29, 34 et 42 du Code pénal qui, attachant la privation de certains droits civils ainsi que l'interdiction légale à certaines condamnations, prouvent évidemment, selon lui, qu'elles engendrent la chose jugée. Il se base, pour arriver à la même conclusion, sur l'art. 332 du Code Napoléon combiné avec l'article 306 du même Code qui font de la condamnation à une peine afflictive et infamante une cause de séparation de corps, articles corroborés, selon lui, par l'art. 261 du même Code, d'après lequel il suffit de présenter une expédition régulière du jugement de condamnation et un certificat de la Cour d'assises, portant que ce même jugement n'est plus susceptible d'être réformé par aucune voie légale. Il invoque également l'article 198 relatif au mariage déclaré existant par suite d'une procédure criminelle et l'art. 463 du Code d'instruction criminelle, article qui, comme nous l'avons vu, concerne le faux. Il cite aussi l'art. 366 du même Code qui enjoint à la Cour d'assises d'ordonner la restitution des effets pris à leurs propriétaires, mais qui ajoute que «néanmoins, s'il y a eu condamnation, la restitution ne sera faite qu'en justifiant, par le propriétaire, que le condamné a laissé passer le délai sans se pourvoir en cassation, ou, s'il s'est pourvu, que l'affaire est terminée définitivement.» Tous ces articles conduisent, selon cet honorable magistrat, à décider que la loi a eu si peu en idée que le condamné pût débattre sa culpabilité devant la juridiction civile, qu'elle a, au contraire, ordonné l'exécution d'office du jugement de condamnation en faveur des tiers intéressés, chaque fois qu'elle a pu le faire, c'est-à-dire chaque fois qu'en dehors des infractions à la loi pénale, des vérifications, comme celle du dommage, n'étaient pas nécessaires. Ainsi donc, selon cet auteur, les jugements de condamnation donnent, d'une façon absolue, naissance à l'exception de chose jugée en ce qui concerne l'action civile.

Pour ce qui est des jugements de la deuxième catégorie, ceux d'acquittement, M. Lagrange leur refuse toute influence sur les intérêts civils. Il invoque à l'appui de sa thèse l'art. 366, al. 1 du Code d'instruction criminelle, qui confère à la Cour d'assises le droit de statuer sur les dommages intérêts réclamés par la partie civile, et d'en accorder, lors même qu'il serait intervenu une ordonnance d'acquittement ou un arrêt d'absolution. Il cite également les articles 202, n° 2; 216, 373, n° 3 et 409 § 3 du même Code, qui confèrent, en matière criminelle, à la partie civile le droit de se pourvoir en cassation, et, en matière correctionnelle ou de police, celui d'appeler et de se pourvoir en cassation, *mais quant à ses intérêts civils seulement.* M. Lagrange, induit de ces dernières expressions que l'individu acquitté au criminel peut néanmoins être condamné au civil. La possibilité d'une contradiction entre les deux décisions n'aurait pas, selon cet auteur, paru assez grave pour l'emporter sur le principe qui s'oppose à ce qu'un droit périsse, sans que la partie, à laquelle il compète, ait pu être entendue et se défendre par les voies légales. Il dit qu'*à fortiori* il doit en être ainsi lorsque la partie civile ne s'est pas jointe au ministère public et a porté son action devant la juridiction civile, d'après l'article 3 du Code d'instruction criminelle. Selon ce magistrat, c'est la disposition qui permet d'isoler l'action civile qui est la partie principale de ce dernier article et non celle qui ordonne la suspension des poursuites jusqu'à la décision intervenue sur l'action publique. La première partie dudit article serait dénuée de sens, si la décision criminelle éteignait, d'une façon absolue, l'action civile. Cet auteur ajoute que, s'il en était ainsi, la jonction de l'action civile à l'action publique devrait être forcée et non pas facultative. La permission d'isoler a pour but d'éviter à la partie civile l'obligation de faire condamner criminellement, malgré elle, un individu. De plus, le système contraire, selon M. Lagrange, ferait tourner contre la partie civile un bénéfice qui a été introduit par le législateur dans l'intérêt du prévenu seulement et ferait du sursis une question préjudicielle, en subordonnant ainsi l'action civile à l'action publique. Suivant ce magistrat, la meilleure preuve que l'art. 3 doit être interprété conformément à son idée se trouve dans l'article 235 du Code Napoléon ainsi conçu : « Si quelques-uns des faits allégués par l'époux demandeur (en divorce) donnent lieu à une poursuite criminelle de la part du ministère public, l'action en divorce sera suspendue jusqu'après l'arrêt de la Cour d'assises ; alors elle pourra être reprise, *sans qu'il soit permis d'inférer de l'arrêt aucune fin de non-recevoir ou exception préjudicielle.* » M. Lagrange en conclut que, malgré l'acquittement de l'époux défendeur en divorce, l'époux demandeur pourra demander à établir les faits servant de base à l'action publique, sans que l'on puisse lui opposer aucune fin de non-recevoir, ni, par suite, l'exception de chose jugée. Le même jurisconsulte invoque en sus, pour fortifier cet argument, les travaux préparatoires du Code Napoléon en ce qui concerne l'art. 27 du projet de loi sur le divorce, article qui correspond à notre art. 235. Cet article 27 était ainsi conçu : « Dans ce dernier cas, (dans le cas de poursuite criminelle), il est sursis à l'instruction de la demande en divorce jusqu'après le jugement de l'accusation. — Sur la représentation du jugement qui a condamné ou absout l'époux accusé, le divorce demandé par l'autre époux sera admis ou rejeté.» Mais cette disposition qui subordonnait l'action civile à l'action publique fut repoussée et remplacée par l'article actuel, sur l'observation de la Cour de cassation «qu'il était bon d'éviter que l'époux demandeur eût même l'apparence d'un intérêt à faire condamner criminellement l'époux défendeur; parce-qu'un fait pouvait être suffisamment prouvé pour motiver le divorce, mais ne pas l'être suffisamment pour entraîner une répression pénale et qu'il n'y aurait, au surplus, qu'une contradiction apparente, le jury ne déclarant pas un individu innocent en le déclarant non-convaincu.»

Voilà, pour les textes, l'opinion du président de chambre de la Cour de Lyon ; voyons maintenant comment il concilie son opinion avec les principes généraux du droit et l'équité. Il y a d'abord, selon lui, absence d'analogie entre la position du condamné auquel la partie civile oppose un jugement de condamnation, et celle de la partie civile à laquelle un individu acquitté oppose un jugement ou une ordonnance d'acquittement. Au criminel, l'accusé ou le prévenu a été entendu, sa défense a été entourée de faveurs et de garanties particulières, notamment de la nécessité de la majorité absolue pour qu'une condamnation puisse intervenir; si donc une condamnation a été prononcée contre l'accusé ou le prévenu, c'est que, selon l'auteur dont nous examinons l'opinion, la culpabilité de l'accusé ou du prévenu était certaine, c'est qu'il y avait preuve tant du fait dommageable que de l'intention criminelle, ce qui empêche, toujours selon

M. Lagrange, celui-ci d'avoir la moindre raison plausible pour décliner au civil l'autorité du jugement criminel de condamnation. Il y a plus, cet auteur prétend que l'on doit induire *a fortiori* de la culpabilité criminelle la culpabilité civile du délinquant. Quant à la partie civile, qui porte directement son action au civil, et à laquelle le défendeur oppose une ordonnance ou un jugement d'acquittement, sa position serait toute différente. *Elle n'a pas été entendue*, et admettre l'exception de chose jugée serait exécuter à son préjudice un acte destructif de ses droits, sans qu'elle ait pu présenter sa défense et la forcer indirectement à se joindre toujours au Ministère public, ce qui rendrait illusoire la faculté d'isoler ses poursuites concédée par l'art. 3 du Code. De plus il ne serait pas vrai que l'acquittement équivalût à une déclaration d'innocence, et un fait pourrait très-bien n'être pas suffisamment prouvé pour tomber sous le coup de la loi pénale et cependant l'être suffisamment pour pouvoir entraîner une réparation pécuniaire. Ce magistrat admet, avec M. Faustin Hélie, que les juges civils ne sont pas liés par les motifs du jugement criminel et que, par suite, la distinction de M. Mangin, entre le cas où l'acquittement est fondé sur une simple déclaration de non-culpabilité et celui où il l'est sur la non-existence du fait, la non-participation de l'accusé ou du prévenu à ce fait, doit être rejetée comme subtile.

M. Dalloz aîné, après avoir, avec M. Armand Dalloz, essayé de décider, à l'exemple de Toullier, la question qui nous occupe en se fondant sur l'art. 1351, convient que l'on peut la résoudre abstraction faite de cet article. Il invoque l'art. 3 du Code d'instruction criminelle, dont la disposition qui ordonne le sursis serait sans objet, si l'une des deux actions ne devait pas influer sur l'autre. Il se fonde sur ce qui se passe dans l'hypothèse inverse, lorsque l'action civile est préjudicielle à l'action publique, cas où l'on admet l'influence de l'action civile sur l'action publique; la lacération des pièces fausses serait inutile, si, malgré l'art. 463, les pièces fausses pouvaient servir. Selon le fondateur de la *Jurisprudence générale*, l'argument tiré de l'art. 235 du Code Napoléon, loin de pouvoir servir l'opinion qui refuse au civil toute influence aux jugements criminels, lui serait complètement contraire, car, s'il y a condamnation à une peine afflictive et infamante ou infamante seulement, la séparation de corps devra nécessairement être prononcée en vertu de l'art. 306 du Code Napoléon, sans autre instruction. De plus, les faits peuvent ne pas constituer un délit *sensu lato* et cependant pouvoir entraîner la séparation de corps. Quant à l'argument tiré de ce que la question a pu rester indécise, de ce que des preuves nouvelles ont pu survenir, M. Dalloz aîné le repousse en disant qu'il n'y a chose jugée que si la question servant de base à l'action civile a été clairement et nécessairement jugée, et en disant que si la possibilité de la survenance de nouvelles preuves devait avoir de la valeur et de l'influence, il n'y aurait même pas chose jugée quant à l'action publique. On peut résumer ainsi l'opinion de M. Dalloz, aîné : il y a chose jugée quant à l'action civile par le jugement rendu au criminel, s'il n'existe aucun milieu entre le fait jugé par la justice répressive et celui sur lequel porte l'action civile.

L'art. 350, qui permet à la partie civile de réclamer d'un prévenu des dommages et intérêts au civil, et qui accorde le même droit à l'accusé acquitté contre ses dénonciateurs, même contre ceux n'ayant pas figuré au procès, semble fournir à M. Dalloz aîné un argument péremptoire à l'appui de son opinion. Ce savant jurisconsulte, dont la science du Droit regrette vivement la perte récente, distingue trois hypothèses pour tirer les conséquences du système que nous venons d'analyser. Il examine 1° si le jugement criminel porte que le fait est constant et l'accusé coupable, 2° si le fait est déclaré ne pas exister ou l'accusé n'en être pas l'auteur, 3° enfin si le fait est proclamé n'être pas constant ou l'accusé n'être pas coupable.

Au premier cas, suivant l'auteur de la *Jurisprudence générale*, l'accusé ou le prévenu ne peut plus contester l'existence du fait et sa culpabilité dans les débats sur les intérêts civils, ces deux points étant jugés contre lui au profit de tous les intéressés et sans que ces derniers aient à fournir de preuves et, par suite, si un arrêt déclare que Pierre est reconnu coupable d'avoir volontairement porté des coups et fait des blessures à Jacques, cet arrêt établira que des dommages intérêts sont dûs à Jacques ou à ses héritiers qui n'auront pas besoin d'établir les mauvais traitements que Jacques a subis, car cet arrêt a l'autorité de la chose jugée à leur profit. Dans tous les cas, cette autorité, dit M. Dalloz, est limitée à ce qui a été formellement jugé par la juridiction répressive ; et, par suite, si un jugement a reconnu qu'un individu a frauduleusement soustrait du numéraire, il y aura chose jugée quant à la soustraction frauduleuse, mais non quant à la somme soustraite.

Dans la deuxième hypothèse, si le jugement déclare le fait inexistant ou que l'accusé ou le prévenu n'en est pas l'auteur, la partie civile ne peut, d'après M. Dalloz aîné, agir en dommages et intérêts, à raison de ce fait contre cet individu, le demandeur ayant été représenté par le ministère public et, par suite, dit cet auteur, si, dans une poursuite en faux principal, le jury déclare que l'acte attaqué n'est pas faux, la partie civile sera non-recevable à s'inscrire en faux incident. Arg. *a contrario* art. 214 Pr. civ. Il faudrait même aller plus loin, suivant ce jurisconsulte, et décider qu'un tiers même serait non-recevable, dans ce cas, à s'inscrire en faux incident, le ministère public l'ayant représenté à titre de membre de la Société, et le jugement criminel étant préjudiciel à l'action civile, lors même que cette dernière serait introduite antérieurement au jugement criminel ; il faudrait donc dire que le criminel tient le civil en état. Il invoque l'article 182 et l'article 189 du Code forestier, l'article 327 du Code Napoléon et l'article 88 de la loi du 5 ventôse an XII.

Dans le troisième cas, si le tribunal de répression se borne à déclarer que l'accusé n'est pas coupable, il n'y aurait pas chose jugée, parce que cette simple déclaration de non-culpabilité a pu se fonder seulement sur l'absence d'intention criminelle et qu'il n'est pas permis de sonder la pensée du juge ou celle du jury et que la chose jugée est restreinte à ce qui est formellement décidé. De plus, il se pourrait que cette déclaration soit le résultat du partage des voix. Si l'acquittement est fondé sur ce que le fait n'est pas constant ou sur ce qu'il n'est pas constant que l'accusé en soit l'auteur, criminellement parlant, cela équivaudra à une déclaration d'inexistence du fait ou de non-participation de l'accusé ou du prévenu au crime ou au délit, mais une pareille déclaration ne suffirait pas, suivant M. Dalloz, pour empêcher l'action civile, la déclaration n'étant pas assez précise pour enlever tout soupçon de lésion, de fait dommageable, d'imprudence ou de faute.

Aucun de ces systèmes ne nous satisfait complétement. Et d'abord, nous devons l'avouer, tous ceux qui se sont occupés de cette question sont partis d'un point de vue inexact, en voulant la résoudre au moyen de l'article 1351 du Code Napoléon, les uns, comme Merlin et M. Dalloz aîné, en voulant démontrer qu'il y avait identité de personnes, d'objet et de cause ; les autres, plus nombreux, comme Toullier, M. Faustin Hélie, M. Armand Dalloz, en soutenant que cette identité n'existait pas et que, par suite, le jugement criminel ne devait exercer aucune influence. Toutefois, si la question devait se décider par l'article 1351, les arguments de Toullier nous sembleraient péremptoires, et nous adopterions son système. Mais il n'en est pas ainsi et voici pourquoi nous ne pouvons pas adopter cette base. S'il s'agissait de tribunaux statuant sur des questions de même nature et se rapportant au même ordre d'intérêts, nous comprendrions parfaitement, avec MM. Aubry et Rau, *Droit civil Français* § 769, 3° *note* 91, que la question de savoir si l'un de ces tribunaux est lié par la décision de l'autre fut résolue par l'article 1351 du Code Napoléon qui a été édicté pour ce cas. Dans l'hypothèse où nous nous trouvons, au contraire, nous voyons des tribunaux ayant chacun une tout autre compétence, ne statuant pas sur les mêmes intérêts, ni sur la même nature de questions. Il faut donc examiner la nature et le but de l'institution de chacune de ces juridictions pour savoir si le jugement rendu par l'une des juridictions a l'autorité de la chose jugée quant à l'autre juridiction. Les tribunaux criminels ont pour mission de prononcer, dans l'intérêt de la Société tout entière, sur l'existence des crimes et délits dont on poursuit la répression devant eux, sur la culpabilité des accusés et prévenus, sur l'application de la loi pénale aux faits reconnus constants. On méconnaîtrait donc le but de leur institution, comme le font remarquer MM. Aubry et Rau, *loc. cit.*, si on admettait que, lorsque la juridiction répressive condamne un individu, l'absout ou l'acquitte, ce jugement n'aurait pas l'autorité de la chose jugée vis-à-vis de tous et que le tribunal civil pût admettre qu'une personne condamnée est innocente et qu'un individu acquitté est coupable du crime ou du délit qui lui est reproché. Ceci fait tomber l'opinion de MM. Toullier et Faustin Hélie, qui n'admettent pas que le jugement criminel puisse, en aucune façon, avoir l'autorité de la chose jugée au civil, et celle de M. Lagrange, qui refuse cette influence aux jugements d'acquittement, tout en l'accordant à ceux de condamnation. D'un autre côté, on irait trop loin, et, par suite, on méconnaîtrait le but de l'institution des tribunaux civils, si on admettait que les jugements des tribunaux de répression ont l'autorité de la chose jugée quant aux faits envisagés au point de vue civil, en les supposant dénués de toute criminalité ; en cela nous sommes d'accord avec MM. Toullier, Faustin Hélie, A. Dalloz et Lagrange.

Nous poserons donc en principe, avec MM. Aubry et

Rau *op. cit.*, § 769, 3° *texte, a et b*, et Marcadé, *sur l'art.* 1351 *n*°ˢ 5 *et* 6, que les tribunaux criminels sont exclusivement chargés par la loi de décider sur l'existence du corps de délit, si le prévenu ou l'accusé est l'auteur du fait qualifié délit ou crime, sur la question d'imputabilité à l'accusé ou au prévenu en ce qui concerne l'application de la loi pénale, et si l'on rencontre les éléments exigés par cette loi pour qu'on puisse en appliquer une disposition quelconque. Les jugements rendus sur ces questions ont l'autorité de la chose jugée vis-à-vis de toute personne et, sur ce point, MM. Merlin, Mangin, Lagrange et Dalloz, aîné, ont parfaitement raison d'invoquer à l'appui l'art. 198 du Code Napoléon et l'art. 463 du Code d'instruction criminelle. Le premier de ces articles, comme nous l'avons vu, décide que « s'il résulte d'une procédure criminelle que le mariage existe, *l'inscription du jugement criminel assure*, même pour les enfants, *tous les effets civils* à ce mariage. » Quant à l'article 463 du Code d'instruction criminelle, il dit que « si des actes authentiques ont été déclarés faux en tout ou en partie, la juridiction qui a connu du faux ordonnera que ces actes soient *rayés, rétablis* ou *réformés* », ce qui indique bien que le jugement aura effet quant à la véracité de la pièce et qu'on ne pourra plus s'en servir. L'objection de certains auteurs qui prétendent que, la loi ne parlant que des actes authentiques, cet article ne concerne pas les actes sous seing privé ne prouve rien. En effet, en premier lieu, si la loi ne parle que des actes authentiques, c'est parce que ce sont les seuls pour lesquels on ait besoin, en général, de s'inscrire en faux, puisqu'on peut faire tomber les autres tant par la preuve contraire que par une demande en vérification d'écritures. De plus, ces auteurs oublient que l'article 1322 du Code Napoléon assimile aux actes authentiques, quant à la force probante, les actes sous seingprivé reconnus par l'adversaire ou vérifiés en justice. Une disposition spéciale était donc inutile, puisque l'art. 463 du Code d'instruction criminelle leur est de tous points, en ce cas, applicable. L'argument que M. Faustin Hélie veut tirer de ce que l'article précité s'est servi des expressions *rayés, rétablis* ou *réformés*, au lieu de celles-ci : *Lacérés, supprimés* que l'on trouve dans l'art. 241 du Code de procédure civile n'est pas plus concluant. En effet le législateur ne s'est servi des premiers termes dans l'art. 463 du Code d'instruction criminelle que *exempli gratia* et non pas d'une façon restrictive. Ce qui le prouve, c'est l'argument *a contrario* de l'art. 214 du Code de procédure civile qui, en disant : « Celui qui prétend qu'une pièce signifiée, communiquée ou produite dans le cours de la procédure, est fausse ou falsifiée, peut, s'il y échet, être reçu à s'inscrire en faux, encore que ladite pièce *ait été vérifiée*, soit avec le demandeur, soit avec le défendeur en faux, *à d'autres fins que celles d'une poursuite de faux principal* »; cet article, disons-nous, établit par là même, que, s'il y a eu poursuite en faux principal, c'est-à-dire *poursuite criminelle*, l'inscription en faux incident, ou *poursuite civile*, sera non-recevable et que le jugement de la justice de répression aura l'autorité de la chose jugée au civil.

La seconde proposition, que nous devons établir, est la suivante : A moins d'intervention de la partie lésée, les tribunaux criminels n'ont pas mission de statuer sur l'action civile et sur les faits considérés comme constituant un délit civil ou un quasi-délit, ou tout autre fait pouvant engendrer une réparation civile. D'après la nature et le but de leur institution, ces tribunaux ne résolvent pas par leurs sentences la question de savoir si les faits reprochés au prévenu ou à l'accusé constituent ou non un délit de Droit civil ou un quasi-délit; s'ils lui sont imputables sous ce rapport, et si les conséquences civiles qu'on veut en tirer à son égard sont fondées, notamment pour les dommages et intérêts, les nullités ou tout autre réclamation civile. Nous invoquerons à l'appui de cette règle l'art. 235 du Code Napoléon qui empêche de puiser dans l'arrêt criminel une fin de non-recevoir contre la demande en divorce, aujourd'hui en séparation de corps. Le changement de rédaction, qui, comme nous l'avons vu plus haut, subordonnait l'action civile à l'action publique, le démontre péremptoirement.

Comme on a pu le voir, nous n'invoquons pas à l'appui de notre première proposition l'art. 3 du Code d'instruction criminelle, cet argument nous paraissant forcé, car, de ce qu'on est obligé de surseoir au jugement de l'action civile jusqu'à celui de l'action publique, il n'en résulte pas nécessairement que la dernière soit préjudicielle à la première, et qu'il y ait chose jugée de l'une par rapport à l'autre; sans cela, si l'action publique était toujours préjudicielle à l'action civile et si cette dernière, était, par suite, subordonnée à la première, la disposition de ce même art. 3 qui permet d'intenter séparément les deux actions et qui proclame leur mutuelle indépendance serait lettre morte.

L'opinion qui dénie toute influence au jugement criminel sur celui de l'action civile, non seulement méconnaît le but et la nature de l'institution de la juridiction civile et de la juridiction criminelle, mais viole en outre les articles 180, 232, 235 du Code Napoléon, 214 du Code de procédure civile, 463 du Code d'instruction criminelle et surtout l'art. 350 de ce dernier Code, qui décide que la déclaration du jury ne peut être soumise à aucun recours; or ce serait l'attaquer indirectement que de pouvoir rechercher si un accusé acquitté a commis le crime, ou si un condamné est innocent. Sur ce point, M. Faustin Hélie, l'un des adeptes de ce système, est même en contradiction, *tome II*, nos 1108 *et suiv.* avec ce qu'il dit *tome VIII*, no 3834. « Une troisième règle, lisons-nous en cet endroit, est que la Cour d'assises *ne peut remettre en question aucun des faits affirmés ou déniés par la déclaration du jury. Cette déclaration est souveraine, n'est sujette à aucun recours, elle constitue la chose jugée, elle est la vérité judiciaire.* » Ainsi, vous admettez que la Cour d'assises, la partie magistrale, alors qu'elle statue *comme juridiction civile*, est liée par la déclaration du jury quant à l'existence et à la criminalité des faits et qu'en ce cas il y a sur ces points chose jugée quant au civil, et, d'un autre côté, vous voulez soutenir que, si l'action civile est portée devant un Tribunal civil proprement dit, il doit en être autrement. Ce qui rend cette inconséquence flagrante, c'est que, lorsque la Cour de cassation casse un arrêt de Cour d'assises, quant aux intérêts civils seulement, le renvoi est ordonné devant un Tribunal civil. La loi en effet n'a pas fait de distinction, et, par suite, nous ne devons pas en faire, entre le cas où la personne lésée s'est portée partie civile et celui où elle intente son action devant la juridiction civile. Ce n'est pas le seul passage du *n°* 3834 où l'auteur du *Traité d'instruction criminelle* est complètement en désaccord avec ce qu'il dit aux *n°s* 1108 *et suiv.* Voici ce qu'il dit, en citant un fragment de son rapport sur l'affaire Armand : «Les juges de la Cour d'assises doivent, *quelle que soit leur opinion sur le verdict, s'incliner avec respect*, car ils ne sont point investis d'une juridiction supérieure et *l'action civile ne leur a pas été attribuée pour la faire servir à la critique du jugement criminel.* Il ne convient pas, du point de vue élevé où ils sont placés, que leurs arrêts *prennent le caractère d'une protestation contre la chose jugée.*» Lorsque M. Faustin Hélie dit, *tome II, n°* 1110, que l'interprétation doit chercher à maintenir l'autorité de la chose jugée, la compétence respective des juridictions, nous sommes d'accord avec lui ; mais, lorsqu'après il ajoute que l'autorité de la chose jugée n'existe pas, parce que les éléments de l'art. 1351 du Code Napoléon font défaut, nous ne sommes plus du même avis, puisque, comme nous l'avons démontré, cet article est inapplicable. Oui certes la juridiction civile n'est pas tenue de renvoyer à une autre juridiction les éléments sur lesquels l'action civile repose, et la juridiction civile seule peut statuer sur cette action, reconnaître s'il y a faute ou non, mais il ne faut pas non plus perdre de vue que la juridiction criminelle seule peut statuer sur l'existence des faits matériels servant de base à l'action civile et sur leur imputabilité au prévenu ou à l'accusé et que, par suite, quant à ces points, la juridiction civile est liée juridiquement et non pas seulement moralement.

Nous n'adoptons pas davantage l'opinion de M. Lagrange, car cet auteur ne va pas assez loin. En refusant toute influence aux jugements d'acquittement, il méconnait la nature et le but de la juridiction criminelle, tels que nous venons de les établir plus haut; il viole l'art. 214 du Code de procédure dont il oublie les dispositions, article qui, nous le savons, déclare la poursuite civile en faux incident non-recevable, si l'acte incriminé de faux a été vérifié dans une poursuite en faux principal, c'est-à-dire dans une procédure criminelle, sans distinguer si l'acquittement est fondé sur l'inexistence du faux ou l'insuffisance des preuves. Les art. 366, 202, n° 2; 216, 373, § 3 et 439 du Code d'instruction criminelle ne sont pas contraires à notre manière de voir, puisque nous admettons, dans certains cas, la possibilité d'une condamnation civile, malgré l'acquittement de l'accusé.

Reprenons maintenant chacune de nos deux propositions séparément pour en tirer les conséquences pratiques.

La première proposition se formule ainsi :

Les tribunaux criminels sont seuls compétents *ratione materiae* pour décider s'il existe un corps de délit, si l'accusé ou le prévenu est l'auteur des faits constitutifs d'un crime ou d'un délit d'après le Droit criminel et si, dans l'espèce, ils sont de nature à faire appliquer une disposition de la loi pénale à l'accusé ou au prévenu et, par suite, leurs jugements ont l'autorité de la chose jugée vis-à-vis de tout le monde quant à ces points. Il résulte de ce principe, que les jugements de condamnation rendus par la juridiction répressive ont l'autorité de la chose jugée, quant à l'action civile, en ce qui concerne l'existence du crime ou du délit au sujet duquel ils ont été rendus, et quant à la culpabilité du condamné, de sorte que ces jugements constituent une présomption légale *juris et de jure* contre le condamné au profit de la partie lésée, qui n'aura plus à prouver la culpabilité du défendeur et l'existence du fait matériel, mais qui n'aura qu'à produire à cet effet une expédition du jugement. Comme nous l'avons vu, l'article 214 du Code de procédure civile fait une remarquable application de ce principe en ce qui concerne le faux, d'après ce que nous avons dit pages 357 et 361. Il résulte, en sens inverse, de cette proposition que, si la juridiction criminelle rend un jugement déclarant qu'il n'existe aucun crime, aucun délit, ou que l'accusé ou le prévenu n'en n'est pas l'auteur et qui acquitte le prévenu, ce jugement a l'autorité de la chose jugée au civil, en ce sens que la juridiction civile ne peut, sans violer la maxime *non bis in idem*, déclarer que le délit ou le crime existe, que l'accusé ou le prévenu en est l'auteur, qu'il a commis le fait matériel avec les caractères de criminalité que l'accusation ou la prévention y avait attachés. Le juge civil commettrait, en ce cas, un excès de pouvoirs et encourrait ainsi la censure de la Cour suprême. C'est ainsi que cette cour a cassé, par arrêt du 24 juillet 1841, crim. cass. 24 juillet 1841, Sir. 41. 1. 791, un arrêt de cour d'assises qui, alors que le jury avait répondu négativement à la question principale d'homicide volontaire et à la question subsidiaire de coups et blessures volontaires, avait néanmoins alloué des dommages et intérêts contre l'accusé, en se fondant sur ce que ce dernier avait volontairement, et hors le cas de légitime défense, porté un coup qui avait occasionné la mort. L'arrêt de cassation s'appuie sur ce « que la décision de la Cour d'assises qui accorde des dommages et intérêts sur le fondement que le fait dommageable est constant et que l'accusé en est l'auteur doit pouvoir se concilier avec la décision du jury ; qu'il ne faut pas que la décision des juges soit en contradiction avec la déclaration des jurés et présente une violation de la chose jugée par le jury dans le cercle de ses attributions ; que, dans son ensemble, cette décision reproduit, même sous le rapport de la criminalité, l'imputation écartée par les réponses négatives du jury. » Il en serait de même si le jury ayant déclaré l'accusé non-coupable de coups et blessures volontaires, la Cour d'assises l'avait néanmoins condamné à des dommages intérêts pour avoir occasionné une maladie de plus de vingt jours en portant volontairement des coups, crim. cass. 6 mai 1852, Sir. 52. 1. 800. Cette théorie, qui est partagée par la Cour de cassation, s'est encore affirmée dans l'espèce suivante qui a, dans les derniers temps, beaucoup attiré l'attention.

Le soir du 7 juillet 1863, à Montpellier, Maurice Roux, domestique, avait été trouvé dans la cave de la maison du sieur Armand, son maître, respirant difficilement, les mains liées derrière le dos, le cou serré par une corde et les pieds attachés avec un mouchoir. Transporté à l'hôpital, il désigna le sieur Armand, comme l'auteur d'un attentat commis sur sa personne ; il déclara qu'étant descendu à la cave le matin, il fut suivi par le sieur Armand, qui lui aurait, pendant qu'il était à genoux, et le dos tourné du côté de la porte, asséné sur la nuque un coup de canne ou autre instrument contondant ; étourdi par ce coup, il aurait été garrotté et laissé sans connaissance dans l'état où on le trouva. L'instruction, à laquelle il fut procédé contre le sieur Armand en suite de cette déclaration, aboutit à un renvoi de celui-ci devant la Cour d'assises sous l'accusation de tentative de meurtre, commise avec préméditation, sur la personne de son domestique. Une demande en renvoi devant d'autres juges, pour cause de suspicion légitime, formée dans l'intérêt de l'accusé, fut accueillie par la Cour de cassation et l'affaire, enlevée à la Cour d'assises de l'Hérault, fut portée devant celle des Bouches-du-Rhône désignée pour en connaître. A l'audience, l'accusation de tentative de meurtre fut abandonnée par le ministère public pour faire place à une accusation subsidiaire de coups volontaires, commis avec préméditation, ayant entraîné une incapacité de travail de plus de vingt jours. Pour donner une idée du système de défense de l'accusé et de la manière dont se posait pour le jury la question discutée aux débats, nous reproduisons ici le passage suivant du résumé du président. » Vous » avez, d'un côté, Maurice Roux, qui dit à Armand : « Vous m'avez assassiné en me frappant, en me liant, « en m'étranglant. » » Vous avez, d'un autre côté, » Armand qui dit à Maurice Roux : « Vous m'accusez « d'être votre assassin ? Vous en imposez sciemment. « C'est vous qui m'assassinez tous les jours depuis « huit mois en me calomniant, en m'arrachant, « comme vous l'avez déjà fait, mon repos d'esprit et « ma liberté et en cherchant à m'enlever mon argent, « mon honneur et ma vie. »

» C'est entre ces deux hommes que vous devez » choisir; *acquitter l'un, c'est moralement condamner l'autre*. Un verdict qui proclamera l'innocence » d'Armand impliquera ceci aux yeux du monde. — Il » dira à Maurice Roux : « Vous avez froidement conçu, « froidement exécuté la plus odieuse des spéculations. « — Pour vous procurer de l'argent, ce qui est le « plus vil de tous les mobiles, vous êtes descendu à « la cave et vous y avez organisé cette fable d'une « strangulation consommée sur vous par la main de « votre maître. — Cette fable indigne vous l'avez sou« tenue avec audace devant votre victime dont les « dénégations ne vous ont pas ébranlé, dont l'inno« cence ne vous a pas touché, dont le malheur ne « vous a pas fait fondre en larmes. »

C'est dans ces circonstances que le sieur Armand a été déclaré non-coupable par le jury et acquitté de l'accusation. Mais, statuant immédiatement sur les conclusions à fins civiles de dommages et intérêts prises au nom de Maurice Roux, qui s'était porté partie civile, la Cour d'assises des Bouches-du-Rhône rendit l'arrêt suivant : « Considérant que, s'il résulte de la déclara« tion du jury qu'Armand n'est pas coupable d'avoir « porté volontairement des coups ou fait des blessures « à Maurice Roux, cette solution n'exclut pas l'exis« tence matérielle du fait, mais seulement sa criminalité ; — Considérant qu'appelée à statuer, dans sa « conscience, sur les conclusions de la partie civile, « la Cour, tout en respectant la décision du jury et « sans se mettre en contradiction avec elle, peut et « doit rechercher si Armand est l'auteur d'un fait « matériel ayant occasionné à Roux un préjudice et

« lui donnant droit d'en obtenir la réparation ; — Con« sidérant qu'il est résulté des débats la preuve que, « dans la journée du 7 juillet dernier, Armand a ma« ladroitement porté à Roux un coup qui peut lui « être imputé à faute et des conséquences duquel il « doit être responsable ; — Que ce coup a gravement « altéré la santé de Maurice Roux et l'a rendu inca« pable pour longtemps de reprendre l'exercice de sa « profession et que les dommages-intérêts auxquels « il a droit doivent suppléer pour lui aux moyens d'exis« tence que désormais il ne pourra obtenir qu'incom« plètement de son travail ; la Cour, sans s'arrêter « à l'exception présentée par Armand, faisant droit « sur les conclusions de Maurice Roux, condamne « Armand à lui payer, par toutes les voies de droit, « la somme de 20,000 francs à titre de dommages« intérêts et le condamne aux dépens de l'incident. »

Le sieur Armand se pourvut en cassation contre cet arrêt. Les conclusions motivées déposées par Mᵉ Rendu à l'appui du pourvoi reprochent à l'arrêt de la Cour d'assises des Bouches-du-Rhône : 1° d'avoir méconnu l'autorité souveraine de la décision du jury, violé l'art. 350 I. cr. et l'autorité de la chose jugée en faveur d'Armand ; 2° d'être entaché d'excès de pouvoirs en ce que la Cour, empiétant sur la juridiction du jury, a statué sur un délit, celui de coups volontaires dont il appartenait au jury seul de connaître ; 3° à l'un ou à l'autre point de vue, l'arrêt de la Cour d'assises n'est pas motivé et viole l'art. 7 de la loi du 20 avril 1810. Le rapport de cette affaire fut confié à M. le conseiller Faustin Hélie. Nous en extrayons les passages suivants comme pouvant servir à éclaircir la question qui nous occupe. « Un premier point, qui ne peut donner lieu à aucune difficulté, dit d'abord cet illustre jurisconsulte, c'est que la Cour d'assises, qui statue seule, et sans le concours du jury, sur l'action civile, lorqu'elle y est amenée par les conclusions des parties prises à la suite d'un acquittement, *n'est plus qu'un tribunal civil.* » M. le rapporteur invoque l'art. 420 qui veut qu'en cas de cassation de l'arrêt rendu dans cette hypothèse, l'affaire soit renvoyée à un tribunal civil ; il ajoute que *les règles relatives à l'influence de la chose jugée au criminel sur l'action civile doivent s'appliquer en ce cas* et que la Cour ne peut baser les dommages-intérêts que sur les faits qui ont été l'objet de l'accusation qu'elle doit constater ; qu'elle ne peut, d'un autre côté, *remettre en question aucun des faits affirmés ou déniés par la déclaration du jury, déclaration qui est souveraine, et n'est sujette à aucun recours, qui constitue la chose jugée, la vérité judiciaire, qui ne peut être méconnue, ni même discutée par les juges civils.* M. Faustin Hélie a si bien senti que son système analysé plus haut tombe complètement, par suite de ce qu'il dit ici dans son rapport, à savoir qu'on doit considérer la Cour d'assises, statuant civilement, comme un tribunal civil ; cet auteur, disons-nous, a si bien compris qu'il ne pouvait plus soutenir qu'il pouvait en être autrement, lorsque l'action est portée devant un tribunal civil proprement dit, qu'il n'a pas inséré cette partie de son rapport dans sa nouvelle édition n° 3834.

Ceci dit en passant, revenons, avec M. le conseiller-rapporteur, à l'espèce que nous discutons. Il examine si les règles qu'il vient de poser ont été observées par l'arrêt attaqué, et d'abord, si ce dernier s'est mis en contradiction avec la déclaration du jury. Premièrement a-t-il affirmé un élément de criminalité que cette déclaration avait écarté. Il commence par le considérant où il est dit que, « s'il résulte de la déclaration du jury qu'Armand n'est pas coupable, cette solution n'exclut pas la matérialité du fait, mais seulement sa criminalité. » Ce considérant lui semble irréprochable. Il trouve de même qu'il n'y a rien à dire contre le motif où il est posé en principe « que la Cour doit rechercher si le fait matériel a causé un préjudice. » Arrivant au troisième où il est dit « qu'il résulte des débats la preuve qu'Armand a maladroitement porté un coup à Maurice Roux, coup pouvant lui être imputé à faute et des conséquences duquel il doit être responsable », l'auteur du *Traité d'instruction criminelle* fait observer que *porter maladroitement* un coup n'exclut pas nécessairement la volonté de le donner, ce n'est pas précisément dire que c'est le résultat d'une maladresse. L'arrêt s'est-il fondé sur un fait qui avait été implicitement exclu par la déclaration du jury ? Ecoutons M. le rapporteur : « L'arrêt de renvoi saisissait la Cour d'assises, non d'un crime simple résultant d'un seul fait, mais d'une série de voies de fait et d'actes violents. La question posée comme résultant des débats a changé le titre de l'accusation, sans en changer la nature ; à la tentative d'homicide volontaire elle a substitué les coups et blessures volontaires ayant occasionné une incapacité de travail : ce sont les mêmes faits, sauf l'intention de tuer ; ces faits se composent de coups portés, de la ligature des pieds et des mains de la victime et d'une sorte de strangulation. Or le jury a déclaré l'accusé non-coupable : quel est l'effet de cette déclaration ? Exclut-elle l'existence des faits ? Non, elle n'écarte que la culpabilité. Mais ici la culpabilité peut-elle être niée sans que cette dénégation enveloppe les faits eux-mêmes ? Quel est le fait matériel qui a causé le préjudice ? C'est l'un des actes de violence exercés dans la journée du 7 juillet sur la personne de Maurice Roux. Donc, si Armand est l'auteur du fait matériel, il a nécessairement participé aux violences. S'il a frappé Roux, il lui a lié les pieds et les mains et lui a passé une corde autour du cou, et *s'il a fait tous ces actes, il ne peut les avoir faits sans intention criminelle, car cette intention ressort ici des faits eux-mêmes et se confond avec eux. On ne peut affirmer les faits sans affirmer la culpabilité, on ne peut écarter la culpabilité sans écarter tous les faits.* » Le rapporteur dit ensuite que cette objection n'a pas arrêté la Cour d'assises, qu'elle a choisi le seul fait qui, par sa nature, ne supposait pas essentiellement l'intention criminelle, mais qu'en le faisant elle ne s'est pas aperçu que les faits formaient un tout indivisible, les actes d'exécution d'une même action, les circonstances d'un même crime, que, par suite, une seule et même intention a présidé à chacun des faits, qu'une seule et même pensée, un seul et même but les réunissait. Arrivant à la partie des motifs où la Cour proteste de son respect pour la décision du jury, et de son intention de ne pas se mettre en contradiction avec elle, M. Faustin Hélie dit que la déclaration platonique d'une pareille intention ne suffit pas pour remplir le vœu de la loi et se mettre à l'abri de toute censure, il faut que la Cour soit restée, en réalité, fidèle aux principes par elle émis, que la contradiction qu'elle repousse ne résulte pas des faits qu'elle affirme en même temps. L'objection tirée de ce qu'on ne peut examiner ni connaître les motifs qui ont guidé le jury, le savant rapporteur la combat en disant que la Cour suprême, qui est chargée du maintien de l'autorité de la chose jugée, a le droit d'examiner les arrêts de la Cour d'assises pour savoir jusqu'où s'étendent les déclarations du jury, à quelles limites elles s'arrêtent. « Vous rechercherez, dit-il, s'il ne vous est pas possible de déterminer avec précision jusqu'où s'étend la déclaration du jury, et si vous ne le pouvez pas, alors appliquez votre censure à des contradictions résultant d'assertions ou de faits qui s'excluent les uns les autres. » M. le rapporteur démontre ensuite que l'arrêt admet la possibilité d'une faute sans dire qu'elle existait et que la sentence manque de base juridique, a donné au fait retenu une qualification erronée en appelant faute ce que la loi désigne sous le nom de délit. Cette erreur constitue néanmoins, d'après lui, une nullité, parce que la Cour, en agissant ainsi, a empiété sur la compétence du jury.

En conformité de ce rapport et contrairement aux conclusions de M. l'avocat général Charrins, la Cour de cassation cassa, par arrêt du 7 mai 1864, D. P. 64. 1. 313, la décision de la Cour d'assises des Bouches du Rhône :

« Attendu que, si l'art. 358 c. inst. crim. autorise les Cours « d'assises, après que l'accusé a été acquitté, à statuer sur les « dommages intérêts prétendus par la partie civile, cette attri« bution doit se concilier avec le respect dû à la chose jugée ; « que la loi ne permet pas en effet que la vérité judiciaire, « souverainement reconnue par la déclaration du jury, puisse,

« dans un intérêt privé, être contestée ou contredite par l'arrêt « rendu sur les intérêts civils ; que cet arrêt est donc soumis à « l'obligation d'établir, dans les termes les plus explicites et les « plus précis, qu'il n'existe aucune contradiction entre ce qui « a été jugé au criminel et ce qu'il juge au civil ; — qu'il « ne suffit pas d'énoncer, comme le fait l'arrêt attaqué, que la « déclaration de non-culpabilité n'exclut pas l'existence maté- « rielle du fait, mais seulement sa criminalité, puisque cette dé- « claration de non-culpabilité étant indéterminée et pouvant « porter aussi bien sur le fait matériel que sur le fait moral, « il demeure incertain si c'est l'intention criminelle ou si c'est « l'existence du fait qui a été écarté ; — qu'il ne suffit pas « non plus d'ajouter, comme le fait l'arrêt attaqué, que la Cour « d'assises ne prétend pas se mettre en contradiction avec la « déclaration du jury et qu'elle ne prend que le fait matériel, « puisque la contradiction peut résulter, quelle que soit la « déclaration du juge, des faits constatés, qui peuvent contenir « en eux-mêmes la contradiction niée en termes généraux par « la Cour d'assises ; qu'après la réponse du jury tant sur la « question principale que sur la question résultant des débats, « réponse d'où résulte qu'Armand n'était coupable ni de ten- « tative d'homicide volontaire sur la personne de Maurice « Roux, ni de lui avoir volontairement porté des coups et fait « des blessures dans la journée du 7 juillet 1863, l'arrêt atta- « qué déclare qu'il est résulté des débats que, dans la journée « du 7 juillet, Armand a maladroitement porté à Maurice Roux « un coup qui peut lui être imputé à faute, sans expliquer « comment il était possible de concilier cette imputation avec « la déclaration du jury ; que cette explication était d'autant « plus nécessaire que la réponse du jury et l'arrêt de condam- « nation civile portaient sur un seul et même fait, et que dès- « lors, avant de s'en saisir, l'arrêt devait constater, d'une « manière expresse, que la déclaration du jury, en proclamant « Armand non-coupable, n'avait pas exclu sa participation « matérielle aussi bien que sa participation morale au fait qui « lui était imputé ; — qu'il suit de là que l'arrêt ne renferme « pas les éléments nécessaires pour que la Cour de cassation « puisse apprécier si la Cour d'assises, en jugeant civilement,

« n'a point excédé la limite de son droit et empiété sur la « chose jugée au criminel ; qu'il importe que la Cour de cassa« tion puisse exercer un contrôle qui est l'unique sanction des « règles qui séparent les deux juridictions et l'unique garantie « du principe de la chose jugée........ Que l'arrêt se trouve « donc dénué de motifs et ne donne aucune base juridique à « la condamnation, d'où il suit une violation expresse de l'art. « 7 de la loi du 20 avril 1810. »

Le même arrêt renvoya les parties devant le Tribunal civil de Grenoble pour être statué sur les conclusions de la partie civile. Ce Tribunal, conformément à la doctrine énoncée dans l'arrêt précité de la Cour régulatrice, débouta, par jugement du 28 janvier 1865, D. P. 65. 2. 160, Maurice Roux de sa demande par des considérants qui mettent dans la plus vive lumière la question qui nous occupe, en s'exprimant d'une façon nette et précise. Aussi croyons-nous, en raison de la gravité du sujet, et parce que cette question figure au nombre des plus controversées, n'être pas taxé de longueur en rapportant ici presque *in extenso* les motifs de ce remarquable jugement. Après avoir retracé les faits de la cause tels que nous les avons rapportés plus haut, le Tribunal civil de Grenoble continue ainsi :

« Attendu qu'il fut posé au jury les deux questions sui« vantes, comme résultant, la première, de l'arrêt de renvoi « et de l'acte d'accusation, la seconde, comme résultant des » débats : « 1° L'accusé Armand, André, est-il coupable » d'avoir, le 7 juillet 1863, à Montpellier, commis une tentative » d'homicide volontaire sur la personne de Maurice Roux, » son domestique, laquelle tentative, manifestée par un com» mencement d'exécution, n'a manqué son effet que par des » circonstances indépendantes de la volonté dudit Armand ? » 2° Si André Armand n'est pas coupable du fait mentionné » dans la première question, est-il coupable d'avoir, le 7 juillet

» 1863, volontairement porté des coups et fait une blessure à
» Maurice Roux? » « Attendu que sur l'une et l'autre question
« le jury a répondu négativement. — Attendu que cette déci-
« sion du jury a eu pour effet d'écarter en faveur d'Armand
« le fait des coups et blessures, qui lui étaient imputés, non
« seulement quant à l'intention coupable, à la criminalité, mais
« encore quant à la matérialité ;

« Attendu en effet que l'objet de l'accusation constituait un
« fait complexe et indivisible, puisque, d'une part, il se com-
« posait d'un coup porté sur la nuque, de la ligature des
« mains et des pieds et de celle du cou ayant produit un com-
« mencement de strangulation ; que, d'autre part, le jury
« n'aurait pas pu diviser ces éléments du fait et répondre af-
« firmativement sur l'un, négativement sur l'autre ; que le jury
« a donc répondu d'une manière indivisible : « *Non l'accusé*
« *n'est pas coupable.* » Que cette réponse appliquée à la li-
« gature implique que ce fait est étranger à Armand tout à
« la fois quant à la criminalité et quant à la matérialité,
« puisque, n'ayant pu être commis sans intention coupable,
« dire que l'accusé n'en est pas coupable, c'est dire néces-
« sairement que l'accusé n'en est pas l'auteur ; que, si cette
« réponse écarte aussi la criminalité quant au coup sur la
« nuque, on ne peut pas dire quelle en laisse subsister la ma-
« térialité, alors que la réponse du jury : « *l'accusé n'est pas*
« *coupable* » signifie qu'il n'est pas l'auteur de la ligature et
« cette réponse ne pouvant être divisée et s'appliquant à l'é-
« l'élément du coup aussi bien qu'à celui de la ligature signi-
« fie aussi qu'il n'est pas l'auteur du coup ; que les circons-
« tances de la cause, telles qu'elles résultent du témoignage
« unique sur lequel était basée l'accusation, ne font que con-
« firmer cette appréciation ; qu'Armand en effet serait venu
« volontairement à la cave pour y suivre son domestique,
« volontairement il se serait muni d'une bûche ; qu'il lui en
« aurait porté un coup volontairement ; qu'en un mot, dans le
« fait du coup à la nuque, l'intention se serait trouvée unie au
« fait matériel, d'une manière aussi inséparable que dans le
« fait de la ligature ; d'où l'on doit conclure que, par sa décla-
« ration, le jury a écarté, dans l'un comme dans l'autre cas, la
« matérialité aussi bien que l'intention coupable ; —

« Attendu que décider le contraire et isoler dans le verdict « du jury le fait du coup à la nuque de celui de la ligature, « pour arriver à dire que, si, pour ce dernier fait, la matérialité « et la criminalité ont été effacées, la matérialité reste dans le « premier, qui peut dès-lors servir d'élément à une demande « de dommages, ce serait créer une distinction que le jury « n'a ni faite ni pu faire, interpréter son verdict pour lui « donner un sens contraire à celui qui en ressort et mécon- « naître, où s'exposer à méconnaître l'autorité de la chose « jugée. —

« Attendu en effet que, si la Cour d'assises, en vertu de « l'article 358 c. inst. crim., et les tribunaux civils, saisis par « action principale, peuvent condamner à des dommages en- « vers la partie civile l'individu acquitté par le jury, ce n'est « que dans le cas où le verdict du jury laisse subsister un fait « matériel dont l'accusé serait l'auteur et qui pourrait lui être « imputé à faute, en d'autres termes, lorsque la déclaration « de non-culpabilité n'exclut pas nécessairement l'idée d'un « fait dont l'accusé a à répondre envers la partie civile, en « telle sorte que la recherche ou la preuve de ce fait ne puisse « pas aboutir à une contradiction entre ce qui a été jugé au « criminel et ce qui serait jugé au civil ; que c'est là un prin- « cipe *certain, incontestable*, établi par la jurisprudence de « la Cour de cassation ; qu'on ne saurait admettre en effet que, « dans toutes les espèces soumises au jury, le fait matériel « survive à la déclaration de non-culpabilité et puisse devenir « le fondement d'une condamnation à des dommages ; qu'il est « facile de concevoir des espèces d'une nature telle que le jury « ne puisse écarter la criminalité sans reconnaître par là que « le fait matériel n'est pas imputable à l'accusé ; que celle qui « a été soumise au jury des Bouches-du-Rhône appartient à « cette catégorie, puisqu'il est évident que le prétendu coup « et les violences qui l'ont suivi ne pouvaient exister sans in- « tention coupable, et que dès-lors le verdict du jury a écarté « le fait tout entier, et par conséquent les éléments qui le « constituaient ; qu'on doit du moins présumer qu'il les a écartés « tous, alors que la réponse du jury étant indivise s'applique « à tous avec le sens qu'elle a, unique, nécessaire, incontestable.

« D'où il suit qu'admettre que le fait matériel du coup a survécu à la déclaration de non-culpabilité, ce serait admettre une chose en contradiction avec cette déclaration, ce qui ne peut-être, d'où la conséquence aussi que la demande de Maurice Roux doit être rejetée. »

Sur l'appel de ce dernier, arrêt confirmatif de la Cour de Grenoble qui adopte les motifs du jugement de première instance en les développant et refuse d'admettre Maurice Roux à prouver d'autres faits, parce qu'ils arrivaient également à remettre en question l'intention criminelle.

Voici enfin les motifs de l'arrêt de rejet du 11 décembre 1866, D. P. 67. 1. 177, rendu par la Chambre des requêtes, du pourvoi formé par Maurice Roux contre l'arrêt de la Cour de Grenoble :

« Attendu que, si, en thèse générale, le verdict du jury sur la question de culpabilité laisse subsister le fait matériel, il en est autrement dans certaines circonstances exceptionnelles où la matérialité du fait et l'intention de l'agent sont indivisibles ; qu'il n'est plus possible d'isoler, dans ce cas, le fait de la volonté qui l'a produit, sans remettre en question la chose irrévocablement jugée par le verdict du jury.

« Qu'il appartient aux juges du fond de rechercher dans les documents de la cause les éléments de cette indivisibilité, sans que, sur ce point, ils puissent encourir la censure de la Cour de cassation ; que ce pouvoir était d'autant moins contestable dans l'espèce que, par suite de la cassation de l'arrêt de la Cour d'assises du département des Bouches du Rhône et du renvoi qui lui avait été fait de la cause, le tribunal de première instance et, après lui, la Cour Impériale de Grenoble, investie de la plénitude de juridiction, pouvaient rechercher même en dehors de la procédure criminelle les éléments de leur conviction.

« Attendu, qu'appréciant à ce point de vue tous les éléments de la cause, l'arrêt attaqué a déclaré, en fait, que les coups portés et les blessures faites à Maurice Roux se lient, d'une

« manière intime, aux excès commis immédiatement après sur « le corps de Roux, savoir la ligature des pieds et des mains « et la ligature du cou ayant produit un commencement « d'asphyxie ; qu'ils forment un tout indivisible, une série de « violences concomittantes, quoique successives, dont l'ensemble et la gravité révèlent chez leur auteur une intention « coupable et persévérante.

« Que, de cette indivisibilité constatée entre les faits relevés « par l'action civile comme accomplis à un moment de vivacité, « c'est-à-dire volontairement et ceux constatant la culpabilité « écartée par le jury, l'arrêt attaqué a pu, sans violer les dispositions de l'article 358 c. inst. crim., déclarer que, dans « l'espèce, la déclaration du jury ne laissait plus subsister aucun fait constitutif d'une faute pouvant servir de base à une « action en dommages intérêts. »

On voudra bien méditer avec attention ces décisions, et il sera alors facile de se convaincre qu'elles ont été rendues conformément aux vrais principes et qu'on ne saurait trop y applaudir. Trois conditions sont en effet nécessaires, d'après le tribunal et la Cour de Grenoble, pour que les Cours d'assises puissent statuer sur les dommages-intérêts en réparation des faits soumis au jury : la 1re est que la Cour d'assises ne recherche les éléments de sa conviction que dans les faits formant l'objet des questions soumises au jury ; la 2e est qu'elle ne remette pas en question les faits affirmés ou déniés souverainement par le jury ; la 3e condition enfin est que les faits servant de base à l'action civile offrent la preuve d'une faute, d'un quasi-délit. Toutes ces conditions sont parfaitement rationnelles ; et d'abord, en ce qui concerne l'obligation de s'enfermer dans les faits compris dans l'instance criminelle et formant l'objet des questions posées au jury, la preuve est facile ; les tribunaux criminels en effet ont pour mission, nous l'avons vu plus haut, de décider vis-à-vis de tous sur l'existence du fait, sur sa criminalité et sur son imputabilité à l'accusé quant à l'application de la loi pénale. Il en résulte que leur jugement ne peut avoir l'autorité de la chose jugée que sur ces points. Dans l'espèce, comme le dit avec raison la Cour de Grenoble, le vœu de la loi était satisfait, le fait servant de base à la demande civile, le coup porté, était en effet compris dans les deux questions posées au jury. Il s'agissait seulement de savoir si l'on pouvait faire une option entre les faits, en séparer un pour en faire l'objet d'une action en réparation d'un quasi-délit ou d'une faute.

Comme le fait très-bien observer M. Faustin Hélie, dans son rapport du 7 mai 1864, les Cours d'assises statuant civilement sont de véritables tribunaux civils; elles n'ont pas d'autres pouvoirs, d'autres caractères. Or le tribunal civil peut, en général, diviser les faits, donc la Cour d'assises le peut aussi; elle peut chercher la faute là où elle lui paraît exister et séparer pour cela un des faits qui lui paraît présenter le caractère d'un quasi-délit. C'est ce qui résulte nettement des décisions rendues dans l'affaire du comte de Grammont-Caderousse. Ce dernier avait tué dans un duel le sieur Dillon. Il fut poursuivi pour homicide volontaire commis avec préméditation. Mais, à l'audience, le Président posa, comme résultant des débats, la question subsidiaire de coups et blessures volontaires ayant occasionné la mort sans que leur auteur ait eu l'intention de la donner. Le jury ayant répondu négativement tant sur la question principale que sur la question subsidiaire, l'accusé fut acquitté. La veuve Dillon, qui s'était portée partie civile, réclama au comte de Grammont Caderousse, assisté de son conseil judiciaire, des dommages et intérêts pour elle et ses enfants. La Cour d'assises fit droit à la demande dans les termes suivants :

« Considérant, en fait, qu'il est constant et non dénié par de « Grammont-Caderousse, que, le 22 octobre dernier, dans un « duel à l'épée, il a fait à Dillon une blessure d'où est résulté « la mort de ce dernier ; considérant que, traduit pour ce fait « qualifié d'homicide volontaire avec préméditation et subsi- « diairement de blessures volontaires ayant occasionné la mort « sans intention de la donner, il a été déclaré non-coupable « par le jury. Mais considérant, en Droit, que cet acquittement, « s'il a pu soustraire de Grammont-Caderousse à l'application « de la loi pénale, ne fait pas disparaître le fait préjudiciable « résultant du quasi-délit. — Attendu en effet que le duel est « contraire à la religion, à la morale et à la paix publique ; « que la prétendue convention, de laquelle on voudrait faire « résulter pour l'une et l'autre partie un cas de légitime dé- « fense, est illicite, constitue une atteinte aux droits de la « puissance souveraine, de qui émane toute justice, une vio- « lation du principe, base de toute société policée, qu'il n'est « permis à personne de se faire justice soi-même.

« Considérant dès-lors que le recours aux armes pour venger « une injure, réelle ou prétendue, constitue, quel qu'en ait été « le provocateur, une faute commune aux deux parties et pou- « vant donner lieu à l'application de l'article 1382 du Code « Napoléon ; que ces principes n'ont pas d'ailleurs été con- « testés par les défendeurs.... Considérant que de Grammont- « Caderousse, par l'insertion dans un journal de sa lettre « aggressive du 16 août dernier, publiée, ainsi qu'il l'a re- « connu dans les débats, dans son texte primitif sans les mo- « difications et adoucissements qu'il avait consenti d'abord à y « apporter, doit être considéré comme le véritable promoteur « du duel ; qu'il a aggravé ses torts en plaçant Dillon, qui « n'avait jamais manié une épée, et en lui refusant toute autre « satisfaction que celle des armes, dans la triste nécessité d'un « combat inégal ; que la conduite loyale, généreuse même qu'a

« tenue de Caderousse-Grammont sur le terrain, en choisissant « la place la plus défavorable, ne peut faire disparaître le tort « qu'il a eu de refuser à Dillon, dans des termes convenables, « qu'il eut dû au moins proposer, une satisfaction et d'accepter « le duel dans les conditions sus énoncées. »

Cet arrêt fut maintenu par la Cour de cassation.

Comme on le voit, il y a une grande différence entre cette espèce et celle qui fut soumise à la Cour d'assises des Bouches-du-Rhône, au tribunal et à la Cour de Grenoble. Ici, tous les faits matériels étaient constants : Dillon était en effet mort ; il existait un fait qui, tout en ne tombant pas sous la loi pénale, constituait un quasi-délit aux yeux de la loi civile. Le duel en effet, comme le dit la Cour d'assises de la Seine, est une convention illicite et constitue une faute ; l'insertion de la lettre agressive en était une autre. Ces faits résultant des débats pouvaient donc parfaitement être repris par la Cour d'assises statuant civilement. La Cour laissait donc intacte la décision du jury, puisque ni le duel, ni la lettre ne tombaient sous la loi pénale ; de plus, elle établissait la faute en disant que le duel était contraire à la loi morale, à la religion et à la paix publique et constituait une convention illicite ; elle établissait que la veuve et les héritiers Dillon éprouvaient un préjudice par la mort de ce dernier. La Cour pouvait donc accorder des dommages intérêts contre l'accusé acquitté.

Ceci est en même temps une conséquence du deuxième principe, que nous avons posé plus haut, d'après lequel, en s'en tenant à la nature et au but de l'institution des tribunaux criminels, ces derniers ne sont point, en général, et sauf le cas d'intervention de la partie lésée, cas où ils sont de véritables tribunaux civils, appelés à statuer sur l'existence des faits considérés comme constituant un délit de Droit civil, un quasi-délit ou tout autre fait entraînant une conséquence civile quelconque, et d'après lequel, par suite, les jugements criminels ne peuvent avoir l'autorité de la chose jugée quant à l'imputabilité civile en ce qui concerne l'accusé défendeur et quant au point de savoir si ces actes peuvent engendrer une demande en dommages et intérêts, une exception de nullité ou toute autre demande civile. Or il résulte de ces principes que l'arrêt ou le jugement qui a acquitté un individu d'une accusation de meurtre ou de coups et blessures ayant entraîné la mort sans intention de la donner ne fait aucun obstacle à la recevabilité d'une demande en dommages-intérêts formée contre l'accusé acquitté, à raison des faits qui servaient de base à la poursuite devant la juridiction répressive, mais qui ne sont plus retenus que comme constituant un délit de Droit civil, ou un quasi-délit dans le sens des articles 1382 et suiv. du Code Napoléon. Crim. rej. 12 nov. 1846, Sir. 47. 1. 41; Req. rej. 12 janvier 1852, Sir. 52. 1. 113; Bordeaux, 9 février 1852, Sir. 52. 2. 332; Paris, 24 mars 1855, Sir. 55. 2. 391; Orléans, 23 juin 1843, Sir. 43. 2. 337. Or l'affaire Grammont-Caderousse rentre incontestablement dans ce cas, puisqu'il s'agit des deux mêmes accusations.

Cette règle toutefois n'est pas absolue; il est des cas où la juridiction civile et, par suite, la Cour d'assises statuant civilement, est liée complètement par le jugement rendu sur l'action publique. C'est 1° lorsque la juridiction repressive déclare le fait inexistant ou que l'accusé n'en est pas l'auteur; 2° lorsque les faits, quoique successifs, sont concommittants et forment un tout indivisible, de manière que l'on ne puisse séparer le fait de l'intention criminelle. En ce cas là, en séparant l'un des faits, on courrait le risque d'altérer la pensée du juge criminel. L'espèce soumise à la Cour d'assises des Bouches du Rhône, puis, après cassation, au tribunal civil et, sur appel, à la Cour impériale de Grenoble rentrait-elle dans la règle générale ou bien, au contraire, dans l'exception? Pour cela, il faut examiner les faits de la cause. D'après l'acte d'accusation, Armand aurait porté à la victime Maurice Roux, un coup violent avec une canne ou tout autre instrument contondant, puis l'aurait garrotté, lui aurait passé autour du cou une corde qu'il aurait serrée assez fort pour opérer un commencement de strangulation; cela fait, il l'aurait laissé mourant sur le sol. Dans de telles circonstances, il semble, comme l'a fait remarquer le Président des assises, que deux solutions seules étaient possibles, soit de déclarer que l'accusé était coupable de tentative d'assassinat, ou au moins de coups et blessures volontaires, soit que l'accusé n'était l'auteur ni de la tentative d'assassinat ni des coups et blessures. Il est dit en effet dans le résumé que «proclamer l'innocence de l'accusé, c'est dire au plaignant que, pour se procurer de l'argent, la prétendue victime est descendue à la cave pour organiser la fable de la strangulation.» Le coup, d'après le plaignant, unique témoin, avait précédé la ligature des pieds des mains et du cou, ces dernières violences s'étant suivies de près, dans l'ordre où nous venons de les rapporter. Admettant le premier fait, il fallait admettre les autres; les autres étant admis, il fallait nécessairement admettre l'intention criminelle, ces faits la révélant au plus haut degré, par suite de leur ensemble. Or le jury avait écarté l'intention criminelle par son verdict négatif. On sait de plus que le jury avait à répondre aux deux qustions suivantes : 1° Armand est-il coupable d'avoir, avec préméditation, volontairement tenté de donner la mort à Maurice Roux ; 2° est-il coupable d'avoir volontairement porté des coups, fait une blessure à l'individu dénommé dans la première question ? En répondant à ces deux questions négativement, il en résultait que le jury était d'avis qu'Armand n'avait même pas porté de coups. Comme de plus, d'après Maurice Roux, Armand aurait suivi son domestique à la cave, aurait ensuite donné le coup et terminé par les autres violences, il en résultait que les faits étaient complétement inséparables, à tel point qu'on ne pouvait même pas admettre qu'Armand aurait donné le coup maladroitement, puisque, même en ce cas, le coup eût été volontaire. Dans ces circonstances, l'affaire rentrait évidemment dans le cas exceptionnel mentionné plus haut, celui de l'indivisibilité ; comme, de plus, il n'y avait pas moyen, par suite, de trouver de base à une faute, l'action civile était non-recevable, l'arrêt de cassation, puis le jugement du tribunal civil de Grenoble et l'arrêt de la Cour de la ville du même nom bien fondés. Ajoutons de plus qu'ici l'accusé niait le fait, tandis que le comte de Grammont-Caderousse l'avouait ; que, dans l'affaire Armand, il n'était pas possible de séparer un fait pour le faire servir de base à une demande de dommages-intérêts, tandis que, dans l'affaire Grammont-Caderousse, il existait un fait non-punissable d'après la loi pénale, mais qui tombait sous le coup de la loi civile, le duel. Un abîme existait donc entre ces deux espèces. Il résulte de la comparaison de ces deux causes que, d'un côté, la juridiction civile peut, malgré l'acquittement d'un accusé sur une accusation d'assassinat ou de coups et blessures ayant entraîné la mort sans intention de la donner, condamner l'accusé acquitté à des dommages et intérêts (affaire Grammont-Caderousse); mais que, d'un autre côté, il en est autrement, si les faits, tout en étant successifs, sont concommittants et forment un tout indivisible (affaire Armand). Ceci est la première conséquence du principe posé plus haut qui refuse, en général, l'autorité de la chose jugée aux jugements criminels en ce qui concerne la question de savoir si les faits formant l'objet d'une accusation sont imputables civilement à l'accusé, et s'ils peuvent former l'objet d'une action civile, ou produire des exceptions de nullité, ou des conséquences quelconques au point de vue civil.

De ce principe il résulte encore qu'un acquittement sur une prévention d'homicide ou de coups involontaires ne forme pas obstacle, sauf le cas d'indivisibilité, d'inexistence du fait, ou de la non-participation du prévenu au fait, à une condamnation en dommages intérêts au profit de la partie lésée. C'est ce qui a été décidé, en ce qui concerne l'homicide involontaire, par les arrêts suivants : Orléans, 23 juin 1843, Sir. 43. 2. 337; crim. rej. 20 février 1863 (Grammont-Caderousse) D. P. 64. 1. 99. Quant aux coups involontaires nous citerons : civ. rej. 9 juillet 1866, D. P. 66. 1. 335. Quant à l'exception apportée à la règle, lorsque l'arrêt déclare le fait inexistant ou que le prévenu n'en est pas l'auteur, nous renverrons aux arrêts suivants : civ. cass. 7 mars 1855, D. P. 55. 1. 81 ; Lyon 16 août 1856, D. P. 57. 2. 85 ; req. rej. 27 janvier 1869, 69. 1. 173. Nous ne trouvons pas d'arrêts qui s'occupent spécialement de l'indivisibilité en ce qui concerne les acquittements intervenus sur des préventions d'homicide ou de coups involontaires, mais on peut citer par analogie les arrêts intervenus dans l'affaire Armand. Un arrêt de rejet de la Cour suprême, en date du 1er août 1864, D. P. 64. 1. 428, va même plus loin, en décidant qu'il suffit qu'une décision du tribunal correctionnel, prononçant l'acquittement du prévenu, se fonde sur ce que les faits sont simplement probables, pour que les juges civils soient liés par cette décision, de telle sorte qu'ils ne pourraient plus admettre l'existence du fait comme acquise. Cet arrêt va, à notre avis, trop loin et nous semble en contradiction avec la jurisprudence qui décide que, lorsque l'acquittement est fondé sur ce que le fait n'est pas suffisamment établi, il n'y a pas chose jugée quant à l'action civile, et avec celle qui admet qu'il n'y a chose jugée au criminel quant au civil que si la décision criminelle écarte nécessairement le fait matériel servant de base à l'action de la partie lésée. Or, selon nous, quand on dit que *les faits sont probables*, on n'écarte pas nécessairement les faits et la situation nous paraît la même que si on disait que les faits ne sont pas établis. La distinction est donc, à nos yeux, subtile.

Nous avons dit plus haut que le jugement ou l'arrêt qui écarte une prévention d'homicide ou de coups et blessures par imprudence et acquitte le prévenu, n'empêche pas les juges civils de considérer les faits comme constituant un délit de Droit civil, ou un quasi-délit. Cette solution peut sembler paradoxale. En effet, si un individu est acquitté de la prévention d'avoir, *par maladresse, inobservation des règlements, inattention ou négligence*, occasionné la mort de quelqu'un, ou lui avoir porté un coup, fait des blessures, on peut objecter que la décision rendue en sa faveur par la justice répressive, ayant purgé le prévenu de tout reproche de négligence ou d'imprudence, empêche de lui faire l'application de l'article 1383 et *a fortiori* de l'article 1382 du Code Napoléon. Mais cette argumentation ne prouve rien. « En effet, comme le font fort bien observer MM. Aubry et Rau, *op. cit.*, VI § 769, 3°, note 98, il ne faut pas perdre de vue qu'une faute, une négligence ou une imprudence peut être assez grave pour engager la responsabilité civile, sans être de nature à motiver l'application d'une peine, et que, si les tribunaux de répression sont chargés d'examiner un fait, sous ce dernier rapport, leur mission n'est pas de l'apprécier sous le premier point de vue. » Il a été également décidé, par application de ce principe, et avec raison, selon nous, que la déclaration de non-culpabilité prononcée par le jury, en faveur d'un individu accusé d'avoir incendié sa propre maison qui était assurée, ne s'oppose pas à ce qu'une compagnie d'assurances, actionnée plus tard au civil en paiement de l'indemnité, soit admise à prouver qu'il a occasionné ou provoqué le sinistre par sa faute, ou sa négligence, pour se soustraire, cette preuve faite, au paiement de l'indemnité. Orléans, 4 décembre 1841, Sir. 42. 2. 447; Agen, 20 janvier 1851, D. P. 51. 2. 49; Civ. rej. 20 avril 1863, D. P. 63. 1. 183; Chambéry, 7 août 1868, D. P. 69. 2. 12.

De même le verdict de non-culpabilité rendu au profit d'un individu accusé de détournement d'une mineure âgée de plus de 16 ans, n'empêche pas la Cour d'assises, jugeant civilement, de condamner l'accusé à des dommages intérêts envers cette mineure, alors qu'elle dit qu'il est établi qu'il y a eu détournement opéré au moyen de manœuvres réprouvées par la loi morale, c'est-à-dire par des manœuvres autres que celles dont l'emploi est considéré par la loi positive comme constitutif d'un crime, Crim. rej. 14 février 1863, D. P. 64. 1. 46.

De même encore l'arrêt ou le jugement, qui prononce l'acquittement d'un individu accusé d'extorsion de titres, ou prévenu d'escroquerie ou d'abus de confiance, n'empêche pas que les faits qui avaient provoqué la poursuite, puissent, au civil, être articulés et établis contre cet individu, à l'appui d'une demande tendant à faire annuler une convention pour défaut de cause, ou comme entachée de violences ou de dol, dans le sens des articles 1111 et 1116 du Code Napoléon; Req. rej. 17 mai 1813, Sir. 13. 1. 262; 3 juillet 1844, Sir. 44. 1. 733; Limoges, 14 août 1844, Sir. 45. 2. 496; Req. rej. 12 janvier 1852, Sir. 52. 1. 113; 4 avril 1855, D. P. 55. 1. 105 et Sir. 55. 1. 668.

De même, l'individu déclaré par le jury non-coupable de la fabrication d'un testament a pu être, avec raison, condamné par la Cour d'assises à des dommages intérêts envers les héritiers légitimes, auxquels le faux testament a causé préjudice; Crim. rej. 20 juin 1846, D. P. 46. 1. 283.

Enfin, la simple déclaration de non-culpabilité, rendue au profit d'un individu accusé de faux, ne forme pas obstacle à ce que l'on admette une inscription en faux civil contre la pièce précédemment incriminée, ni, à plus forte raison, en nullité, pour cause de dol ou de fraude, des conventions ou dispositions constatées par cette pièce; Req. rej. 21 Messidor an IX, Sir. 1. 403, Toulouse, 12 avril 1812, Sir. 16. 2. 14 ; Req. rej. 10 mars 1817, Sir. 17. 1. 169 ; 8 mai 1832, Sir. 32. 1. 845; Bastia, 15 mars 1833, Sir. 33. 2. 273 ; Req. rej. 27 mars 1839, Sir. 39. 1. 767 ; 10 février 1840, Sir. 40. 1. 984 ; Civ. cass. 27 mars 1840, Sir. 40. 1. 633 ; 27 mars 1855, D. P. 55. 1. 214. Il en serait autrement, si la pièce arguée de faux avait été déclarée véritable; l'article 214 du Code de procédure civile consacre textuellement cette conséquence, comme nous l'avons vu pages 357 et 361.

Les actions en nullité, en résolution, ou en révocation de conventions ou de dispositions, et les demandes en séparation de corps, ayant pour cause des faits ayant motivé une poursuite criminelle, peuvent être admises, quand même l'accusé ou le prévenu aurait été acquitté, que le demandeur se soit ou non constitué partie civile ou qu'étant intervenu au procès criminel, sa demande civile ait été rejetée. Décider le contraire serait méconnaître le but et la nature de l'institution des juridictions criminelle et civile, confondre l'action civile, dont il est question dans l'article 3 du Code d'instruction criminelle, avec celle qui ne peut être jugée que par la juridiction civile. Les tribunaux de justice répressive ne peuvent être légalement saisis que de la première de ces actions, ou action civile proprement dite, en réparation d'un dommage causé par un crime, un délit ou une contravention, mais non pas d'une de la dernière espèce, comme le sont les actions en séparation de corps, en nullité, en révocation de conventions ou de dispositions. Si donc un tribunal de justice répressive rejette une pareille demande, la question reste entière. Req. rej. 19 mars 1817, Sir. 17. 1. 169 ; Rouen, 10 mars 1836, Sir. 36. 2. 193 ; Req. rej. 3 juillet 1844, Sir. 44. 1. 733. *Quid*, si le demandeur à fins civiles, en intervenant dans une poursuite en extorsion de titres, ou en escroquerie, avait, de fait, conclu à l'annulation d'une convention et que cette demande eût été rejetée comme mal fondée ? Quoique, à la rigueur, en se fondant sur ce que une décision rendue par un juge incompétent produit l'exception de chose jugée, on dût admettre ici cette exception, nous croyons néanmoins qu'il faut admettre que cette exception ne peut pas plus trouver sa place ici que dans l'hypothèse précédente. Il y a en effet, d'après nous, parfaite analogie entre le cas où la demande en nullité, en résolution ou en révocation a été rejetée comme mal fondée et celui où elle est repoussée comme non-recevable. Un arrêt de rejet de la chambre des requêtes du 17 mars 1813, Sir. 13. 1. 262, semble vouloir faire, dans le cas d'intervention dans une poursuite en extorsion de titres, une différence entre le cas où l'on demande l'annulation pour cause de violences, ces violences étant celles qui ont servi de base à l'action publique, et le cas où la nullité est demandée pour défaut de cause. Pour le premier cas, il y aurait chose jugée, mais non pour le second. Voici le motif de l'arrêt où est consacrée cette distinction : « La Cour, sur le premier moyen tiré de ce que « la validité de l'obligation ayant été jugée par la Cour

« d'assises de Bourges ne pouvait être mise en ques-
« tion devant la Cour impériale ; considérant que,
« d'après l'article 1351 du Code Napoléon, l'autorité
« de la chose jugée n'a lieu que dans le cas où les
« parties ont été en instance sur le même objet et que
« la nouvelle demande est fondée sur la même cause ;
« que, dans l'espèce, le sieur Charret, avait bien, par
« sa plainte du 30 août 1810, demandé la nullité de
« l'obligation, comme étant le résultat de la violence
« et au surplus sans cause ; mais que l'acte d'accusa-
« tion et la déclaration du jury de jugement n'ont
« porté et ne pouvaient porter que sur le fait de la
« violence, que l'obligation étant encore sans cause
« n'était pas de la compétence de la Cour d'assises et
« qu'en statuant exclusivement sur le fait de la vio-
« lence cette Cour a laissé entière la question de sa-
« voir si l'obligation avait une cause ; que dès-lors
« l'arrêt attaqué a pu juger cette question sans con-
« trevenir à l'autorité de la chose jugée. » A notre avis, cet arrêt est parfaitement motivé en ce qui concerne le défaut de cause ; mais nous croyons qu'en ce qui concerne la nullité fondée sur la violence cette décision ne va pas assez loin. Cette dernière nullité n'est pas, d'après nous, de la compétence de la justice répressive. La Cour d'assises ne peut examiner la violence qu'en ce qui concerne une demande en dommages et intérêts pour réparation du préjudice causé par cette violence. La nullité fondée sur la violence tombant sous le coup des articles 1111 et 1116 du Code Napoléon aussi bien que la nullité fondée sur le dol, l'erreur ou le défaut de cause ne constituait pas une action civile proprement dite. De plus, l'arrêt de la Cour

d'assises devait s'exprimer formellement et d'une manière explicite sur la cause, car tout jugement ou arrêt doit, à peine de nullité, répondre à tous les points des conclusions. Du reste, la violence pouvait ne pas être assez grave pour mériter une peine et l'être assez pour donner lieu à une demande en nullité.

Ce que nous venons de dire, à savoir que les actions en nullité, en révocation, en résolution de conventions ou de dispositions ayant pour cause des faits, objets d'une poursuite criminelle, sont recevables, malgré l'acquittement de l'accusé ou du prévenu, doit même s'appliquer au cas où la partie lésée s'est constituée partie civile. S'il s'agissait, au contraire, d'une demande civile proprement dite, c'est-à-dire d'une demande en dommages et intérêts pour réparation du préjudice causé à une personne par un crime, un délit ou une contravention, si la partie lésée s'était portée partie civile, ou eût cité directement un prévenu devant la juridiction correctionnelle, d'un côté, en vertu de la maxime : *Electa una via, non datur regressus ad alteram,* et, de l'autre, d'après l'article 1351 du Code Napoléon, la demande au civil devrait être déclarée non-recevable, les trois identités de parties, d'objet et de cause se trouvant réunies, comme nous l'avons démontré au commencement de la présente Section. Toutefois, même dans ce cas, il y aurait pour la partie lésée la faculté d'intenter son action en réparation d'un délit, si la juridiction criminelle n'avait écarté la demande que par une fin de non-recevoir.

Nous arrivons maintenant aux ordonnances et arrêts de non-lieu. Ces actes produisent-ils l'exception de chose jugée en ce qui concerne l'action civile ? Il faut répondre négativement. Quand même ces arrêts et ordonnances sont fondés sur ce que le fait n'existe pas, ou que l'inculpé n'en est pas l'auteur, quand même la personne lésée se serait constituée partie civile dans l'instruction, il n'en est pas moins vrai que ces actes judiciaires ne sont point définitifs, puisqu'ils tombent devant des charges nouvelles. L'action civile pourrait même être portée devant les tribunaux civils bien que l'ordonnance ou l'arrêt de non-lieu fut fondé sur la prescription, puisque, d'une part, ces décisions ne disent pas que le fait n'existe pas et que, d'autre part, ce fait, en supposant qu'il ne constitue pas un délit, peut former un fait dommageable, dans le sens de l'article 1382 du Code Napoléon. Il y a une profonde différence entre l'action en réparation résultant d'un délit et l'action en réparation d'un dommage; la preuve c'est que la loi a soumis ces deux actions à deux prescriptions différentes : la première, en effet, se prescrit par dix ans, trois ans ou un an, selon qu'il s'agit d'un crime, d'un délit, ou d'une contravention, aux termes des articles 637, 638 et 640 du Code d'instruction criminelle, tandis que l'action en réparation d'un fait simplement dommageable est soumise à la prescription ordinaire de trente ans, conformément aux dispositions de l'article 2262 du Code Napoléon. En ce qui concerne le refus de l'autorité de la chose jugée aux ordonnances et arrêts de non-lieu, tous les auteurs ainsi que les arrêts de la Cour de cassation et des Cours impériales sont d'accord : Mangin, *De l'action publique et de l'action civile*, II, 438 et suiv. ; Merlin, *Quest. de Droit*, v° *Réparation civile*, § 3 ; Req. rej. 10 avril 1822, Sir. 24. 1. 221 ; Paris, 4 juillet 1823,

Sir. 24. 2. 56 ; Req. rej. 24 novembre 1824, Sir. 25. 1. 174. Enfin, à une époque plus récente, la Cour de cassation a déclaré, en rejetant un pourvoi, que : « un individu peut être déclaré en faillite, comme « commerçant, malgré l'arrêt de la chambre des mises « en accusation qui a déclaré n'y avoir lieu de suivre « contre cet individu sur une inculpation de banque- « route simple ou frauduleuse, sur le motif que sa « qualité de commerçant ne paraissait pas suffisam- « ment établie ; cette appréciation, faite uniquement « au point de vue de la poursuite criminelle, n'a pas « l'autorité de la chose jugée pour le juge civil se li- « vrant à la même appréciation, au point de vue de « la mise en faillite. » Civ. rej. 19 mars 1860. D. P. 60. 1. 135.

Au surplus, les solutions que peuvent avoir reçues dans un procès criminel des questions civiles accessoires ou incidentes à l'action publique, demeurent propres à cette action et n'influent, en aucune manière, sur les droits et intérêts civils des parties. Il a été constamment jugé, en conformité de ce principe, que la condamnation pour parricide n'établit pas la filiation du condamné, quant aux intérêts civils qui peuvent être attachés à l'état, comme, par exemple, quant à la question de savoir si le condamné est l'héritier légitime, direct ou collatéral, le successeur irrégulier de la victime. De même, une condamnation pour bigamie n'établit ni la validité du premier mariage, ni la nullité du second. Aubry et Rau *op. cit.* VI, § 769, 3° texte ; Rauter, *Traité du droit criminel* II, 660.

Citons pour terminer les auteurs et arrêts qui se

sont occupés de la question traitée dans la présente Section : *dans notre sens,* c'est-à-dire pour l'influence du criminel sur le civil, sauf certaines réserves : Aubry et Rau, *Droit civil français,* VI § 769, 3°, *p.* 405 *et suiv.* ; Mangin, *De l'action civile et de l'action publique,* II, n° 424 *et suiv.* Dalloz, *Jur. gén. Répert.* v°. *Chose jugée, Ch.* 5, § 2, n° 544 *et suiv.* ; Lyon, 16 août 1856, D. P. 57. 2, 85; Riom, 11 janvier 1859, D. P. 59. 2. 132; Req. rej. 14 février 1860, D. P. 60. 1. 161 ; Civ. rej. 20 avril 1863, D. P. 63. 1. 183; 20 février 1863, D. P. 64. 1. 90 ; Paris, 22 janvier 1864, D. P. 64. 2. 25; Orléans, 15 avril 1864, D. P. 64. 2. 94; Civ. cass. 7 mai 1864, D. P. 64. 1. 313; Civ. rej. 26 juillet 1865, D. P. 65. 1. 490 et 492 ; Grenoble, 1er juin 1865, D. P. 65. 2. 169; Civ. rej. 9 juillet 1866. D. P. 66. 1. 335; Req. rej. 11 décembre 1866, D. P. 67. 1. 177; Lyon, 17 août 1867, D. P. 68. 2. 110; Chambéry, 7 août 1868, D. P. 69. 2. 12. — Pour l'autorité absolue sur le civil : Armand Dalloz, *Jur. gén.* v° *Chose jugée, ch.* 5, § 531, *p.* 450 *et* 451. Merlin, *Repert.* v° *Chose jugée,* § 15, v[is] *Non bis in idem,* n°s 15 et 16 ; v° *Faux* § VI. — Pour la négation absolue de l'influence du criminel sur le civil : Toullier, VIII, 30, *et suiv.* et IX, p. 240 *et suiv.* ; Faustin Hélie, *Instruction criminelle,* 2e *édition,* Paris 1866, II, n°s 1108 *et suiv.* — Pour le refus de l'autorité de la chose jugée aux jugements d'acquittement seulement, en ce qui concerne le civil : Lagrange, *Revue critique,* tome VIII p. 31 *et suiv.* et petite brochure de 16 pages : *Des effets de la chose jugée au criminel sur l'action civile,* Paris, Cotillon, 1856.

FIN.

BIBLIOGRAPHIE.

DROIT ROMAIN.

TEXTES : *Digeste:* De re judicata, Lib. XLII, tit. 1. — De exceptione rei judicatæ, Lib. XLIV, tit. 2. — De appellationibus, Lib. XLIX, tit. 1. — Quæ sententiæ sine appelatione non rescindantur, Lib. XLIX, tit. 8. — De noxalibus actionibus, Lib. IX, tit. 4. — De pignoribus, Lib. XX, tit. 1. — De novationibus, Lib. XLVI, tit. 2. — De compensationibus, Lib. XVI, tit. 2. — De negotiis gestis, Lib. III, tit. 5. — De procuratoribus, Lib. III, tit. 3. — De statu hominum, Lib. I, tit. 5. — Familiæ erciscundæ, Lib. X, tit. 2. — Mandati, Lib. XVII, tit. 2. — De agnoscendis, Lib. XXV, tit. 3. — De judiciis, Lib. V, tit. 1. — De his qui sui vel alieni juris, Lib. I, tit. 6. — De bonis libertorum, Lib. XXXVIII, tit. 2. — Ad Senatusconsultum Trebellianum, Lib. XXXVI, tit. 1. — De liberis exhibendis, Lib. XLIII, tit. 30. — De exceptionibus, Lib. XLIV, tit. 1. — De obligationibus et actionibus, Lib. XLIV, tit. 7. — De verborum obligationibus, Lib. XLV, tit. 1. — De solutionibus, Lib. XLVI, tit. 3. — De Regulis juris, Lib. L, tit. 17. — De popularibus actionibus, Lib. XLVII, tit. 23.

Code: De re judicata, Lib. VII, tit. 52. — De executione rei judicatæ, Lib. VII, tit. 53. — De usuris rei judicatæ, Lib. VII, tit. 54. — Quibus res judicata non nocet, Lib. VII, tit. 56. — Comminationes, epistolas etc. auctoritatem rei judicatæ non habere, Lib. VII, tit. 57. — Inter alios acta, Lib. VII, tit. 60. — De sententiis, Lib. VII, tit. 45. — De fidejussoribus, Lib. VIII, tit. 40. — De litigiosis, Lib. VIII, tit. 57. — De accusationibus, Lib. IX, tit. 2.

Institutes: De officio judicis, Lib IV, tit. 17. — De actionibus, Lib. IV, tit. 6. — Quibus modis obligatio tollitur, Lib. III, tit. 29. — *Pauli receptæ sententiæ :* De effectu sententiarum, Lib. V, tit. 5, A. — *Institutes de Gaius, Commentaire IV, § 51 à 29, 50, 106, 107, 108, 114, 121, Commentaire* III, § 180.

AUTEURS : Puchta, *Pandecten* § 79 et 293.

Mainz, *Elements de Droit Romain*, tome I § 141 et 155.

De Savigny, *System des heutigen Rœmischen Rechts*, tomes IV, V, VI, p. 268 et suiv., VII.

Lacombe, *De l'autorité de la chose jugée en Droit Romain et en Droit Français*.

Sahuc, *Des éléments constitutifs de la chose jugée en matière civile*, Paris 1854.

Demangeat, *Des obligations solidaires en Droit Romain*, p. 78 et 79.

Ortolan, *Explication historique des Instituts*, III n°° 1840, 1841, 2046, 2051 à 2055, 2265 à 2274.

DROIT FRANÇAIS.

TEXTES : Articles 3, 5, 6, 7, 69, 135, 202, 216, 235, 246, 268, 337, 338, 239, 341, 350, 358, 359, 360, 361, 364, 365, 366, 373, 409, 441, 442, 463, 501, 509, 518, 519, 520 du Code d'instruction criminelle ; 3, 135, 198, 232, 235, 261, 306, 1350, 1351, 1352 du Code Napoléon ; 214 du Code de procédure civile ; 22, 34, 42 du Code pénal.

AUTEURS : Jousse, *Sur l'ordonnance criminelle; Justice criminelle* II, p. 459, III p. 12 à 33.

Muyart de Vouglans, *Institutes au Droit criminel*, p. 16, 81 et suiv. 363, 396.

Merlin, *Repertoire de jurisprudence* v°° *Chose jugée* § 15 p. 702 à 718, *Non bis in idem* § 4 à 16, v° *Ministère public* § 5, v° *Faux* § 16, v° *Contumace*, p. 32. *Questions de Droit*, v° *Réparation civile*, § 3.

Legraverend, *Législation criminelle, I et II passim.*

Faustin Hélie, *Traité d'instruction criminelle*, 2° édition, 1866, n°° 993 et suiv., 1108 et suiv., 3834.

Mangin, *De l'action publique et de l'action civile*, § 376 et suiv. 422 et suiv.

Dalloz, *Répertoire de jurisprudence*, VIII v° *Chose jugée*, chapitres 3 et 5.

Carnot, *De l'instruction criminelle*, II et III.

Aubry et Rau, *Cours de Droit civil Français*, § 769.

Marcadé. *Sur l'article 1351.*

Lagrange, *Des effets de la chose jugée au criminel sur l'action civile*, petite brochure de 16 pages, Paris, Cotillon, 1856.

POSITIONS.

DROIT ROMAIN.

I° Les jugements qui, en l'absence des créanciers hypothécaires d'un débiteur, déclarent un tiers propriétaire d'un immeuble hypothéqué, ou reconnaissent à son profit l'existence d'une servitude, ne jouissent pas de l'autorité de la chose jugée à l'égard desdits créanciers, si leurs droits sont antérieurs à cette instance.

II° La caution n'est liée que par les jugements favorables rendus au profit du débiteur principal.

III° Le vendeur, qui veut user de la *lex commissoria* comme pacte résolutoire, doit s'en tenir exclusivement à l'acheteur avec lequel il a contracté, mais ne peut agir contre les tiers sous-acquéreurs entre les mains desquels la chose vendue se trouverait.

IV° L'action paulienne est personnelle ou réelle, selon que le droit, que les créanciers veulent faire revivre, est un droit personnel ou un droit réel.

DROIT CIVIL FRANÇAIS.

I° On ne peut pas réduire la réserve de l'enfant naturel à moitié en lui faisant une donation conforme à celle de l'article 761 du Code Napoléon.

II° Le bénéfice, en vertu duquel la femme, mariée sous le régime de la communauté, exerce ses reprises avant que le mari n'exerce les siennes, ne confère pas à la femme un droit de préférence à l'égard des créanciers chirographaires.

III° Les jugements rendus au criminel n'ont l'autorité de la chose jugée au civil qu'en ce qui concerne l'existence du crime, la culpabilité de l'accusé, sa participation au fait matériel, mais non pas en ce qui concerne la question de savoir si l'accusé a commis une faute, un délit de Droit civil, ou un quasi-délit, à moins que l'intention criminelle ne fasse un tout indivisible avec le fait matériel.

IV° L'acquittement d'un accusé ou prévenu ne fait pas obstacle à la recevabilité d'une demande en révocation, en résolution ou en nullité d'une convention, bien que la demande soit fondée sur les faits, objet de la poursuite criminelle.

DROIT CRIMINEL.

Iº Lorsqu'un fait peut donner lieu à deux délits distincts ou à un crime et à un délit et que le crime et le délit forment un tout indivisible, ou que le délit est une autre qualification du fait considéré comme crime, le jugement rendu sur le crime met obstacle à la poursuite du délit.

IIº Lorsqu'un fait est qualifié crime par la loi, mais n'est puni que de peines correctionnelles, c'est la peine qui doit servir de base à la durée de la prescription.

DROIT ADMINISTRATIF.

Iº Les forêts domaniales sont prescriptibles depuis la promulgation du Code Napoléon.

DROIT DES GENS.

Iº La Nation, dont l'un des membres s'est fait naturaliser dans un pays étranger, ne peut expulser ce membre qui viendrait à s'établir dans son pays d'origine, à moins que la conduite de cet individu n'inspire des inquiétudes au Gouvernement de ce pays ou à celui d'un pays ami.

Vu par le Professeur soussigné,
Président de l'acte public.
Strasbourg, le 8 décembre 1869.

E. LEDERLIN.

Vu par le soussigné Doyen.

C. AUBRY.

Permis d'imprimer ;
Le Recteur,

A. CHÉRUEL.

TABLE DES MATIÈRES.

FIN DE LA TABLE.

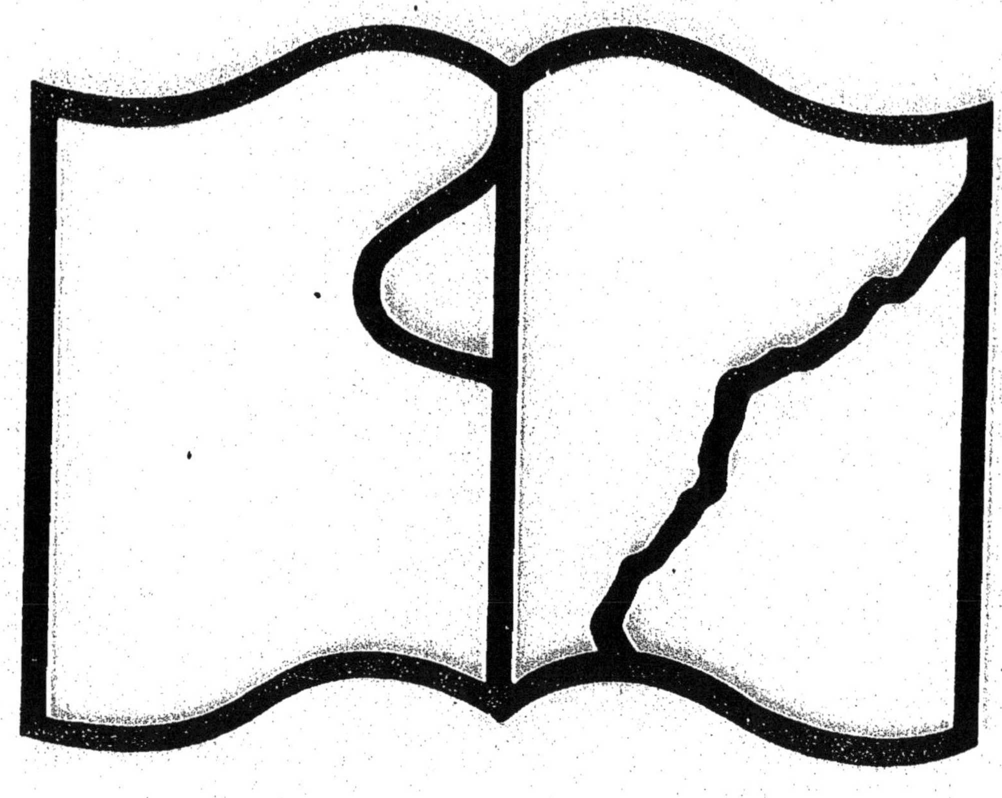

Texte détérioré — reliure défectueuse

NF Z 43-120-11

www.ingramcontent.com/pod-product-compliance
Ingram Content Group UK Ltd.
Pitfield, Milton Keynes, MK11 3LW, UK
UKHW012005240726
13965UKWH00001B/170